WESTEND

Für Hagen

Inhalt

Hinter uns die Zukunft

Otto lag im Straßengraben. Ein klobiger Kerl mit einem sogenannten Moschtmeckel, wie der Schwabe sagen würde. Das bedeutete, er hatte einen bemerkenswert großen Kopf. Die Wangenknochen waren stark hervorgehoben. An seinem faltigen unrasierten Gesicht hatte er sich beim Aufprall in dem Graben Schürfwunden zugezogen. Er blutete unter der fleischigen Nase und sabberte leicht aus dem offenen Mund. Der rechte Ärmel seiner Jacke war verdreckt und sein Hosenschlitz offen. Darunter war es nass. Wahrscheinlich musste er dringend pinkeln und ist dabei in den Graben gestürzt. Mein Gott, dachte ich, wie bekomme ich diesen Brocken da bloß wieder raus? Der ist doch sauschwer. Ich schüttelte leicht an seiner Schulter.

»Hey«, sagte ich, »ich muss Sie ins Heim zurückbringen.« Er grunzte nur etwas Unverständliches und machte mit der Hand eine abweisende Geste. Seine Alkoholfahne war beträchtlich.

Ich rüttelte erneut an ihm. »Sie müssen aufstehen«, sagte ich, jetzt etwas bestimmter. »Sie können hier doch nicht übernachten.«

Meine Worte schienen ihn in keiner Weise zu beeindrucken. Ich versuchte, ihm vorsichtig von hinten unter die Schulter zu greifen, um ihn eventuell hochstemmen zu können. Er schlug nach mir und gab irgendwelche Laute von sich, die mir bedeuteten, dass ich die Finger von ihm lassen sollte.

»Scheiße«, dachte ich, »wie krieg ich den Kerl jetzt ins Auto?«

Ich war Anfang zwanzig und hatte nicht nur Skrupel, sondern auch keinerlei Erfahrung, mit einem mir fremden Mann körperlich umzugehen, der mein Großvater hätte sein können.

Es war mein erster Tag im Altersheim. Ich hatte meinen Wehrdienst verweigert und mich bei diesem Heim schon im Vorfeld beworben, um die Ernsthaftigkeit meiner Verweigerung zu unterstreichen. Ich wollte kein Drückeberger sein, aber Dienst an der Waffe? Nein!

Als ich meine Verhandlung beim Kreiswehrersatzamt in Ludwigsburg hatte, stand es schlecht um meine Chancen, anerkannt zu werden. Es waren zu viele geworden, die damals Ende der 60er Jahre verweigerten, und man hatte die Daumenschrauben angezogen. Vier Stunden musste ich vor dem Gremium Rede und Antwort stehen. Ich hatte mir sogar einen Sekundanten mitgenommen, Ansgar Liebhardt, den Vikar unserer Gemeinde, einen ziemlich progressiven Mann. Seine bloße Anwesenheit sollte meine Überzeugungskraft stärken, denn für mich ging es damals um viel. Musste man nicht nach dieser unfassbaren Katastrophe, in die uns das Hitlerregime gestürzt hatte, ein Zeichen setzen? Und war ich nicht auch gläubiger Katholik? Du sollst nicht töten! So war es nur konsequent für mich, den Dienst an der Waffe zu verweigern.

Die Verhandlung lief zunächst ganz günstig für mich, denn reden konnte ich ja. Ich fand meine Argumente auch gut, aber konnte ich den Prüfungsausschuss, der mir da auf einem Podium gegenübersaß, auch überzeugen?

Die Herren waren alle so zwischen 50 und 60 Jahre alt. In dieser Situation verkörperten sie für mich damals die Staatsgewalt. Einer der Herren, er saß links außen auf dem Podium, las während der Verhandlung stoisch eine Zeitung. Jedenfalls verbarg er sich dahinter. Etwa nach einer Stunde der Kontroverse ließ er seine Zeitung sinken und fragte mich, ob ich die Bundeswehr akzeptieren würde. Diese Frage schien mir gefährlich, denn sie konnte mich bei einer Bejahung in die Enge führen. Eine Verneinung konnte das Tribunal wiederum gegen mich aufbringen.

Meine inneren Alarmglocken signalisierten mir deshalb, die Frage zu ignorieren, und der Fragesteller versteckte sich zu meiner Verblüffung erneut hinter seiner Zeitung. Nach einer weiteren Stunde der Anhörung, der ich mit aller Kraft den Charakter eines lauteren Gedankenaustauschs mit der Obrigkeit geben wollte, ließ besagter Herr abermals die Zeitung sinken und stellte die gleiche Frage: »Akzeptieren Sie die Bundeswehr?« Renitent ignorierte ich seinen Einwurf und fuhr gegenüber den drei anderen Fragestellern mit meinen Argumenten fort, die den Linksaußen offensichtlich nicht zu interessieren schienen, weshalb er sich wieder hinter seiner Zeitung verschanzte.

Ich kann mich heute, da ich dies schreibe, nicht mehr an die Einzelheiten erinnern, mit denen ich meine damaligen Ansichten über eine bessere Welt begründete. Und sicher ist das an dieser Stelle auch nicht relevant, denn heute habe ich natürlich, durch die schiere Erfahrung mit meinem Leben, viele Ansichten relativiert. Und doch kann ich mit dem Satz »Und werdet ihr nicht wie die Kinder« immer noch etwas anfangen, denn Kinder kennen keinen Zynismus. Der wird ihnen erst durch die Begegnung mit der Erwachsenenwelt antrainiert – oder eben auch nicht. Gerade weil wir wissen, wozu der Mensch fähig ist, haben wir uns Regeln auferlegt, die ein friedliches Miteinander halbwegs garantieren sollen. Aber das funktioniert nur, wenn sich möglichst alle daran halten. Das ist heute in Deutschland schon längst nicht mehr der Fall. Die Verrohung unserer Gesellschaft, das Ellenbogenverhalten bestimmter Mitbürger hat inzwischen ein Ausmaß angenommen, wie man es sich in der jungen Bundesrepublik nicht vorstellen konnte. Das fängt beim Verhalten im Straßenverkehr an und hört auf den Tribünen der Fußballstadien auf. Und weil der Fisch vom Kopf her stinkt, grüße ich an dieser Stelle auch die Herren Winterkorn mit seinen Verstrickungen im Abgasskandal und Helmut Kohl mit seinem Schwarzgeld aus der Spendenaffäre, um nur zwei der unendlich vielen Protagonisten zu nennen.

Irgendwann, meine Verhandlung dauerte jetzt schon etwa dreieinhalb Stunden, platzte dem Zeitungsleser im Vierergremium des Kreiswehrersatzamts ganz offensichtlich der Kragen. Er ließ sein Blatt entnervt fallen und schrie mich an: »Ich frage Sie jetzt schon zum dritten Mal, ob Sie die Bundeswehr akzeptieren, und Sie denken überhaupt nicht daran, mir zu antworten. Eine Frechheit!« Sein talgiges Gesicht hatte sich rot gefärbt und war schon dabei, in ein Violett überzugehen. »Akzeptieren Sie die Bundeswehr?«

Das war jetzt die Steilvorlage. Hatte ich bis dahin versucht, mit viel Charme, betont sachlich meinen Argumenten Raum zu geben, musste ich nun den Hebel umlegen. Ich sah ihn ob seines Gekeifes irritiert an, machte eine Pause und sagte ganz ruhig, aber leicht empört: »Ja, wenn Sie mich so fragen, natürlich akzeptiere ich die Bundeswehr. Ich toleriere auch den Soldaten. Aber …« Und dann fing ich an, all das zu wiederholen, was ich schon in den verflossenen drei Stunden von mir gegeben hatte, und quatschte das vor mir sitzende Überprüfungskomitee letztendlich tot.

Ich weiß nicht, ob mein damaliges Verhalten etwas mit Taktik zu tun hatte oder rein instinktiv war. Jedenfalls hatte ich gewonnen. Wurde anerkannter Kriegsdienstverweigerer, was in diesen Zeiten nicht einfach war und mir den Respekt derer einbrachte, die vor solchen Kommissionen gescheitert waren.

Als Otto im Straßengraben einzuschlafen drohte, was ich seinen Schnarchgeräuschen entnahm, überwand ich mich schließlich und packte ihn kurzerhand, trotz lautem Gezeter, unter die Arme und hievte den schwergewichtigen stinkenden Mann auf die Beine. Stützte ihn, damit er nicht gleich wieder umfiel, schob ihn langsam aus dem Graben und verfrachtete ihn schlussendlich zu den beiden anderen Suffköppen, die ich zuvor schon mit dem VW-Bus des Altersheims eingesammelt hatte. Das alles dauerte mindestens eine halbe Stunde. Um von den Ausdünstungen der alten Männer halbwegs nüchtern zu bleiben, öffnete ich vorsorglich die Fenster des Busses, setzte mich völlig erschöpft ans Steuer und fuhr die Straße hinauf zum Heim.

Dieses lag auf einer Anhöhe und sah von Weitem fast wie ein altes Schloss aus. Erst von Nahem konnte man erkennen, dass das wuchtige Gebäude mehr einer alten Schule oder einer Behörde glich, wie man sie Anfang des 19. Jahrhunderts gebaut hatte. Und obwohl das Haus von einer Stiftung der Baden-Württembergischen Königin Olga errichtet wurde, die sich 1864 mit ihren »Häusern der Barmherzigkeit« für alte, behinderte und pflegebedürftige Menschen hervortat, hatte das Anwesen für mich doch eher etwas von einer Anstalt, in der Zucht und Ordnung ihr Zuhause haben und Pietismus das Regiment führt.

So hatte ich es auch an jenem Sonntagvormittag empfunden, als ich dort eintraf, um mich beim Heimleiter, dem Hausvater, wie man ihn nannte, vorzustellen. Ein freundlicher Herr um die sechzig, der zugleich auch Pastor dieser diakonischen Einrichtung war.

Er führte mich durch sein Reich, in dem ich nun meinen Zivildienst beginnen sollte. Das Heim beherbergte alte und kranke Menschen, getrennt nach Männern und Frauen. In Zwei-, Drei- und Vierbettzimmern. Manche der Insassen waren für ein Altersheim eigentlich noch viel zu jung, aber sie waren pflegebedürftig, hatten keine Angehörigen mehr, oder diese waren mit ihnen überfordert – wie auch die Krankenhäuser, die sie dann eben in so eine Einrichtung der »Barmherzigkeit« abschoben.

Alles hier hatte etwas Karges, Armseliges. Das Heim, seine Bewohner, die Zimmer, besonders die auf den Pflegestationen, lediglich ausgestattet mit einem Bett und einem Nachtschränkchen mit den letzten Habseligkeiten der Kranken. Es roch nach einer Mischung aus Bohnerwachs, Putzmitteln, Medikamenten und Urin. Ein süßlicher Geruch, an den ich mich alsbald gewöhnen sollte.

In der Mitte des Gebäudes lag im ersten Stock der Speisesaal, daneben ein Andachtsraum, der gelegentlich auch als Kino diente, und die Verwaltung. Neben dem Haupthaus gab es noch diverse kleinere Häuser, in denen sich die Zimmer der etwas besser Situierten befanden. Sie lebten dort noch mit ihren eigenen Möbeln und mussten nicht rundum betreut werden. Die anderen Unterkünfte waren dem Personal vorbehalten, während der Hausvater eine eigene Wohnung hatte.

Er teilte mich zunächst für die Frühschicht auf der Pflegestation ein. Diese begann um 6.30 Uhr. Es galt, die Alten zu waschen, ihre Betten zu machen und ihnen dann das Frühstück zu servieren. Pünktlich 8 Uhr gab es Personalfrühstück im Speisesaal. Anschließend ging es nochmals auf die Station. Geschirr abräumen und die Zimmer reinigen.

Da ich zu diesem Zeitpunkt schon eine Lehre zum Bankkaufmann absolviert hatte, gedachte der Hausvater mich auch für Büroarbeiten einzusetzen. Ich sollte also künftig, nach der Arbeit auf der Pflegestation, in seinem Büro arbeiten und, weil ich bereits einen Führerschein besaß, auch noch als Fahrer fungieren. Heimbewohner zum Arzt bringen, Erledigungen bei der Bank und bei den Behörden tätigen, Medikamente aus Apotheken abholen und so weiter. Eben alles, was so anfiel.

»Wenn Sie Ihr Zimmer bezogen haben«, sagte er zu mir, »dann können Sie sich ja schon mal nützlich machen. Nehmen Sie den Bus und sammeln Sie die Männer ein, die heute ins Dorf gegangen sind. Manche schaffen es dann nicht mehr den Berg hoch, weil sie zu viel getrunken haben. Am Samstag bekommen die nämlich ihr Taschengeld, und die Schlawiner haben nichts Besseres zu tun, als es gleich in Alkohol umzusetzen.« Dabei hatte er ein süffisantes Lächeln aufgesetzt, das mir verriet, dass er seine Pappenheimer kannte.

Nachdem ich mit Otto und seinen Saufkumpanen auf der Männerstation angekommen war, schwankten seine zwei Kumpane auf ihre Zimmer. Otto hatte ich fest untergehakt und schleppte ihn in seinen Raum. Dort setzte ich ihn auf einen Stuhl. Er war zu strack, um sich selbst auszuziehen und zu waschen, also musste ich das tun. Nun wurde es schwierig für mich. Einen mir wildfremden betrunkenen Menschen festzuhalten und dabei zu entkleiden, um ihn anschließend unter die Dusche zu stellen, ihn abzutrocknen und ihm dann noch den Schlafanzug anzuziehen, empfand ich als einen derart intimen Eingriff, dass ich mich enorm überwinden musste.

Die körperliche Nähe zwischen uns führte bei Otto zu einer permanenten Abwehrhaltung. Ständig wollte er mir eine kleben. Wahrscheinlich, weil er mich noch nicht kannte und ich meine Aufgabe aus Scham und Unwissenheit viel zu zögerlich vorantrieb. Aber ich konnte ihn ja nicht einfach so in sein Bett fallen lassen.

Als ich ihn dann endlich in der Kiste hatte, fing er sofort zu schnarchen an. Erleichtert sah ich mich im Zimmer um. Erst jetzt fiel mir auf, wie spartanisch es eingerichtet war. Das zweite Bett war noch leer. Helle Wände. Zwei große Fenster, aus denen man auf den Vorplatz des Heims blicken konnte. An einer Wand hing ein Kruzifix, an der anderen ein schlichtes Landschaftsbild. Daneben ein alter Kleiderschrank. Gleich an der Tür war eine Garderobenleiste angebracht, an der Jacken, ein Mantel und Krücken hingen. Auf den Nachttischen neben den Betten lagen Utensilien. Ein alter Wecker,

Briefumschläge, Werbeblättchen, Zettel mit Notizen, ein alter Bleistift, eine halbvolle Wasserflasche und eine kleine Dose.

Auf dem Schränkchen neben dem noch leeren Bett stand ein gerahmtes Foto: eine ältere Frau. Der dazugehörige Heiminsasse war wohl noch unterwegs. Vielleicht saß er ja noch irgendwo in einer Kneipe.

Als das Schnarchen von Otto in ein brachiales Röhren ausuferte, verließ ich sein Zimmer und machte mich auf den Weg nach Hause.

Kindheitsjahre

Zu dieser Zeit wohnte ich noch bei meinen Eltern in Backnang. Einst stolze süddeutsche Gerberstadt, die ganz in der Nähe meiner neuen Wirkungsstätte lag. Das Quartier im Heim kam mir insofern gelegen, weil mein Dienst schon so früh begann und ich morgens schwer aus dem Bett kam. Dennoch war ich froh, auch immer wieder im Elternhaus übernachten zu können.

Hier in Backnang wuchs ich auf. Ging in den Kindergarten und zur Schule, war in Jugendorganisationen aktiv, verdiente mir mein erstes eigenes Geld durch Zeitungaustragen und machte als Halbwüchsiger in örtlichen Vereinen schon erste Gehversuche als Unterhaltungskünstler. Schließlich absolvierte ich hier meine Lehre zum Bankkaufmann.

Erlebnisse aus meiner frühen Kindheit hingegen kenne ich nur vom Hörensagen. Schon bei meiner Geburt soll es zu einem kleinen Eklat gekommen sein. Mit weitreichenden Folgen, wie ich später feststellen sollte.

»Der hat ja schon wieder so einen Zipfel«, rief meine Mutter enttäuscht aus, als mich der Oberarzt samt Schwester meinen Eltern am Kindbett im Krankenhaus präsentierte, »den können Sie gleich selbst behalten.« Auch die Begeisterung meines Vaters soll sich bei meinem Anblick in Grenzen gehalten haben, war er es doch, der nach drei Buben jetzt doch bitte schön endlich gerne ein Mädchen gehabt hätte, wie es mir später meine Mutter erzählte. Und mein großer Kopf habe ihr bei meiner Geburt auch schwer zugesetzt.

Derart willkommen geheißen, erblickte ich an einem Samstagnachmittag im Juni 1950 kurz nach 16 Uhr in Alsfeld in Oberhessen das Licht der Welt. Natürlich war die Enttäuschung meiner Eltern nur von kurzer Dauer. Denn selbstverständlich war ich auch als

Junge von Herzen willkommen. Es war halt wie beim Kindergeburtstag. Man hat sich einen Roller gewünscht und bekommt ein Fahrrad. Das Leben ist doch ein Geschenk, und in erster Linie war ich ja ihr Kind und dazu sichtlich gesund. Ein Wonneproppen, wenn ich mir heute alte Fotos anschaue. Entsprechend respektlos nannten mich meine Brüder später dann auch Dicki, obwohl ich Thomas hieß. Thomas Martin.

Meine beiden älteren Brüder heißen Klaus und Peter. Zwischen diesen beiden gab es noch einen weiteren Bruder. Einen kleinen Rainer. Er starb schon nach drei Monaten an der Krankheit Ruhr, als meine Eltern auf der Flucht waren. Nach Westen. Noch war der Zweite Weltkrieg nicht zu Ende, die Überlebensmühsal groß und die Zukunft ungewiss.

Ich kenne das alles, wie gesagt, nur aus Erzählungen. Bezeugt auf alten Schwarz-Weiß-Fotos. Filmen und Büchern. Wie mein Bruder Peter war ich ein Nachkriegskind. In eine Zeit geworfen, in der man über diese Klassifizierung nicht näher nachdachte. Nachkriegskind im Jetzt und Hier. Und was interessierte die Deutschen Jahre nach dem Dritten Reich ein Krieg, der weit weg war. Wir hatten doch endlich Frieden. Den Frieden, über den meine Kollegin Lore Lorentz Jahrzehnte später singen sollte: »Frieden ist Krieg, der woanders ist.«

Die Menschen blickten nur nach vorn, denn hinter ihnen lag das Grauen. Mein Vater war Richtfunkingenieur und versuchte sich nach dem Zusammenbruch mit einem Partner in Alsfeld zunächst mit einem Radio- und Fernsehgeschäft. Ein kühnes Unterfangen in dieser Zeit, denn wer kaufte sich damals so kurz nach dem Krieg schon ein neues Radio, Schallplatten oder gar einen Fernseher. So lag das Hauptgeschäft wohl auch mehr im Reparieren alter Radiogeräte und Ähnlichem. Irgendwie musste man überleben. Auf Veranstaltungen installierte er auch hin und wieder die Übertragungsanlagen, weshalb wir erstaunlich früh ein Auto hatten. Einen gebrauchten Opel. Der hatte es in sich, wie ich aus den Familiengeschichten weiß.

Ganz vage sehe ich Bilder aus jener Baby-Kind-Zeit vor mir. Da gibt es einen großen Schäferhund, vor dem ich Angst hatte. Der lag angekettet im Hof und gehörte dem Schreinermeister Weppler, bei dem wir mit im Haus wohnten. Ganz oben unterm Dach. Gegenüber war ein kleiner Park mit einer Eisdiele. Die gehörte einem gewissen Herrn Lersch, der mir, dem kleinen Steppke, vorsichtig die Eistüte runterreichte. Und ich habe mit dem Sohn des Bürgermeisters im Gewölbe des Rathauses mit Wiking-Autos gespielt.

Später wurden mir von der Familie Sachen angedichtet, die ich heute weder widerlegen noch bestätigen kann. Darunter so böswillige Behauptungen, dass ich schon mit vier Jahren nach Marktplatzfesten die Reste einzelner Bierkrüge leergetrunken oder meinem Vater im Auto – bei voller Fahrt – von hinten seine Baskenmütze über die Augen geschoben hätte. Was soll ich dazu sagen? Alles nur üble Nachrede.

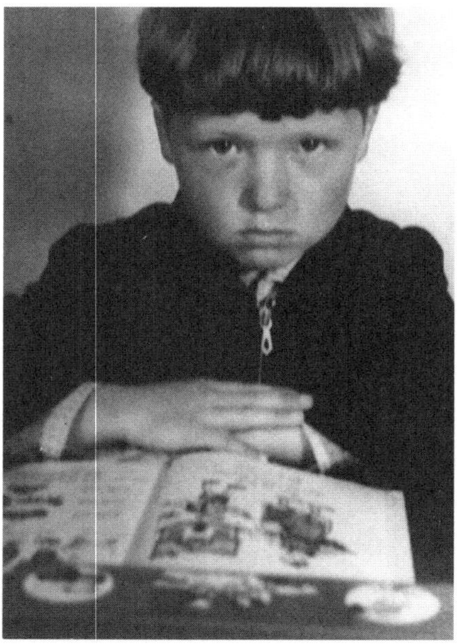

Ein eigenwilliges Kind

Guido, wie mein Vater mit Vornamen hieß, war ein ambitionierter Mann. Er wuchs in Berlin und Cloppenburg auf und verbrachte einen Teil seiner Kindheit in Posen, der Heimat seiner Eltern. Seine streng katholische Erziehung ließ er auch uns Kindern angedeihen. Wir gingen sonntags zur Kirche, und vor den Mahlzeiten wurde bei uns zu Hause gebetet, und bevor er das Brot anschnitt, machte er auf der Rückseite des Brotlaibs mit dem Messer ein Kreuz. Er engagierte sich im Kirchengemeinderat sowie in der Politik. So baute er damals in Alsfeld – im roten Hessen! – die CDU mit auf und wurde sogar Stadtverordnetenvorsteher.

Aber getrunken hat er mit den Sozen. Die Unierten waren ihm in Gesellschaft wohl zu langweilig und wahrscheinlich auch zu knochen-konservativ. Ich habe mich später oft gefragt, warum er damals eigentlich nicht in die SPD eingetreten ist, denn von seinem ganzen Wesen her war er eher ein klassischer Sozialdemokrat. Stand ihm da seine katholische Erziehung im Weg?

»Wir müssen den Krieg verlieren, denn nach den Juden sind die Katholiken dran«, soll er zu meiner Mutter einmal gesagt haben. Da war der Irrsinn der Nazis, die Weltherrschaft erringen zu wollen, schon in vollem Gange. Meine Mutter erzählte mir, dass sie damals über seine Äußerung entsetzt war. Sie war 14 Jahre jünger als mein Vater und somit sicher schon ganz anders vom Dritten Reich geprägt als er. Wenngleich sie ebenfalls aus einem katholischen Stall kam, wo man den Herrn Hitler keineswegs mochte. Aber das sollte das Nachkriegskind Thomas erst alles viel später erfahren.

Als ich fünf war, zogen wir dann nach Süddeutschland. Nach Backnang. Keiner von uns wusste, wo das lag, und meine Brüder dachten, es ginge nach China. In Backnang hatte Telefunken seinen Betrieb wieder aufgenommen. Als Richtfunkingenieur wollte mein Vater dort in seiner alten Branche Fuß fassen.

Das Radiogeschäft lief ohnehin nicht gut, und wir hatten Schulden. Für einen Familienvater mit drei Kindern in diesen Zeiten kein Zuckerschlecken. Unser Auto brachte auch nicht mehr viel. Logisch.

Ich höre noch meine Mutter, wie sie erzählte, dass an der Klapperkiste nichts funktionierte. Beim Rechtsabbiegen musste sie immer den Arm raushalten, regelmäßig verschwand beim Fahren der Tacho im Armaturenbrett, und die Bremsen waren auch nicht in Ordnung. Einmal soll mein Vater über die Autobahn gefahren und auf die Abfahrt nach Hause in die Stadt abgebogen sein. Aber die Bremsen versagten. Er schilderte später, wie er mit voller Geschwindigkeit auf zwei Rädern durch die Abfahrt düste, vorbei an einem verdutzten Polizisten über eine Kreuzung donnerte und anschließend einen Hang hinaufrollte in der Hoffnung, die alte Kiste so zum Stehen bringen zu können. Sein Pech war nur, dass der Anstieg zu kurz war und es gleich wieder bergab ging. Bis sich ihm schlussendlich ein alter Mülleimer in den Weg stellte. Im Gegensatz zum Mülleimer hatte unser alter Opel die Fahrt überlebt.

In unserer künftigen Heimat in Süddeutschland zogen wir in die Erdgeschosswohnung eines neuen Zweifamilienhauses einer Baugenossenschaft. Es lag in einem Neubaugebiet am Stadtrand mit Gartengrundstück, das dafür allerdings noch urbanisiert werden musste. Alles war neu. Unsere Wohnung hatte vier Zimmer, Diele, Küche, Bad, einen Balkon und eine kleine Terrasse. Unweit in der Nachbarschaft gab es eine kleine Siedlung mit einem Kindergarten, den ich noch etwa ein Jahr besuchte, bevor ich eingeschult wurde.

Es gibt ein altes Schwarzweißfoto von mir, vermutlich an meinem ersten Schultag. Ein kleiner pausbäckiger Junge sitzt da in seiner Schulbank und blickt in die Kamera. Der Reißverschluss seiner Jacke ist fast zugezogen. Der Hemdkragen lugt etwas hervor sowie die Ärmelchen. Die kleinen Hände hat er sorgfältig übereinander auf den Tisch gelegt. Darauf liegt ein aufgeschlagenes Bilderbuch. In dem Blick des Buben erkenne ich ein großes Fremdeln gegenüber der für ihn neuen Situation. Seine Augen haben etwas Fragendes, Anklagendes und Trauriges zugleich. Was soll ich hier? Warum bin ich nicht zu Hause bei meinen Spielsachen?

Wenn ich mir das Foto anschaue, möchte ich den Jungen in den Arm nehmen. Es symbolisiert eine erste einschneidende Zäsur in meinem Leben. Und mein Verhältnis zur Schule, das mit den Jahren äußerst ambivalent werden sollte.

Zunächst ging ich also in die Mörike-Grundschule. Diese befand sich in einem ehemaligen Seminargebäude unweit unserer Wohnung. In der einen Hälfte des Hauses war die Schule untergebracht. Die andere Hälfte war von Flüchtlingen bewohnt. Wie alle Flüchtlinge auf Welt waren sie in der Stadt nicht sonderlich gelitten. Als Kind bekam ich nur eine atmosphärische Einstellung zu diesen Menschen mit, was in erster Linie mit dem Beigeschmack des Wortes Flüchtling verknüpft war, mit dem sich nun die Schwaben, die im Ländle das Dritte Reich überlebt hatten, argwöhnisch abzufinden hatten.

Ich habe mich als Kind natürlich nie gefragt, wer die Leute waren und woher sie kamen. Heute ist mir klar, es waren Deutsche, also die eigenen Leute, geflohen aus den Ostgebieten, die von den Russen besetzt waren. Und die Russen waren ja nun ganz besonders böse Leute in den Augen meiner Eltern und der Westdeutschen überhaupt. Warum der Russe so unabdingbar der Feind war, konnte ich damals nicht in Erfahrung bringen. Zu Hause jedenfalls war er der Antichrist schlechthin.

Heute denke ich: Wenn ich plötzlich meinem Nachbarn ohne Vorwarnung den Zaun eintreten, alles bei ihm kurz und klein schlagen und anschließend auch noch seine Familie massakrieren würde, wie würde er wohl darauf reagieren? Der Geschichtsunterricht in der Schule jedenfalls hat mir damals darüber keine hinreichende Aufklärung gegeben. Das Angstbild, das sich die Deutschen vom Russen machten, manifestierte sich freilich bis weit in die 70er Jahre in dem Satz: »Der Russe steht vor der Tür!«

Um die Jahrtausendwende habe ich einmal spät nachts im Fernsehen einen Film des russischen Regisseurs Elem Klimow gesehen. Er hatte den Titel »Komm und sieh« und beschrieb auf beklemmende Weise den Rückzug marodierender deutscher SD- und SS-Einheiten in Weißrussland. Als Vergeltungsaktionen für Partisanenübergriffe waren sie in Dörfer eingefallen und hatten die Bewohner dort alle niedergemacht. Zuvor hatten sie sich von den arglosen Dorfbewohnern bewirten lassen, anschließend die Frauen vergewaltigt und dann die gesamte Dorfgemeinschaft in eine Scheune getrieben, deren Tor verriegelt und johlend die Scheune angezündet. Wenn die Menschen in der Scheune verzweifelt ihre Kinder aus den Luken warfen, um sie vor dem Feuer zu retten, warfen die betrunkenen Soldaten unter dem Applaus ihrer Herrenmenschenkameraden sie wieder durch die Luken zurück in das Inferno.

Am Ende des grauenerregenden und aufwühlenden Filmepos wurde sachlich darauf hingewiesen, dass deutsche Soldaten mit 628 Dörfern auf ähnliche Weise verfahren hatten. Nach diesem furchtbaren Blick in den Abgrund habe ich die ganze Nacht nicht schlafen können.

Aber woher sollte ich derlei mit meinen sechs Jahren damals auch schon wissen? Gut war, es nicht zu wissen, denn ich hätte es eh nicht geglaubt. Damals. Heute weiß ich, dass der Hitler-Terror am Ende 60 Millionen Menschenleben gefordert hat. In gewissen Kreisen behauptet man heute, dass man dies doch bitte in einem größeren Zusammenhang sehen müsse. Für Herrn Gauland und seine Vasallen von der AfD waren Hitler und die Nazis lediglich »ein Vogelschiss in der Geschichte«. Sollte damit der Umgang mit der deutschen Geschichte gemeint sein, dann muss ich mich für das Land schämen, das solche »Analysten« zulässt.

Mein erster Klassenlehrer, der mich in den vier Grundschuljahren begleitete, war der Herr Mauser. Er muss so Ende 40 gewesen sein und hatte eine Frisur wie damals alle, die aus dem Dritten Reich kamen. Seitlich kurz bis kahl geschoren, das Haupthaar ordentlich an den Kopf frisiert. Ich bilde mir ein, dass er unter der Nase sogar ein kleines Hitlerbärtchen trug, bin mir aber nicht sicher und möchte ihn daher keinesfalls in eine Ecke stellen. Er sprach wie fast alle Menschen, mit denen wir Zugezogenen es jetzt zu tun hatten, schwäbisch.

Zu Hause sprachen wir hochdeutsch, obwohl meine Eltern aus Berlin kamen. Als mein ältester Bruder Klaus gleich nach unserem Umzug zum Brotholen in die nächste Bäckerei geschickt wurde, hat es ihn nach dem »Grüüß Goooott!« der Bäckersfrau derart gerissen, dass er flugs das Weite suchte. Ihre extrem hohe Stimmtonlage mit diesem Dialekt war hier eine Symbiose eingegangen, gegen die ein Winfried Kretschmann mit seiner Art, sich auszudrücken, glatt als Sprecherzieher am Max Reinhardt Seminar durchgegangen wäre.

Später, auf den weiterführenden Schulen, lernte ich dann Lehrer kennen, deren Sprache und Auftreten höchst eigentümlich waren. Kauzige Typen, die für mich alle einen Schuss weghatten. Mit ihren Macken beförderten sie meinen Hang zur Imitation. Respektlos, wie es Pubertät und Flegeljahre so mit sich bringen. Und je mehr ich vor ihnen Schiss hatte, umso mehr arbeitete ich mich an ihnen ab.

Meine Mittelmäßigkeit als Schüler kompensierte ich zunehmend als Klassenclown. Nicht, dass mir der Lehrstoff uninteressant erschien – den musischen Fächern war ich ohnehin mehr zugeneigt, aber ich hatte oft Angst vor den Lehrern. Eine Ausnahme war allerdings Eberhard Kunz, mein Englischlehrer. Obwohl ich damals nicht gut in Englisch war, zeigte er viel Geduld und einfühlsame Milde. Er wurde später Studiendirektor des Gymnasiums, und als er pensioniert wurde, ehrten ihn sämtliche Schüler mit einem Fackelzug durch die Stadt.

Anlässlich einer Jubiläumsveranstaltung meiner Schule wurde ich in den 90er Jahren einmal als Kabarettist zu einem Auftritt im Bürgerhaus engagiert. Ich freute mich darauf, denn nun hatte ich die Möglichkeit, von der Bühne herab etwas über meine Ängste damals zu erzählen. »Das nehme ich Ihnen übel«, rief ich in den Saal, »jawohl, und ich benenne auch jene, bei denen es nicht so war. Allen voran Eberhard Kunz.« Und tatsächlich, der Applaus des Publikums zeigte mir, dass ich mit meiner Einschätzung nicht alleine war.

Einige der von mir so abgestraften Lehrer fragten mich nach meinem Auftritt irritiert, ob ich das damals wirklich so empfunden hätte. Sie seien doch gar nicht so streng gewesen. Leider konnte ich ihnen keine Absolution erteilen, wenngleich ich es genoss, sie nach so vielen Jahren wiederzusehen.

Allerdings verbrachte ich nur vier Jahre auf diesem Gymnasium. Dann wechselte ich in die Realschule und nach der Mittleren Reife recht erfolglos – auf ein Wirtschaftsgymnasium. Aber das tat ich mehr meinen Eltern zuliebe, die so einigen Kummer mit uns drei Jungs hatten. Wir waren alle nicht die glorreichsten Schüler, und für mich war Schule einfach nur doof.

Die ersten Jahre in Backnang waren für meine Eltern hart. Das Geld war knapp, und meine Mutter musste halbtags arbeiten. Das tat sie die ersten Jahre als Sekretärin beim ortsansässigen Ableger des schwäbischen Bauernverbandes am anderen Ende der Stadt. Ein winziges Büro im Privathaus ihres Chefs, das sie sich mit ihm teilen musste.

Der war ein alter Knorz vom Land, ein Bauer, der in seiner Schreibtischschublade Äpfel vor sich hin welken ließ. Er diktierte ihr Briefe, die sie mitstenographierte und anschließend in eine alte Schreibmaschine hackte. Alles, was noch mal verwertbar schien, durfte nicht weggeworfen, jeder alte Schmierzettel musste beiderseitig verwendet werden. Es wurde an allem gespart, und so lernte sie jene sprichwörtliche schwäbische Sparsamkeit kennen, die ein alter Witz auf den Punkt bringt. Frage: Wie entsteht Kupferdraht? Antwort: Wenn sich zwei Schwaben gleichzeitig nach einem Pfennig bücken.

Für ihre Arbeit bekam meine Mutter wenig Geld. Ihr Chef nahm sich nicht selten das Recht heraus, noch spät abends oder am Wochenende in unserer Wohnung aufzukreuzen, um ihr etwas zu diktieren. Wir waren jedes Mal begeistert. Das war vor gut 60 Jahren. Und heute, in Zeiten der Globalisierung und Digitalisierung? Weit über 50 Prozent der deutschen Arbeitnehmer sind auch am Wochenende für ihre Arbeitgeber erreichbar. Was für ein Fortschritt.

Ich selbst hatte eine spezielle Beziehung zu ihrem Chef. Wenn er mit seinem Volkswagen kam, musste er nach dem Diktat manchmal noch weiter zu irgendwelchen Bauern in die umliegenden Dörfer. Und wenn es noch nicht allzu spät war, durfte ich mitfahren. Das war immer aufregend für mich. Als ich zwölf war, ließ er mich sogar einmal selbst ans Steuer, was mich gehörig in Wallung brachte. Er saß völlig entspannt daneben und ich fuhr. Heute ein Unding, aber damals gab es wenig Autoverkehr – und auf dem Land allemal.

Mein Vater ging jeden Tag zu Fuß in die Stadt zu Telefunken. Nach der Arbeit bastelte er bei uns im Keller noch gerne was für die Wohnung. Einen Schreibtisch für sich, eine Eck-Musiktruhe mit einem Plattenspieler und großem Lautsprecher. Darauf stand unser erstes Radio. Es war so klein, dass es auf der Truhe etwas verloren wirkte.

Da meine Mutter eine große Leseratte war, baute er Bücherregale für das Wohnzimmer, dazu einen klassischen Nierentisch mit drei Beinen für die Couch, für die Diele Hängeschränkchen und einen witzigen Schirmständer und bemalte sogar den neuen Lampenschirm für unsere alte Stehlampe. Mit Motiven aus Venedig. Vorboten für die späteren ersten Italienreisen mit geliehenem Auto und Zelt. Seine Schulden, die er sich in der Alsfelder Zeit aufgehalst hatte und die ihn bedrückten, ließ er sich nie anmerken. Jedenfalls nicht vor uns Kindern. Von meiner Mutter weiß ich aber auch, dass der Haussegen wegen Geldknappheit nicht selten schief hing.

Es muss an Weihnachten in den ersten Jahren in Backnang gewesen sein: Meine Eltern hatten buchstäblich kein Geld mehr, um uns Geschenke zu kaufen. So nötigte Mutter meinen Vater noch am Vormittag von Heiligabend, sich von seinem Arbeitgeber einen Vorschuss geben zu lassen, damit man jedem von uns drei Brüdern ein kleines Geschenk auf den Gabentisch legen konnte. Weihnachten ohne Geschenke – das ging gar nicht.

Aber auch hier machte mein Vater mit seiner handwerklichen Begabung nicht selten aus der Not eine Tugend. Er bastelte Geschenke für uns. Für mich einen Kaufmannsladen, für meine Mutter sogar einmal einen Teewagen fürs Wohnzimmer. Dieser war nicht nur originell, sondern auch sehr schick. Mein mittlerer Bruder bekam einen Schreibtisch.

Da auch ich technisch nicht total unbegabt war, lernte ich so einiges von Vadder, wie wir ihn auch nannten, und so half er mir, im Garten eine kleine Bude zu zimmern. Darin verkaufte ich, wenn mein ältester Bruder mit seinen Freunden auf der Nachbarwiese Fußball spielte, in der Halbzeitpause Brote mit Senf.

Der Höhepunkt war aber für mich eine Eisenbahnanlage, die er mir einmal zu Weihnachten gebaut hatte. Auf einer Platte von eineinhalb auf dreieinhalb Metern. Wochenlang hatte er dafür im Keller gesessen und unbemerkt von mir alles gebastelt – auch die Lokomotiven und die Waggons, die Schienen, mit künstlichem kleinen Schotter bestreut, die Weichen und dann noch die dazugehörige Elektronik. Da war sicher das eine oder andere aussortierte Relais von Telefunken dabei. Die Firma wird's überlebt haben.

Auf den Schienen stand stolz eine kleine Lok aus dem Hause Fleischmann und die Wagen dazu. Die damals sehr beliebte Märklin-Lok lag außerhalb unserer finanziellen Möglichkeiten. Aber es lag noch ein Faller-Baukasten für einen Bahnhof auf dem Gabentisch. Ich war so glücklich und aufgeregt, dass ich beschloss, nicht in die Mitternachtsmette mitzugehen, sondern zu Hause zu bleiben und sofort den Bahnhof zusammenzubasteln. Als meine Eltern aus der Kirche kamen, war er fertig. Ich war stolz und genoss den Weihnachtsstollen, den wir traditionsgemäß nach der Christmette anschnitten.

Irgendwann fing ich auch an, Zeitungen auszutragen, um mir neben dem Taschengeld, das ich von meinen Eltern bekam, noch etwas dazuzuverdienen. Die Rasselbande, Micky-Maus-Hefte, verschiedene Fernsehzeitschriften und die »Praline« – die damals eine relativ seröse Frauenzeitschrift war.

Da wir zu der Zeit noch keinen Fernseher hatten, blieb ich manchmal bei den Abonnenten, die schon einen Schwarz-Weiß-Fernseher hatten, einfach in der Stube sitzen und schaute zu, wenn hier der Fernseher lief. Oft waren das ganz einfache Leute, bei denen der Fernsehapparat das Teuerste in der Wohnung war. Manchmal befand er sich in der Küche, wo das benutzte Geschirr noch rumstand, es entsprechend übel roch und die Katzen auf dem Küchentisch herumliefen. In die Ecken durfte man da nicht kucken, aber mich interessierte ohnehin nur das Fernsehprogramm, und die Leute nahmen keinen Anstoß daran, dass ich mich einfach so zu ihnen gesellte.

Die Folge war, dass ich bei manchen Kunden, die eine Fernsehzeitung abonniert hatten, erst am Samstagabend auftauchte, als das Fernsehprogramm längst begonnen hatte. Eigentlich eine Unverschämtheit. Aber ich kann mich nicht erinnern, deshalb je einen Anschiss bekommen zu haben.

Im Laufe der Jahre wurden die Zeiten mit zunehmendem Wohlstand besser. Es waren die Jahre des sogenannten Wirtschaftswunders. Ich kaufte mir von meinem ersparten Geld das erste eigene Fahrrad. Gebraucht, aber mit Gangschaltung. Wir hatten zwar noch immer kein eigenes Auto, aber inzwischen einen eigenen Fernseher. Das war vielleicht eine Aufregung für uns Jungs. Eine der ersten Sendungen, die ich nachmittags sehen durfte, war »Sport, Spiel, Spannung« mit Klaus Havenstein und »Dick und Doof« mit Stan

Laurel und Oliver Hardy in »Väter der Klamotte«. Alles in Schwarz-Weiß natürlich.

Jetzt waren wir in Backnang angekommen. Neben seiner Arbeit bei Telefunken engagierte sich mein Vater im katholischen Pfarrgemeinderat, mein ältester Bruder Klaus betätigte sich sportlich und spielte in diversen Tischtennisvereinen, wo er es später immerhin bis zum Baden-Württembergischen Landesmeister bringen sollte, worauf wir alle sehr stolz waren.

Peter und ich nutzten die Angebote der katholischen Jungmännergemeinschaft. Ich wurde auch, wie meine Brüder zuvor, Ministrant und auch noch Vorbeter. Wenn man so will, machte ich im Altarraum der Kirche meine allerersten Bühnenerfahrungen. Das war nicht immer prickelnd, besonders im Winter, wenn ich wochentags in aller Herrgottsfrühe, also noch vor der Schule, als Ministrant für die Morgenmesse eingeteilt war und mir in der eiskalten Kirche die Finger abfror.

Die Sommerferien verbrachten wir oft im Zeltlager. Es war spannend und schön, abseits von den Regularien des Elternhauses eine neue, ganz andere Freiheit im Kollektiv von Gleichaltrigen zu erleben. Auf einer Waldlichtung bauten wir unsere Zelte auf, Katen aus schwarzem Zelttuch, die anhand zweier Baumstämme hochgezogen wurden. Sie hatten oben sogar eine Öffnung, um auch im Zelt ein Feuer machen zu können. In der Regel gab es aber im Zentrum der kleinen Zeltstadt immer eine Lagerfeuerstelle, um die man abends herumsaß. Das war Abenteuerromantik pur. Geschichten wurden vorgelesen oder Lieder zur Gitarre gesungen. Wenn sich dann nachts alle in die Zelte verkrochen, wurden zwei Jungs zur Nachtwache eingeteilt. Das bedeutete, regelmäßige Rundgänge um das Lager zu machen und das Feuer mit Brennholz zu versorgen, damit es nicht ausging. Uns Stadtkindern waren die Geräusche des Waldes oft fremd. Und es hatte etwas Unheimliches, wenn man von irgendwo aus dem Wald ein Knacken oder einen Tierlaut vernahm. Es konnte auch sein, dass eine Gruppe aus einem entfernten anderen Zeltlager einen Überfall plante, was nur sehr selten vorkam. Aber Fürchten war nicht angesagt. Wir waren zwar nicht flink wie

Windhunde oder zäh wie Leder und schon gar nicht hart wie Kruppstahl, aber Schiss haben war verpönt.

Ein paar Mal wurde ich als Benjamin der Familie von meinem Vater mit meiner Mutter als Begleitung an den Tegernsee oder auf einen Bauernhof am Wilden Kaiser bei Kufstein in den Urlaub geschickt, weil meine Mutter sich dringend erholen musste. Wir Jungs, ihre Halbtagsarbeit, die Arbeit in Haushalt und Garten zehrten natürlich an ihren Kräften. Und diese Ferien mit ihr allein genoss ich ganz besonders.

Daher fand ich es auch überhaupt nicht komisch, als eines Tages mein Vater und mein mittlerer Bruder Peter plötzlich in unserer Bauernhofidylle auftauchten. Wir waren gerade in unserer Wohnkammer, als wir von draußen unseren Familienpfiff hörten. »Oh Gott«, entfuhr es mir, »was wollen die denn hier?« Es sollte eine Überraschung sein, und die beiden blieben auch nur für ein paar Tage. Ein Arbeitskollege meines Vaters hatte die zwei auf seiner Fahrt in den Urlaub mitgenommen.

Eines Nachmittags während dieser Tage saßen wir einmal draußen in Liegestühlen auf einer Wiese. Nicht wir alle, denn für mich war keiner mehr frei. Ich bat meinen Bruder, mir doch auch mal einen Liegestuhl zu überlassen. Er wollte aber nicht und hatte sich, damit ich ihn nicht vertreiben konnte, extra eine der vielen Katzen, die sich auf dem Bauernhof herumtrieben, auf seinen Schoß gelegt. Er kraulte sie am Hals, und die Katze schnurrte wohlig. Er dachte sicher, dass ich mich nicht trauen würde, ihn mit dem Tier aus dem Stuhl zu kippen. Als jedoch meine Aufforderungen nicht fruchteten, schlich ich mich von hinten heran und ließ ihn mit dem Stuhl samt Katze ganz langsam nach unten gleiten.

Was ich nicht bemerkt hatte, war, dass der Schwanz der Katze zwischen den Liegestuhlstreben herunterhing, die nun wie eine Schere zusammenklappten und ihn abschnitten. Die Katze jaulte entsetzlich auf, tobte vor Schmerzen auf Peters Schoß herum und rannte davon. Dabei sah ich nur noch ihren fingergroßen Schwanzstummel in die Höhe ragen. Wir waren alle furchtbar erschrocken, und Peters Hose und der am Boden liegende Liegestuhl waren total nass, weil das arme Tier in seiner Panik das Wasser nicht mehr halten konnte.

Mein Bruder stauchte mich ob meiner Freveltat zusammen. Erregt konterte ich sofort trotzig: »Du bist schuld, du wolltest mich ja nicht in dem Stuhl sitzen lassen. Das ist alles deine Schuld!« Durch den Lärm kam die Bäuerin angerannt und sah, was passiert war. Ich hob den am Boden liegenden Restschwanz in die Höhe und sagte etwas respektlos zur Bauersfrau: »Den können Sie jetzt im Blumenpott beerdigen.«

Später machte ich mir Gedanken, was die Katze wohl gedacht haben mochte, als das passierte. Da nimmt mich einer auf seinen Schoß im Liegestuhl, krault mich am Hals, tut lieb und schneidet mir dabei von hinten den Schwanz ab. Was ist das für ein Mensch? So musste sie wohl gedacht haben. Ich habe sie in unserem Urlaub jedenfalls nicht wiedergesehen.

In Backnang hatten wir auch eine Katze, und wenn ich von der Schule nach Hause kam, ging ich auf den Balkon und wetzte zwei Messer. Dieses Geräusch kannte sie und kam alsbald angerannt. Mit einem dieser Messer schnitt ich dann ein Stück Lunge und füllte damit ihren Fressnapf. Danach legte sie sich immer in einen alten Sessel, ihren Stammplatz, kringelte sich ein und machte ein Nickerchen. Was sie aber nicht mochte, war der Staubsauger. Damit scheuchte ich sie manchmal herum und hatte meinen Spaß, wenn sie in Panik durch die Wohnung peste.

Heute frage ich mich, warum Kinder zu Tieren so sadistisch sein können. Warum reißen Kinder einem Insekt die Flügel raus oder pumpen einen Frosch auf? Liegt es nur am schieren Unwissen, oder lassen die Gene des Menschen beides gleichzeitig zu. Das Gute und das Böse. Bringt uns schließlich die Erfahrung weiter? Wir tun uns schwer mit dem Satz: »Was du nicht willst, das man dir tut, das füg auch keinem andern zu.«

Bella Italia

Anfang der 60er Jahre war es endlich so weit. Meine Eltern beschlossen, mit uns in Italien einen Campingurlaub zu machen. Diesem Vorhaben war eine Auseinandersetzung zwischen ihnen vorausgegangen, da meine Mutter es ablehnte, in den Ferien auch noch kochen zu müssen. Mein talentierter Vater versprach, sich um das Essen zu kümmern und selbst zu kochen. Für das Italienabenteuer lieh er sich ein Auto. Einen Ford 12M. Ferner zwei Zelte. Und dazu kaufte er noch einen Dachständer für das Auto, diverse Campingmöbel und einen kleinen Gaskocher.

Von Italien wusste man nur, dass es das Paradies schlechthin sein musste. Sonne satt. Das blaue Meer. Die Mentalität seiner Menschen. Alle schwärmten von Bella Italia. Dennoch war es für uns alle eine Fahrt ins Ungewisse. Italiener kannte man in Deutschland bisher nur von der Eisdiele und als Gastarbeiter, denen die Nachkriegsdeutschen damals ziemlich ablehnend gegenüberstanden. Sie waren die »Itaker« und »Spaghettifresser«.

Wenn mein Vater gelegentlich den Satz ausstieß: »Am deutschen Wesen wird die Welt genesen«, meinte er das natürlich so explizit nicht, aber derlei entsprang einer lange geübten unreflektierten Deutschtümelei, die in Fleisch und Blut übergegangen zu sein schien. Meine Eltern, die beide im Dritten Reich aufgewachsen waren, wollten einfach wie damals fast alle Deutschen nicht zurückschauen, und so wurden Sätze mit einer Beiläufigkeit abgesondert, denen man heute keine umgangssprachliche Komfortzone einräumen würde. »Schmeckt wie toter Jud«, »da kannst du warten bis zur Vergasung«, »immer diese jüdische Hast« und andere unbedachte Äußerungen sind heute weitgehend aus unserem Sprachgebrauch verbannt.

Aber fest steht, dass der Deutsche schon beim Gedanken an das Fremde fremdelt. Für ihn sind Fremde keine Menschen wie du und ich, sondern eben Ausländer. Und im Gegensatz zum Syrer, Afghanen, Eritreer und anderen Erdenbewohnern heute hatte der Italiener damals einfach das Glück, dass wir ihn durch Reisen in sein Land kennen und auch schätzen lernen konnten.

Zurück zu unserer Reise: Die erforderliche Logistik für sie sorgte natürlich für Aufregung in der Familie. Das Endziel war ein kleiner Ort an der Riviera namens Ceriale. Dort sollte es einen schönen Campingplatz direkt am Meer geben. Welche Strecke musste man wählen und über welchen Pass sollte es gehen? Vom ADAC wurden entsprechende Landkarten für die Wegstrecke besorgt. Geld musste umgetauscht werden. Unsere »harte« D-Mark in Lira.

Sieht aber komisch aus, das Geld. Was isst man denn dort? Die haben doch da nur Nudeln. Am besten, wir nehmen alles mit. Also wurden deutsche Dosen gekauft. Deutsche Eintöpfe in Dosen, deutsches Fleisch in Dosen und deutsche Kartoffeln wurden mitgenommen. Was ist mit Brot? Oh Gott, die haben doch da nur Weißbrot! Zum Kochen wurde auch deutsches Öl mitgenommen, deutscher Hering in Dosen, deutsche Marmelade. Einfach alles.

Aus heutiger Sicht war das irre. Wir Deutschen glaubten damals doch tatsächlich, dass die in Italien nichts Anständiges zu essen hätten.

Vollbepackt fuhren wir los. Mutti hatte für die Reise noch einen großen Nudelsalat und Buletten gemacht, damit wir unterwegs nicht verhungern würden. Zunächst ging es am Bodensee vorbei in die Schweiz. Das war zwar schon Ausland, aber immerhin sprach man da Deutsch. Um Benzinkosten zu sparen, hatte mein Vater eine direkte Route ausgewählt. Diese sollte uns zum Lago di Como führen, wo wir übernachten wollten. Es ging nur langsam voran, denn das Auto war mit uns fünfen und dem vielen Gepäck schwer beladen.

Vadder, der als Einziger einen Führerschein besaß, hatte natürlich nicht die Routine eines Vielfahrers, da wir ja nun seit Jahren kein eigenes Auto mehr gehabt hatten. Das größte Abenteuer war die Fahrt über den Splügenpass. Dieser hatte es in sich. 2 113 Meter ging es hoch bis zur Grenzstation. Schmale Serpentinenstraßen, eng und schlecht ausgebaut, mit wenigen Ausweichstellen, wenn einem ein Bus oder gar ein LKW entgegenkam. Eigentlich hat der Bergfahrer Vorfahrt, aber mein Vater musste hin und wieder auf der steilen Straße zurücksetzen.

Auf dem Pass war es kalt und nass. Um uns herum schneebedeckte Berge. Als wir endlich die Grenze zu Italien überquerten, wurde es aber auch nicht besser. Nun ging das Ganze wieder bergab. Wir fuhren durch kleine Städtchen und karge Ortschaften, allmählich verschwand der Schnee, und es wurde lieblicher und wärmer. Und dann sahen wir ihn von oben liegen, den Comer See. Ein herrlicher Anblick. Jetzt endlich sollte sich unsere Erwartungshaltung bestätigen und unsere fantasievolle Vorstellung über Italien hoffentlich verwirklichen.

In Dongo, einem Ort am nördlichen Teil des Sees, hielten meine Eltern nach einem Quartier Ausschau. Bloß kein teures Hotel. Die Reise hatte ja erst angefangen. In einem Gasthof bekamen wir Zimmer. Eins für meine Eltern und eins für uns Jungs. Da wir den Nudelsalat und die Buletten schon unterwegs verzehrt hatten, mussten wir natürlich etwas essen. Nachdem mein Vater in der Wirtsstube der Unterkunft die Preise genau studiert und in D-Mark umgerechnet hatte, versuchten wir uns also an den ersten Nudeln und Pizzen. Dies gelang, indem mein Vater recht unbeholfen in einem Idiotendeutsch auf den Kellner einsprach: »Äh, wir hier essen wollen. Verstehen? Spaghetti für die Dame«, dabei zeigte er auf meine Mutter, »und dreimal Pizza. Verstehen?« Dann fing er an, seine Englischkenntnisse dazuzumischen: »For the Lady einmal Spaghetti and three times Pizza« (wobei er drei Finger hochstreckte) »and Vino for me (zur Sicherheit zeigte er dabei mit dem Finger auf sich), und da ich eine Cola wollte und die anderen Apfelsaft: »and I become noch eine Cola and four äh, äh … Apfelsaft.«

Meine Brüder, die mit der englischen Sprache schon halbwegs vertraut waren, blickten peinlich berührt auf ihre leeren Teller. Der Kellner nickte höflich und blieb freundlich. Das Essen kam, und weil wir allesamt Hunger hatten, schmeckte es auch. Dennoch aßen wir vorsichtig, da wir uns nicht sicher waren, ob unsere deutschen Mägen das italienische Essen tatsächlich vertragen würden. Mit dem italienischen Wein dagegen hatte mein Vater keine Probleme und bestellte für sich und meine Mutter nochmals vom guten Hauswein. Als die Rechnung kam, prüfte er sie genau, dann zahlte er, gab noch ein kleines Trinkgeld dazu, und wir gingen auf unsere Zimmer, wo wir todmüde ins Bett sanken.

Das Frühstück am nächsten Morgen war für uns alle eine große Enttäuschung. Die Italiener frühstücken morgens kaum etwas, wie wir erfuhren. Ein Café Latte in einer großen Tasse und ein Stück Weißbrot dazu. Das war's.

Aber wir trugen es mit Fassung und setzten unsere Reise fort. Meine Mutter hatte sich natürlich vor der Reise über das kulturelle Italien sachkundig gemacht und verkündete nun, was man unterwegs alles anschauen musste. Vom Comer See ging es nach Mailand, wo wir den berühmten Dom besichtigten. Ich hatte noch nie eine so große Kathedrale gesehen – wir waren schwer beeindruckt. Ebenso von der Vitor-Emanuel-Passage in unmittelbarer Nähe.

All diese Pracht hier faszinierte vor allem meine Mutter. Ja, überhaupt brachte es ihre kulturelle Neugier mit sich, dass ich auf diesen Reisen, die wir auch noch in den folgenden Jahren immer wieder nach Italien unternahmen, viele historisch interessante Orte, Kirchen, Klöster und andere Baudenkmäler kennenlernte. Und das oft gegen den Widerstand meines Vaters, der immer unbedingt weiterfahren wollte, und meiner Brüder, die sich spätestens nach der zweiten Kirche langweilten. Aber da ich meine Mutter nicht alleine lassen wollte, ging ich immer solidarisch mit auf Besichtigungstour. So lernte ich als kleiner Junge schon viel über die Kulturschätze Italiens.

Endlich erreichten wir unser Reiseziel Ceriale. Ein kleiner Ort zwischen Savona und Albenga an der italienischen Riviera. Wenn man heute auf der Küstenstraße dort vorbeifährt, findet man nichts mehr so vor, wie es damals war. Alles mit Hotels zugebaut, auch da, wo einst unser Campingplatz war. Und Napoleone, den Betreiber, ein schlaksiger Italiener mit dunklen Augen und einem gezwirbelten schwarzen Bart im sonnengegerbten Gesicht, der uns damals in Empfang nahm, gibt es gewiss auch nicht mehr.

Bei uns zu Hause

»Thomas«, rief meine Mutter immer, wenn wir Besuch hatten, »Thomas, mach doch mal was vor! Du weißt schon. Nu mach doch mal!« Wir hatten zu Hause damals eine Plattensammlung. Unter anderem eine Operette von Leo Fall mit dem Duett: »Josef, ach Josef«. Ich nahm also – ich war vielleicht zwölf Jahre alt – den Morgenmantel meiner Mutter, hing ihn auf einen Kleiderbügel, hakte diesen in das Laufwerk der Schiebetür, die Wohn- und Esszimmer trennte, legte mir einen Ärmel des Morgenmantels über die rechte Schulter, Duett Frau-Mann, unser Besuch saß im Wohnzimmer, und los ging's. »Josef, ach Josef, was bist du so keusch, das Küssen macht so gut wie kein Geräusch, ach Jo-Jo-Jo-Josef!« Dazu synchronisierte ich mit Mund und Restgesicht die Plattenaufnahme. Die Leute haben sich schlapp gelacht, und meine Mutter war stolz.

Meine Eltern waren von Haus aus äußerst kontaktfreudig. Sie schätzten die Geselligkeit, und mein Vater war der Motor. Ihre Generation hatte einen großen Nachholbedarf. Als sie jung waren, herrschte Krieg. Als der vorbei war, stand der Neuaufbau an. Eine Zeit der Entbehrungen. Und als wir Kinder etwas größer wurden, konnten meine Eltern zum ersten Mal etwas durchatmen.

Ein Freundeskreis war gefunden, und man lud sich gegenseitig regelmäßig am Samstag ein. Welch eine Aufregung – für mich. Meine älteren Brüder, die schon etwas mehr flügge waren als ich, durften am Abend schon alleine ausgehen. Ich musste natürlich zu Hause bleiben, was ich, wenn Besuch kam, gar nicht so schlimm fand. Nachmittags spielte ich dann in der Küche den Assistenten meiner kochenden Mutter, die immer den Ehrgeiz hatte, vor den Gästen mit neuen Gerichten, die gerade en vogue waren, zu glänzen.

Sicherlich wurde damals schon meine spätere Leidenschaft fürs Kochen geweckt. Noch heute koche ich Gerichte meiner Mutter nach ihren Rezepten. Zum Beispiel den wunderbaren Burgundertopf, als Vorspeise meinen klassischen Krabbencocktail oder als Nachspeise die köstliche Mousse à l'orange. Ein tolles Menü.

Wenn die Gäste eintrudelten, gab es zur Begrüßung immer einen Cocktail. Das war die Domäne meines Vaters. Der letzte Schrei war in dieser Zeit eine Gin-Variation im Cocktailglas mit Salzrand. Ich fand das damals schon sehr lecker, und damit meine ich nicht den salzigen Rand …

Am interessantesten war für mich, den Gesprächen der Erwachsenen zu lauschen – immer in der Hoffnung, etwas zu erfahren, was nicht für meine Ohren bestimmt war. Ich tarnte mich also, indem ich den Maître spielte. Ich half beim Servieren, leerte die Aschenbecher und sorgte für Nachschub beim Wein. Natürlich konnte ich keinen Wein servieren, der korkte. Dabei genügte es nicht, nur an der Flasche zu riechen.

Außerdem fühlte ich mich damals schon für das Atmosphärische zuständig. Licht und Ton mussten stimmen. Von dieser Fähigkeit profitiere ich noch heute bei der technischen Einrichtung meiner abendlichen Vorstellungen. Ich kann den Technikern in den Gastspielhäusern vor Ort genau sagen, welcher Scheinwerfer in welcher Farbe und aus welchem Winkel die Bühne beleuchten soll.

So auch damals im Wohnzimmer. Je nach Gesprächs- und Stimmungsverlauf variierte ich das Licht. Ganz wichtig war aber auch der Ton! Also wählte ich im Vorfeld schon einige Schallplatten aus, die der Gefälligkeit des Abends dienlich sein konnten. War das Gespräch anregend, hielt sich die musikalische Umrahmung zurück. Flaute der Dialog etwas ab, musste die Musik nicht nur flotter, sondern auch um einige Dezibel angehoben werden. Das war Feintuning, denn die Gäste sollten davon nichts merken.

Mein Vater hielt bei diesen abendlichen Einladungen gerne Reden. Das konnte er. Da meine Mutter wusste, dass ihr Guido am Abend mindestens eine Ansprache halten würde, versuchte sie ihn schon im Vorfeld einzunorden. »Pass mal auf, Guido, das und das solltest du heute Abend nicht erwähnen.«

Und was passierte? Guido klopfte ans Glas, erhob sich und sprach:

»Meine Frau hat zwar gesagt, ich soll das nicht ansprechen, aber …« Und dann sprach er genau darüber! Er tat es allerdings mit so viel Charme, dass alle Anwesenden belustigt waren und selbst meine Mutter ihm großzügig verzieh – bis zum nächsten Samstag.

Mit zunehmendem Alkoholkonsum passierte es mitunter, dass die Gesellschaft fröhlich zu singen anfing. Einer der Gäste, der Herr Lauer, hatte eine besonders schöne Stimme und empfahl sich gerne als Vorsänger. »Ach, wie so herrlich zu schauen, sind all die lieblichen Frauen.«

Herr Lauer hatte aber nicht nur eine schöne Stimme, sondern auch ein schönes Auto, das nun bei uns vor dem Haus stand. Im Flur hing sein Mantel, in der linken Tasche wartete der Autoschlüssel. Ich war mittlerweile 15 Jahre alt. Die Erwachsenen waren fröhlich, die Stimmung gut, für Weinnachschub hatte ich gesorgt, also konnte ich mich anderen Aktivitäten zuwenden. Ich fischte den Autoschlüssel des Herrn Lauer aus der Manteltasche, bestieg das schöne Gefährt und drehte ein paar Runden. Dann parkte ich das Auto wieder ordentlich an seinem Platz, steckte den Autoschlüssel zurück in die linke Manteltasche und tat so, als wäre ich nie weggewesen. Fortan habe ich mich immer gefreut, wenn Herr Lauer bei uns zu Gast war.

Irgendwann später sagte ein Nachbar von uns einmal zu meiner Mutter auf der Straße: »Frau Freitag, Sie wissen schon, was Ihr Sohn mit dem Auto von Ihrem Besuch macht?«

In der weiteren Nachbarschaft waren meine Eltern auch mit einem Ehepaar befreundet, bei dem ich gelegentlich als Babysitter aushalf. Der Mann war Opernsänger, der seine Kunst allerdings nicht mehr professionell ausübte.

In Vorbereitung eines bunten Programms an einem Sonntagnachmittag im Bürgerhaus der Stadt, das von den katholischen und evangelischen Jugendverbänden veranstaltet werden sollte, war es natürlich auch an mir, dieses Ereignis mit einem Auftritt zu bereichern. Ich erzählte dem Opernsänger von meinen kleinen Auftritten zu Hause, wenn ich zum Gaudi der Anwesenden mit dem Morgenmantel meiner Mutter zu einer Schallplatte »Josef, ach Josef …« parodierte. Nun hatte ich vor, so etwas Ähnliches auch auf der Bühne dieser Jugendveranstaltung zu machen. Da wir noch die Oper »Carmen« im Musikschrank hatten, dachte ich daran, so etwas Ähnliches mit dem Auftritt des Toreros zu machen: »Auf in den Kampf, Torero!«

»Das kannst du machen«, sagte er, »ist aber nicht so wirkungsvoll. Welche Arie sich wunderbar eignen würde, wäre die Kavatine des ›Figaro‹ aus dem ›Barbier von Sevilla‹. Das würde ich mal probieren.«

»Diese Oper haben wir aber nicht auf Schallplatte«, gab ich zu verstehen.

»Aber ich habe sie«, erwiderte er. »Ich werde dir die Arie auf Band überspielen, damit du sie üben kannst.«

Hocherfreut über diesen Tipp nahm ich mir vor, die Arie mit Mund und Gesten zu synchronisieren, besorgte mir einen alten Cut, knöpfte mir von einem Karnevalskostüm Rüschen auf die Knopfleiste meines weißen Hemdes, schlüpfte in eine Kniebundhose, weiße Strümpfe und Schnallenschuhe. Fertig war mein »Barbier von Backnang«.

Der Auftritt gelang zu meiner Überraschung phänomenal. Und zwei Tage später fragte mich der von allen Schülern wegen seiner ungewöhnlichen Strenge heiß geliebte Klassenlehrer Stransky im Unterricht, ob ich das sei, der da heute in der Zeitung stünde. Als ich seine Frage bejahte, sah er mich für einen kurzen Augenblick forschend an, wobei ich seinem Gesichtsausdruck nicht entnehmen konnte, wie er das nun fand.

Mit einer weiteren Parodie trat ich alsbald dann auch auf den »Prunksitzungen« des Backnanger Karnevalsclubs auf. Diese Veranstaltungsreihe war ursprünglich nach einem Kostümfest entstanden, das mein Vater 1957 als Pfarrgemeinderatsvorsitzender der St. Johanneskirche ins Leben gerufen hatte. Dieses Fest innerhalb der Gemeinde erfreute sich aber bald eines solchen Zuspruchs, dass man es schließlich für die gesamte Bevölkerung öffnete.

Es gab in jenen Jahren nicht viele Veranstaltungen in unserer Stadt, die zur Steigerung der allgemeinen Lebensfreude beitrugen. Die Zeiten änderten sich jedoch. Und es war die schiere Lust, die meinen Vater, der auch die Karnevalssitzungen leitete, antrieb, ebendas für die Menschen zu tun. Mit seinen getreuen Mitakteuren machten sie noch alles selbst. Die Dekoration, das Programm und alles, was zu einem tollen Fest gehört. Da war er in seinem Element.

Das bedeutete aber auch, dass er in der Vorkarnevalszeit immer erst sehr spät nach Hause kam. Er war dann gestresst und hatte wenig Verständnis dafür, wenn wir Kinder ihm auch noch vorschlugen, ob er sich denn nicht gleich in der Stadt ein Zimmer nehmen könne, weil er jetzt mit dem Karneval verheiratet sei. Wenn er aber umgekehrt in seiner Eigenschaft als Präsident des Clubs zu einer Sitzung in eine andere Stadt eingeladen wurde, fand er das oft langweilig und fragte sich gelegentlich, wie man überhaupt so einen Blödsinn mitmachen könne. Passives Konsumieren mochte er überhaupt nicht.

Durch meine diversen Auftritte bei exponierten Anlässen in der Stadt erreichte ich allmählich eine gewisse Aufmerksamkeit bei den Leuten, die sich zuraunten: »Wie der Alte! Der Apfel fällt nicht weit vom Stamm.«

Mein erstes richtiges Engagement für einen professionellen Auftritt ließ dann auch nicht lange auf sich warten. In einem kleinen Ort unweit von Backnang befand sich eine bekannte Getränkefirma, die Sprudel und Fruchtsäfte produzierte. Ihr Firmenjubiläum sollte mit einem Fest für die Mitarbeiter gekrönt werden. So kam es, dass die dortige Chefsekretärin, die mich von unseren Karnevalssitzungen kannte, ihrem Direktor einen Auftritt mit meiner Figaro-Parodie vorschlug. Angetan von der Idee erhielt ich sogleich einen Vertrag. Meine erste Gage betrug 30 DM. Außerdem würde man mich mit dem Auto abholen und nach dem Auftritt gleich wieder zurückbringen, da ich ja noch nicht volljährig war.

»Wow«, sagte ich zu dem Fahrer, als ich in den schwarzen Mercedes einstieg, »sogar mit dem Wagen vom Chef!«

Meine Darbietung wurde wunderbar aufgenommen. Ich bekam

zu meiner Gage noch auf der Bühne eine Flasche Cognac (!) überreicht, und man fuhr mich wieder nach Hause.

So darf es ruhig weitergehen, dachte ich.

1971 plante die Stadt ein Straßenfest im Sommer. Der Marktplatz mit seinem alten Fachwerkrathaus sowie das Ensemble um den Stiftsturm und andere noch erhaltene schöne Häuser bildeten einen passenden Rahmen dafür. Man installierte eine große Bühne für ein folkloristisches Programm, stellte Tische und Bänke auf und brachte an den Häusern Illuminationen an, die besonders am Abend für eine angenehme Atmosphäre sorgten.

Auch hatte man an das jüngere Publikum gedacht. Auf einem anderen Platz in unmittelbarer Nachbarschaft zum Hauptfestplatz sollte dort unter anderem ein Schlagerwettbewerb stattfinden, den ich zu moderieren die Ehre bekam. Das war für mich in meinen jungen Jahren eine willkommene Gelegenheit, mich auch mit kleinen Sketchen auszuprobieren.

Der erste Preisträger damals war übrigens der leider viel zu früh verstorbene Wolle Kriwanek. Ein wunderbarer schwäbischer Bluessänger, der mit seiner außergewöhnlichen Stimme dann auch sofort Karriere machte und für ein Fachpublikum weit über die Grenzen Baden-Württembergs hinaus bekannt wurde.

Das erste Straßenfest wurde ein voller Erfolg, vielleicht auch deshalb, weil der Schwabe vornehmlich dem Wein zugetan ist und so das Stadtpublikum wohltuender ausgelassen war, als es zum Beispiel in klassischen Bierzelten mit seinen Saufgelagen üblich ist.

Heute ist dieses größte deutsche Straßenfest ein Markenzeichen von Backnang geworden und hat viele Nachahmer gefunden. Aber wo viele Menschen sich zum Feiern versammeln, lässt natürlich der Kommerz nicht lange auf sich warten. Der einst so gemütliche Gehversuch mit diesem Stadtfest für die Menschen in Backnang ist inzwischen längst zu einer Rummelveranstaltung geworden, die den Charakter von damals verloren hat.

Nichts ist erfolgreicher als der Erfolg. So wird das eben aus dem Zauber, der allem Anfang innewohnt.

Ende der 60er Jahre entwickelte die Kulturorganisation der Stadt die Idee, im Herbst ein großes Laternenfest für Kinder stattfinden zu lassen. Und der Knaller sollte dabei der Auftritt des berühmten Sandmännchens sein, wie man es aus dem Fernsehen kannte.

Die Organisatoren suchten nach einem geeigneten Darsteller, und bald schon wandten die Planer sich an mich. Ich war zunächst unschlüssig, ob ich so etwas überhaupt machen sollte, wurde aber schlussendlich überredet. Es war ja für die Kinder gedacht und – das gab natürlich den Ausschlag: Der Sandmann sollte mit einem echten Hubschrauber auf der »Bleichwiese«, einem großen Platz in der Stadt, einschweben.

Ich ließ mir also das original Sandmännchen-Kostüm schneidern, dieses mit den bekannten Farben versehen, die zudem noch eine gewisse Leuchtkraft haben sollten, damit es auch von Weitem gut zu sehen war. Als ich das Kostüm zum ersten Mal anprobierte, war es, als stiege ich in Sperrholz, so fest war die Farbe geworden.

Unweit unserer Wohnung, auf dem Sportplatz meiner ehemaligen Grundschule, stand ein Hubschrauber der Bundeswehr bereit. Ich fuhr also eigenhändig mit dem Auto meines Vaters als Sandmännchen verkleidet dorthin. Stieg mit meiner Laterne ein – und die Piloten ließen die Rotoren an. Dann hoben wir ab.

Der Sportplatz und die Schule unter mir wurden kleiner, ich erblickte mein Elternhaus von oben und konnte auf dem Flug nun all die Häuser, Straßen und Wege, die mir so vertraut waren, aus einer aufregend neuen Perspektive beobachten. Ein irres Gefühl. Als wir uns der Bleichwiese näherten, sah ich von Weitem die vielen Menschen stehen, die dort auf mich warteten. Es waren über dreitausend Eltern mit ihren Kindern, die alle zu winken anfingen, als sie den Hubschrauber erblickten. Der kleine Flug dahin war so schnell vergangen, dass ich die Piloten bat, doch vorbeizufliegen, weil ich jetzt Blut geleckt hatte und noch mehr von meiner Stadt aus dieser ungewohnten Perspektive sehen wollte.

Das natürlich äußerte ich nicht so direkt. Ich sagte deshalb: »Fliegen Sie bitte noch mal eine Runde, meine Herren. Wir müssen die Spannung dort unten erhöhen.«

Heute frage ich mich, was mich damals wohl geritten hat, in diesem Alter schon eine solche Chuzpe zu entwickeln. Oder zeigte sich da schon ein Grundgefühl für Dramaturgie und Effekte bei mir?

Beim dritten Anflug sagte ich: »Ich glaube, wir sollten jetzt landen, sonst könnte womöglich die Stimmung da unten kippen, und aus dem freudigen Winken wird etwas ganz anderes.«

Natürlich wirbelte der Hubschrauber beim Landen eine Menge Staub auf, und die Leute mussten sich die Augen zuhalten. Eine Blaskapelle spielte unermüdlich, bis die Rotoren zum Stillstand gekommen waren. Und dann half man mir aus dem Gefährt.

Der Bürgermeister begrüßte sogleich das Sandmännchen mit einer kurzen Rede. Dann hielt ich meine Ansprache. Im Anschluss überreichte mir eine kleine Abordnung von Kindern eine dicke Torte, die sofort von den Piloten in den Hubschrauber verfrachtet wurde. Ich winkte unter lautem Jubel den Kindern nochmals zu und stieg wieder in mein Himmelsfahrzeug. Die Rotoren wurden in Gang gesetzt, die Leute hielten sich erneut die Augen zu, und ab ging es in die Luft. Wahnsinn.

Auf dem Rückflug zum Sportplatz konnte ich nicht ahnen, dass sich an der Bleichwiese nun eine Menge Autos mit Zuschauern in Bewegung gesetzt hatte, die wohl neugierig waren, ob das Sandmännchen tatsächlich dort wieder landen würde. Schon beim Anflug sah ich eine kleine wartende Menschenmenge und etliche Autos, die sich flugs dem Landeplatz näherten.

Mir wurde schnell bewusst, dass sich das Sandmännchen, das noch vor wenigen Minuten aus himmlischen Sphären zu den Kindern herabgestiegen war, nun auf so profane Weise entzaubern könnte, was mir höchst unangenehm war. Eilig verabschiedete ich mich von meinen beiden Piloten, bedankte mich bei ihnen, diesen Spaß mitgemacht zu haben, und rannte in meinem sperrigen Kostüm ungelenk zum Auto.

Als ich nach Hause fuhr, konnte ich im Rückspiegel die mich verfolgenden Autos beobachten. Endlich vor unserem Haus angekommen, stieg ich eiligst aus dem Wagen und ging, ja rannte fast auf unsere Haustür zu, ohne die Gaffer in den Autos eines Blickes zu würdigen. Verdammt, wo war jetzt der Hausschlüssel?

Ich kramte in meinen Hosentaschen und bemerkte dabei nicht unseren Nachbarn, der mit einem Laubrechen in der Hand fassungslos den ganzen Vorgang beobachtete. Er hatte wohl von dieser Veranstaltung nichts mitbekommen und sagte nur lapidar: »Jetzt ist er völlig übergeschnappt.«

Berührung mit dem großen Geld

»Übrigens, sollten Sie mal ein moralisches Bedürfnis haben, dann müssen Sie ja nicht gleich in eine Kirche rennen. Die Schalterhalle einer Bank oder Sparkasse tut's auch … Marmorfußboden. Stille. Gedämpftes Geraune an den Schaltern, also für mich hat das schon etwas enorm Sakrales! Gut, da fehlt vielleicht ein Kruzifix, aber die Videokamera an der Wand sieht ja auch alles … Statt dem Beichtstuhl gibt es den Privatkundenschalter, statt Gitterfenster einen Sprechschlitz im Panzerglas, und wer Kredit von den Herren in der oberen Etage haben will, muss vor dem Bodenpersonal ganz schön die Hosen runterlassen … Aber glauben Sie bloß nicht, was dem einen sein Beichtgeheimnis, wäre dem anderen sein Datenschutz. Um Gottes willen. Das walte Schufa …«

Mit diesen Zitaten aus meinem Bühnenprogramm »Wer kommt mit durch`s Nadelöhr?«, das ich 1984 herausbrachte, könnte ich munter fortfahren. Hie Anbetung Gottes und dort Anbetung des Geldes. Gotteshaus. Geldhaus. In beiden Einrichtungen habe ich gearbeitet, oder soll ich besser sagen: gedient? Zumindest ein jeweils spezifisches Fachwissen erworben.

Beim Gottesdienst, im Religionsunterricht, als Ministrant, Vorbeter etc. über die zu erwartenden Erträge im Jenseits (bei entsprechenden Investitionen siehe »Die zehn Gebote«) und als Banklehrling über die irdischen Zinsen und die zu erwartenden Erträge im Diesseits.

Heute weiß ich: Man soll nur Schulden machen, wenn man Geld hat. Die Banken verleihen aber Geld in erster Linie an jene, die zu wenig davon haben oder gar keines. Bis auf die Spekulanten. Die leihen sich Geld, um damit kurzfristig mehr Gewinn zu machen.

Vom Spekulantentum war ich weit entfernt, als ich im März 1970 meine Banklehre begann. Nachdem man mich durch das Gebäude der Ludwigsburger Filiale der Großbank geführt und mir die verschiedenen Abteilungen gezeigt hatte, wurde ich schon am ersten Tag flugs hinter die Kasse zum Geldzähler gesteckt.

Dort warteten Geldberge auf mich. Aber im Gegensatz zu Dagobert Duck, der bei ihrem Anblick immer glasige Augen bekommt, machten sie zu meinem Erstaunen wenig Eindruck auf mich. Papier und Metall, das es zu ordnen galt. Münzen abzählen und verpacken, Scheine abzählen, auf Eselsohren überprüfen, glätten, mit der identischen Seite übereinanderstapeln. Mit neuen Banderolen versehen. Ein stupides Geschäft. Dann ab damit in den Tresor zu noch größeren Geldhaufen, die dort akkurat gehortet warteten.

Eines Tages benötigte der Mann an der Kasse unserer Filiale dringend neue 1 000-D-Mark-Scheine im Wert von 30 000 D-Mark für seinen Kassenbestand. Also schickte man mich, den Lehrling, zur Landeszentralbank, um dort die Scheine abzuholen. Auf dem Rückweg zur Bank geriet ich darüber in heftige Erregung. Obwohl ich die 30 Geldscheine sicher in der Brusttasche meines Sakkos wusste, wurde ich das Gefühl nicht los, dass mir jeder auf der Straße ansah, welch große Summe ich bei mir hatte! Mein Schritttempo erhöhend, taxierte ich die Fußgänger vor und hinter mir, da ich von jedem Passanten Unheil witterte.

Ich versuchte mich zu beruhigen und kam mir dabei ein bisschen wie der halluzinierende Knabe aus dem Erlkönig vor, der überall Schatten wähnt und am Ende tot ist. Doch bei dem Lehrling war am Ende das Geld noch da.

In meiner Ausbildung durchlief ich eine Abteilung nach der anderen. In der Überweisungsabteilung, der Oberbuchhaltung unterstellt, wurde auf Soll- und Habenbögen am Ende eines jeden Tages der Abschluss aller Konten getätigt. Und wehe, wenn die Endbeträge unterschiedlich waren. Dann musste ich so lange den Fehler suchen, bis der Saldo übereinstimmte. Vorher durfte man die Bank nicht verlassen.

Der Tag in der Kundenabteilung begann morgens mit dem Einsortieren der einzelnen Auszugsblättchen der Konten. Das war oft nervig, denn bei allen Kontobewegungen der Kundschaft kam da sehr viel zusammen. Gleichzeitig sollte man sich dabei den aktuellen Kontostand des Kunden schon mal leicht im Kopf vormerken, falls dieser am Schalter eine Abhebung vornehmen wollte. War ein Konto schon überzogen, musste man Rücksprache mit dem Abteilungsleiter halten, der dann durch Abzeichnung sein Okay gab oder auch nicht.

Heute, wo man sich mit Automaten herumschlagen muss, wirkt die damalige Zeit auf mich geradezu anheimelnd, obgleich das unsinnliche Zahlungsmittel Geld dasselbe geblieben ist. Tote Materie, die, wird sie der Gier geopfert, ein unglaubliches Feuer verursachen kann. Weltumspannend ist sie einem Christen, Muslim, Buddhisten, Juden, IS-Kämpfer, Mafioso, dem Kirchenstaat, einem brutalen Diktator oder dem Waffenkonzern gleichermaßen lieb. Sie ist das Band, das alle Menschen auf der Welt, die seinen Wert schätzen, unterschiedslos vereint. Erstaunlich.

War das früher beim Tauschhandel unserer Vorfahren im Steinzeitalter auch so? Wäre die Welt in einem besseren Zustand ohne dieses Phänomen Geld? Kann das Geschäft »Drei Hühner gegen einen Sack Äpfel« auch so viel Unheil anrichten wie eine Zahl im Computer, die in Sekunden um den Erdball kreist?

Nun ja, ich muss bekennen: Auch ich habe Geld. Für mich garantiert es Unabhängigkeit, solange ich es im Schweiße meines Angesichts verdiene. Und doch ist man in so einiges involviert, was die Raffgier vieler Zeitgenossen unterstützt. Ich nutze Energie, verbrauche Wasser, fliege mit dem Flugzeug, und mein Auto verpestet die Luft. Und sicher schwimmt in den Weltmeeren auch ein Plastikteil von mir herum. Aber hatte man damals schon dieses Umweltbewusstsein? Der erste autofreie Tag, von Bundeskanzler Helmut Schmidt verordnet, lag da noch in weiter Ferne.

1970 war auch das Jahr, in dem »mein« Bankhaus 100 Jahre alt wurde. Da meine Filiale dieses Ereignis mit einem internen Galaabend für die Mitarbeiter begehen wollte, bat mich der Betriebsratsvorsitzende, ob ich nicht während der Veranstaltung ein Quiz moderieren könnte, um allerlei Geschenke humorvoll an die Kollegen übergeben zu können. Damit brachte man mich in eine Bredouille.

Bei meiner Einstellung hatte ich nämlich den Arbeitgeber dringend gebeten, meine künstlerischen Tätigkeiten, die ich schon zu dieser Zeit im Amateurbereich praktizierte, unterm Teppich zu halten. Ich wollte nicht der bankinterne Hofnarr werden.

Doch letztendlich überredete man mich, und ich zog die Sache durch. War ich bis dahin noch der kleine unbekannte Lehrling aus der Nachbarstadt gewesen, änderte sich das schlagartig. Jeder kannte mich plötzlich in der Bank, und wenn mich jemand grüßte, huschte ein Lächeln über sein Gesicht, das mit der Erinnerung an diesen Abend verknüpft zu sein schien.

Politisch waren die frühen 70er Jahre ziemlich aufregend. Mit seiner neuen Ostpolitik »Wandel durch Annäherung« hatte der damalige Bundeskanzler Willy Brandt viele Wähler auf seine Seite ziehen können und vor allem die Herzen vieler junger Menschen erreicht. Auch meines. Das war nicht selbstverständlich, wurde doch bei uns zu Hause immer CDU gewählt.

Schon in meiner Geburtsstadt Alsfeld war mein Vater in die CDU eingetreten, weil er als überzeugter Katholik alle Roten für Atheisten hielt. Seinen Überzeugungen hatten wir Kinder nicht allzu viel entgegenzusetzen. Warum auch? Sie schienen plausibel und ehrlich. Er war ein äußerst geselliger Typ und charmant, sodass es einem schwerfiel, sich der Aufrichtigkeit seiner Grundsätze zu entziehen. Ich habe in meinem Leben viele Opportunisten kennengelernt. Unser Vadder war jedenfalls keiner.

Mein drei Jahre älterer Bruder Peter hatte um 1970 in Backnang auch schon politische Ambitionen und engagierte sich kurzzeitig bei der Jungen Union. Allerdings traf er dort auf ein Denken, das ihm nicht sehr zusagte, und so wechselte er flugs zu den Jusos. Dort stand man voll zu Willy Brandt. Daheim wurde alsbald lebhaft diskutiert, und Peter zog mich politisch auf seine Seite. Mit Sicherheit wurde ich nicht durch die 68er politisch infiltriert. Da war ich politisch wohl noch zu unreif, aber die neue Politik der ersten sozialliberalen Koalition schien mir nach den ewigen CDU-Jahren unter Adenauer, Erhardt und Kiesinger die richtige zu sein. Der kalte Krieg musste endlich überwunden werden. Und dafür stand vor allem Willy Brandt, ein Kanzler, der im Zweiten Weltkrieg im Widerstand war und der uns Jungen imponierte.

Am 27. April 1972 fuhr ich mit sehr gemischten Gefühlen zur Arbeit, weil ich wusste, dass es heute zum Misstrauensvotum gegen Willy Brandt im Deutschen Bundestag kommen würde. Der damalige Oppositionsführer Rainer Barzel wollte mit seiner CDU den Kanzler stürzen. Von der Mondlandung durch die Amerikaner mal abgesehen, die wir nachts verfolgt hatten, kann ich mich nicht erinnern, dass so viele Menschen wegen eines Ereignisses im Fernsehen von ihrer Tagesarbeit abließen wie an jenem denkwürdigen Tag.

Natürlich prallten auch hier in der Bank zwei politische Lager aufeinander. Die Haltung auf der Führungsebene war klar. Konservativ. Mehrheitlich. Getreu dem alten Klischee: Sozialdemokraten können ja nicht mit Geld umgehen. Und wer versteht davon mehr als die Chefs einer Bank.

Dieses Klischee hält sich bis heute, obwohl wir doch inzwischen wissen, wie viel kriminelle Energie – begünstigt durch Globalisierung und Digitalisierung – in einem Banker stecken kann. So viel Unheil, wie diese Zocker auf Kosten der sogenannten kleinen Leute angerichtet haben, schaffen selbst die »dummen Sozialdemokraten« nicht. Deren »Umverteilung« soll ja denen zugutekommen, die für ihre Arbeit zu wenig Geld auf dem Konto haben. Und nicht jenen, auf deren Privatkonten im Nirwana der Unauffindbarkeit sich Millionen türmen. Solche Summen kann man nicht durch der Hände Arbeit erzielen, sondern nur durch Betrug.

Als der Bundestagspräsident Gerstenmaier das Abstimmungsergebnis verkündete, gab es im Plenum auf Seiten der SPD und der FDP kein Halten mehr. Und während der näselnde Barzel, der nicht fassen konnte, dass er unterlegen war, den Kopf schüttelte, nahm

Willy mit versteinerter Miene die Huldigung der Koalitionsabgeordneten entgegen.

Ich war nach dieser enormen Anspannung sehr glücklich und erleichtert, waren doch auch – zu meiner Überraschung – viele meiner Kollegen Gleichgesinnte. In manchen Abteilungen wurde sogar applaudiert, und ich spendierte eine Flasche Sekt.

Die vorgezogenen Neuwahlen 1972 führten nun in unserer Familie zu hitzigen Diskussionen, bei denen sich besonders mein Bruder Peter extrem echauffierte. Wenn wir zusammen beim Essen saßen, nahmen die politischen Debatten ihren Lauf. Mein Vater entpuppte sich als Barzel-Anhänger und verteidigte dessen Politik der Ablehnung der Ostverträge, mein Bruder und ich argumentierten dagegen. Es wurde über Ursache und Wirkung gestritten, denn noch immer waberte bei vielen Deutschen das Bild einer bösen Sowjetunion in den Köpfen.

Dass diese damals kein Rechtsstaat in unserem Sinne war, wussten wir. Aber man übersah halt gerne, dass wir, die Deutschen, den Krieg angefangen hatten. Dazu fand erst Jahre später Richard von Weizsäcker am 8. Mai 1985, dem 40. Jahrestag des Kriegsendes in Europa, im Bundestag klärende Worte.

Mit der Gewissheit, die vielen Konservativen eigen ist, Gott und Geld auf ihrer Seite zu wissen, provozierte mein Vater damals am Tisch gerne auch damit, indem er Franz Josef Strauß glorifizierte. Dieser Politiker, der sich mit seinen polemischen Äußerungen über Willy Brandt zu profilieren suchte, brachte bei uns regelmäßig das Fass zum Überlaufen.

Im Familienkreis wurde es dann laut. Hilflos und genervt versuchte meine Mutter die Gemüter zu beruhigen. »Kinder, jetzt beruhigt euch doch endlich. Das bringt doch nichts. Außerdem wird das Essen kalt!« Doch da waren mein Bruder und ich schon mit unseren Tellern türenknallend dem Esszimmer entflohen.

Aber wir waren mit unserer politischen Haltung nicht allein. Die Bundestagswahl 1972 hatte mit 91 Prozent die höchste Wahlbeteiligung aller Zeiten in Deutschland. Willy holte 45,8 Prozent für die

SPD, die damit stärkste Bundestagsfraktion wurde. Auch mithilfe meiner Mutter, die mein Bruder und ich nach zähem Kampf der Argumente dem CDU-Wählerlager abspenstig machen konnten.

Als Peter und ich in jener Wahlnacht sehr spät sieges- und alkoholtrunken nach Hause kamen, war mein Vater noch auf. Ich sehe ihn heute noch in seinem Sessel sitzen und höre ihn sagen: »Ich habe ihn zwar nicht gewählt. Aber ich finde es gut, wie es gekommen ist.« Nach all den lautstarken Auseinandersetzungen der letzten Wochen war ich über die Äußerung meines Vaters dann doch überrascht, und ich gestehe heute, dass ich es ihm sogar ein wenig übelgenommen hätte, wenn er – zumal als CDU-Mitglied – von der Fahne seiner geliebten Partei gegangen wäre.

Als Auszubildender durchlief ich nun nach und nach alle wesentlichen Abteilungen der Bank, und in nur noch wenigen Monaten würde ich meine Abschlussprüfung zum Bankkaufmann absolvieren.

Ansonsten herrschte ganz normaler Alltag, der gelegentlich auf bemerkenswerte Weise unterbrochen wurde, wenn sich einer der vier Volldirektoren von der Hauptfiliale in Stuttgart zum Besuch in Ludwigsburg anmeldete.

Es wurde dann auf der Chefetage hektisch, und es war immer ein bisschen so, wie wenn der Chefarzt zur Visite kommt oder der General beim Militär zum Rapport erscheint. Ich selbst bekam diesen Direktor nie zu Gesicht. Was sollte er auch von mir, einem kleinen Lehrling, wollen?

Zu der Zeit zogen die Baupreise kräftig an. So machte meine Arbeitgeberbank mit dem Beamtenheimstättenwerk einen Deal, damit die Bauherren schon vor der Zuteilung ihres Bausparvertrages anfangen konnten, ihr Häusle zu bauen. Ein noch nicht zuteilungsreifer Vertrag wurde an die Bank abgetreten, dann die festgeschriebene Summe vorfinanziert.

In der Führungsetage suchte man zunächst extern nach einer Person, die mit so einem Bereich betraut werden könnte. Da man aber wohl niemand Geeigneten fand, orientierte man sich intern und stieß dabei auf mich.

»Der kann doch gut mit Leuten«, hieß es, »das Geschäft ist doch sehr kundenintensiv.«

So bekam ich bereits als Lehrling eine eigene Abteilung. Plötzlich war ich mein eigener Chef und mein einziger Mitarbeiter. Ohne Handlungsvollmacht und Prokura. Mein Arbeitsplatz war jetzt in der Kreditabteilung, die auf der Direktionsetage angesiedelt war.

Mir gegenüber saß nun ein Handlungsbevollmächtigter, mein unmittelbarer Vorgesetzter, dazu noch zwei junge weibliche Angestellte, die ihre Lehre schon hinter sich hatten. Im Gegensatz zu den beiden Damen hatte ich an meinem Schreibtisch jedoch keine Schreibmaschine, nur ein Diktiergerät.

Viel Zeit verbrachte ich jetzt in der Kundenabteilung mit Menschen, die mit ihren Bausparverträgen zu mir kamen und die ich entsprechend beraten musste. Dabei oblag mir natürlich auch die Weiterbearbeitung ihrer Anträge. Das war viel Büroarbeit mit der dazugehörigen Korrespondenz.

Selbstverständlich ging ich damals davon aus, dass die Briefe, die ich in das Diktiergerät formuliert hatte, nun von einer der beiden Damen geschrieben würden. Pustekuchen. Sie sperrten sich mit dem Argument, dass sie ja immerhin Bankkauffrauen seien. Wie kämen sie dazu, dem Lehrling die Briefe zu schreiben? Ein Argument, das mir zwar durchaus einleuchtete, mich aber in eine blöde Situation brachte. Irgendjemand musste diese Arbeit erledigen.

Meinem Vorgesetzten war das Dilemma sehr wohl klar, und er sah sich nicht selten gezwungen, in diesem kleinen Machtkampf zwischen mir und den selbstbewussten Frauen zu vermitteln. So blieb nach Schalterschluss immer viel liegen. Um mein Pensum zu bewältigen, saß ich nun nicht selten bis 20 Uhr abends im Büro und war in dieser Zeit wahrscheinlich auch der einzige Lehrling weit und breit, der auch am Samstag in die Bank fuhr, damit der Schreibtisch nicht überquoll.

Zu meiner Überraschung war ich dann aber doch nie allein im Haus. Irgendwo saß noch ein Abteilungsleiter oder Prokurist in seinem Büro, wohl auf dem Sprung zur Karriereleiter in diesem Institut, in dem die Mühlen ganz langsam liefen, wie ich heute weiß.

Aber so etwas lag mir fern. Ich musste einfach nur meine Büroarbeit in den Griff kriegen. Ansonsten träumte ich damals schon von einer ganz anderen Karriere.

Thessy Rieger, die Frau meines viel zu früh verstorbenen ersten künstlerischen Oheims, des Komponisten Jörg Rieger, lernte Ende der 80er Jahre durch Zufall einen Bankdirektor unserer Hauptfiliale in Stuttgart kennen. Dieser war zufällig in der Landeshauptstadt für das Rahmenprogramm zuständig, wenn am Rosenmontag eines jeden Jahres der gesellige Empfang für die wichtigsten Firmenkunden aus Baden-Württemberg gegeben wurde. Kundenpflege auf höchster Ebene also. Ein Stelldichein der »Großkopferten«, wie man im Schwäbischen zu sagen pflegt, ein Who is who aller Topunternehmen im Ländle einschließlich seines Ministerpräsidenten.

»Ihr habt doch bei dieser Veranstaltung immer einen Künstler, der da auftritt«, sagte Thessy zu dem Bankdirektor. »Fröbe war doch auch schon da. Entertainer und Zauberkünstler. Warum nehmt ihr nicht mal einen Kabarettisten?«, fragte sie ihn.

»Kabarett? Das ist doch was Linkes«, meinte er etwas abwehrend.

»Ich kenne da einen, den Thomas Freitag. Er spielt gerade im Stuttgarter Renitenz-Theater. Du kannst ihn dir ja wenigstens mal anschauen«, schob Thessy nach.

»Meinst du wirklich?«, war die zögerliche Antwort unseres Direktors.

»Ja, mein Gott, der macht sicher kritische Unterhaltung. Das gehört zum Kabarett. Aber ich glaube nicht, dass er kleine Kinder frisst«, frotzelte Thessy.

Womit sie auf ein Plakat von Klaus Staeck aus Wahlkampftagen anspielte, mit dem er die angeheizte politische Stimmung persiflierte. Darauf hatte Staeck die Titelseite einer Bildzeitung mit der Schlagzeile »Juso beißt wehrloses Kind« montiert.

»Er hat sogar bei euch gelernt«, fügte Thessy hinzu.

Das muss ihn wohl überzeugt haben, denn er kam in meine Vorstellung und war ziemlich angetan. Zu meiner Überraschung bekam ich alsbald ein Vertragsangebot für einen Rosenmontags-Auftritt von meinem alten Arbeitgeber.

Ort: Hauptfiliale Stuttgart, Direktionsetage.

Dauer des Auftritts: 30 Minuten.

Honorar: unterliegt dem Bankgeheimnis.

So nahm das Schicksal seinen Lauf. Allerdings ereilte es zunächst jenen Direktor kurze Zeit später, als er im fahrenden Auto von seiner Ex-Geliebten erstochen wurde. Ein unverzeihlicher Vorgang, ein Skandal, der in der Bank zu einem Verhalten führte, wie man es auch aus dem Vatikan kennt, wenn etwas geschehen ist, was nicht ins Bild passt. Den Ball flach halten, lautet dann die Devise. Am besten redet man nicht drüber, auch wenn die Bildzeitung an die Tür klopft. Nur das Nötigste bitte. Wegschwurmeln. Das Geschäft muss weitergehen.

Bis man eines Tages auf meinen Vertrag stieß, für dessen Umsetzung nun die anderen Direktoren zuständig waren. Und schon wurde es wieder hektisch in der Chefetage. Oh Gott, der hat einen Kabarettisten für unseren Event engagiert. Wer ist das denn? Kabarett – das sind doch alles Linke.

Also bekam ich eines Tages einen Anruf von der Führungsspitze aus Stuttgart.

»Herr Freitag, wir haben hier einen Vertrag, den der Herr … mit Ihnen abgeschlossen hat. Für unseren Rosenmontagsempfang«, tönte es am anderen Ende der Leitung. »Wäre es vielleicht möglich, dass Sie zu uns in die Bank kommen könnten, damit wir Sie kennenlernen … Wir sollten dann auch über Ihren Auftritt reden …«

»Ja, sicher«, antwortete ich. »Das ist möglich.«

»Wann würde es Ihnen denn passen?«, fragte mein Anrufer höflich.

»Nun, ich bin die nächsten Tage zusammen mit dem ›Kom(m)ödchen‹-Ensemble auf Tournee. Am kommenden Dienstag sind wir in der Schwabenlandhalle in Fellbach. Das liegt doch gleich bei Stuttgart um die Ecke«, war meine Reaktion. »Sagen wir, Dienstagmittag um 12 Uhr.«

»Sehr gut«, antwortete er erleichtert, »dann können wir uns da bei einem kleinen Essen besprechen. Vielen Dank auch und bis Dienstag.«

Obwohl ich damals mit eigenem Programm unterwegs war, hatte mich Kay Lorentz auch noch für ein Tourneeprogramm engagiert. Am Vorabend dieses Rendezvous mit meinen Bankern spielten wir in der Alten Oper in Frankfurt. Neben Lore Lorentz und zwei anderen Mitspielern war damals auch noch Jutta Hahn mit im Ensemble, die irgendwann einmal wohl mit der Frau von Alfred Herrhausen zusammen studiert hatte, sie zumindest gut kannte.

So kam es, dass besagter Herr Herrhausen zusammen mit seiner Gattin im Publikum saß und nach der Vorstellung mit ihr in unserer Garderobe auftauchte. Shakehands mit den prominenten Gästen, anerkennendes Schulterklopfen und ein Champagnerumtrunk in lockerer Stimmung beendeten an diesem Abend ein erfolgreiches Gastspiel.

Am nächsten Tag stand ich auf einem riesigen Perserteppich in einem opulenten Empfangsraum, von dem seitlich diverse Türen abgingen. Eine Vorzimmerdame fragte mich nach meinem Begehr und verschwand hinter einer der Türen. Meine Kleidung war eher salopp: Hemd, Hose und Pullover. Und während ich noch darüber nachdachte, ob das wohl die passende Garderobe für diesen Anlass war, öffnete sich eine der Türen. Heraus kam ein Herr um die fünfzig im dunkelblauen Anzug, sah mich etwas irritiert an und kam, nachdem er festgestellt hatte, dass außer mir sonst niemand im Raum war, zügig auf mich zu.

»Sie sind Herr Freitag«, sagte er und stellte sich vor.

In diesem Moment traten nacheinander noch drei weitere Herren in ihren uniformen Direktionskostümen aus den anderen Türen. Nachdem ich mich auch diesen kurz vorgestellt hatte, blickte ich in die Runde und sagte: »Ach übrigens, ich soll Sie schön von Herrn Herrhausen grüßen. Er war gestern bei uns in der Vorstellung.«

Für eine Sekunde schienen meine Gesprächspartner zu erstarren, und ich glaubte ein leichtes Hackenschlagen zu vernehmen. Das nun folgende Informationsgespräch bei einem kleinen Imbiss hätte man sich jetzt sparen können. Alfred Herrhausen hatte mir, einem »linken« Kabarettisten, die Hand gegeben. Das sollte reichen.

PS: Mein Rosenmontags-Auftritt für die Wichtigsten der Wichtigen im Ländle verlief dann auch für alle Seiten ohne Zwischenfälle.

Hey du, hey du …

Ich fuhr in meinem Bett hoch. Ein heftiges Klopfen hatte mich geweckt. »Was? Wer ist da?«, fragte ich noch völlig schläfrig.

»Thomas. Es ist 6.40 Uhr. Deine Leutchen warten!«

Ich erkannte die Stimme von Heinrich, einem Mitpfleger, der mit mir auf der Station arbeitete. Verdammt, dachte ich, schon wieder verschlafen.

Ich sprang aus dem Bett, wusch mir kurz das Gesicht und zog mich hurtig an. Dann rannte ich über den Vorplatz des Altersheims, riss die Eingangstür auf und stürmte die Treppen hoch. Oben auf der Pflegestation erwartete mich schon der Oberpfleger Schüle. Ein dünner Mann, ebenso schmal sein Gesicht und darin ein unheimlich großes Pferdegebiss. »Thomas, das ist jetzt schon das dritte Mal in diesem Monat!«, bläkte er.

Und während ich zu den Zimmern lief, die ich zu betreuen hatte, rief ich: »Ja, es tut mir leid! Es tut mir leid!«

Mir oblagen auf dieser Station drei Zimmer mit insgesamt acht Männern, die ich zu betreuen hatte. Zwei Dreibettzimmer und ein Zweibettzimmer. Normalerweise begann mein Dienst um 6.30 Uhr. Die alten Männer mussten gewaschen und angezogen werden, soweit nötig. Andere waren nur bettlägerig.

Sie brauchten ein neues Nachthemd, wenn sie ins Bett gemacht hatten.

Anschließend mussten die Betten frisch bezogen werden, es sei denn, man hatte Glück und es lag diesbezüglich nichts vor. Dann setzte man die Männer auf einen fahrbaren Toilettenstuhl. Windeln mussten entsorgt, Urinflaschen gesäubert werden.

Ich war jetzt schon fast ein Jahr als Zivildienstleistender mit dabei und hatte eine gewisse Routine in den morgendlichen Abläufen gewonnen. Ich wusste um die Lethargie der Heiminsassen, die nichts mehr hatten außer ein paar Utensilien, die sie in ihren Nachttischschubladen aufbewahrten. Die Männer waren fast alle passiv. Alte Menschen aus einfachen, wenn nicht gar ärmlichen Verhältnissen. Krank, abgearbeitet, oft überforderte Angehörige – manchmal auch gar keine mehr. Abgestumpft, ohne irgendein Interesse, egal für was.

Nach dem Einsatz auf der Pflegestation arbeitete ich ab 10 Uhr im Büro des Heimleiters. Daher war die Zeit begrenzt, sich mit den Männern kreativ auseinanderzusetzen. Sie jenseits der geübten Routine zu aktivieren, war ohnehin äußerst schwierig. Der Heimleiter hatte mir einmal gesagt, der beste Moment, um die alten Leutchen in ein Gespräch zu verwickeln und gedanklich anzuregen, sei jener, wenn man mit ihnen arbeitet, also sie wäscht oder anzieht. Dann öffnen sie sich leichter, als wenn man plötzlich während ihrer Wartezeiten zwischen den Mahlzeiten auf sie einstürmt, jetzt doch mal dieses oder jenes zu tun. Wenn diese Menschen nicht aus eigenem Antrieb heraus etwas unternehmen, passiert da gar nichts.

Einer meiner Schützlinge war Alfred. Ein Hüne von einem Mann, vielleicht Anfang sechzig. Er war Epileptiker und verkrüppelt. Wenn ich morgens ins Zimmer trat, strahlte er mich an und rief aus seinem Bett heraus: »Hey du, hey du!«

Er freute sich immer, wenn jemand kam, der nicht zu den Insassen gehörte. Sein Wortschatz war sehr eingeschränkt. Ein echter Brocken, bei dem ich alle Mühe hatte, ihm aus seinem Bett zu helfen, zu waschen und gleichzeitig festzuhalten, da er gelegentlich einen Anfall bekam. Dann konnte er umkippen und mit dem Kopf gegen die Wand schlagen. Das durfte nicht passieren. Wir unterhielten uns, so gut es ging. Dabei ging es um Banales, und ich versuchte, ihn mit Späßen zu unterhalten. Es blieb ohnehin nicht viel Zeit für solcherlei Zuwendung, dazu mussten zu viele versorgt werden, und der Zeitplan war eng begrenzt.

Dieses Grundübel, sich alten Menschen in ihrer Endstation des Lebens nicht ausreichend widmen zu können, hat sich bis heute nicht geändert. Alles muss sich rechnen. Es bleibt für Menschen, die dem Markt, der Allgemeinheit keinen Nutzen mehr bieten, nicht viel Raum.

Mir war stets bewusst, wo ich da als Zivi gelandet war. Natürlich stellte sich mir die Frage, ob mein eigenes Lebensende auch so aussehen könnte. Aber das war zu abstrakt für die Vorstellungskraft eines 23jährigen. Zu weit weg, dieser Point of no Return. Daher warf ich mich immer einfach nur in die jeweilige Situation hinein. Ich war nicht traurig oder deprimiert ob der Umstände, sondern nutzte den Augenblick für jedweden Schabernack. Ohne einen gewissen Sarkasmus konnte man es hier ohnehin nicht aushalten.

Karle, wie ein anderer Heimbewohner auf der Station hieß, war Knecht gewesen. Außer einer dicken Kugel, die er als Bauch vor sich herschob, war nichts Auffälliges an ihm. Alle Konversationswege schienen bei ihm verschüttet zu sein. Karle konnte sich morgens noch selbst anziehen. Danach setzte er sich auf seinen Stuhl am Tisch und wartete auf die Mahlzeit. Frühstück, Mittagessen, Abendbrot. Sonst tat er nichts. Um der Durchblutung seines apathischen Kopfinhaltes etwas Gutes zu tun, servierte ich mit dem Tablett das Frühstück immer zunächst den zwei anderen Bettgenossen. Dann machte ich, mit seinem Frühstück auf dem Tablett, Anstalten, wieder zur Tür hinauszugehen, und sagte dabei wie beiläufig: »Du bekommst heute nichts. Bist eh zu fett.«

Das war jetzt der Auslöser. Karle erhob sich brummend, ohne dass man irgendwelche Worte aus seinem Mund verstehen konnte, und setzte mir nach. Nun lieferten wir uns um den Tisch herum eine kleine Verfolgungsjagd. Er rannte mir oder besser: seinem Teller hinterher und stieß dabei wütend immer lauter werdende Grunzgeräusche aus.

Nach drei bis vier Runden war sein Kopf so gerötet, dass ich innehielt und ihm jetzt den Teller servierte. »Also gut. Hier hast du dein Frühstück. Guten Appetit!«

Auf diese Weise – so befand ich – hatte er wenigstens einmal am Tag etwas für die Durchblutung seines stillgelegten Gehirns und seines gesamten Organismus getan. Danach verfiel er wieder in seine Apathie.

Um 8 Uhr versammelten sich alle Pfleger und wir Zivis zum Frühstück im Speisesaal. Danach gingen wir wieder auf die Station, räumten das Frühstück ab, verabreichten Tabletten en masse – was auch immer die enthielten, um den Enthusiasmus der Bewohner im Zaum zu halten. Wenn ich Pech hatte, hatte sich der eine oder andere Bettlieger inzwischen überlegt, das vorher von mir frisch bezogene Lager abermals mit seiner Notdurft zu versehen. Und alles begann wieder von vorne.

Endlich ging ich dann ins Büro des Heimleiters und beschäftigte mich mit kaufmännischen Angelegenheiten. Anschließend machte ich meine Erledigungsfahrten mit dem VW des Chefs. Wenn ich ins Auto steigen wollte, stand nicht selten schon Ernst Boguslawski daneben und fragte mich, ob ich ihn in die Stadt mitnehmen könne. Ernst, ein kauziger Typ, war schon über achtzig. Ein Zwirbelbart zierte sein liebes Gesicht, und wenn er mich mit seinen listigen Augen ansah, konnte ich ihm nichts abschlagen. Er spielte wunderbar Mundharmonika und becircte damit gelegentlich die Schwestern im Städtischen Krankenhaus, wissend, dass sie ihn für seine Darbietungen mit allerlei Kulinarischem versorgten. Er hatte es mir angetan und wurde mein Lieblingsopa im Heim.

Ich nahm ihn ab und zu zu meinen Eltern nach Hause und sogar mal in den Zirkus mit. Er war Berliner und erzählte oft davon, wie er einmal die Königin Luise in der Kutsche vorbeifahren sah. Es war wohl sein Langzeitgedächtnis, das gut funktionierte, denn alles danach schien bei ihm ausgeblendet zu sein. Er trug ein Hörgerät, und wenn man ihn zum Beispiel im Andachtsraum während einer Filmvorführung suchte, konnte man ihn am lauten Pfeifen orten. Bei seinen Mitbewohnern im Heim war er von vielen nicht gut gelitten, weil ihnen seine Umtriebigkeit nicht passte. Und gerade deshalb habe ich ihn so gemocht.

Während meiner Zivildienstzeit habe ich mir viele Gedanken um meinen künftigen Beruf als Schauspieler gemacht, denn bei der

Bank wollte ich nicht bleiben. Daher wollte ich mich einem großstädtischen Publikum außerhalb Backnangs stellen. Ich hatte von einem Laden in München gehört, wo man sich für einen Kurzauftritt bewerben konnte. Diese Herausforderung reizte mich. So fuhr ich eines Tages nach dem Dienst wild entschlossen nach München. Der Laden lag dort in der Einsteinstraße und hieß »Song Parnaß«.

Das Etablissement entpuppte sich als Musikclub mit einem Podium, in dem Münchner Musiker und Kleinkunstkünstler sich jeweils ein halbstündiges Stelldichein gaben. Ich kannte solche Läden bisher nicht und war beeindruckt. Irgendwann fand ich jemanden von der Geschäftsleitung, stellte mich vor und erklärte mein Anliegen. Man zeigte sich durchaus offen für einen Auftritt. Als ich dafür einen Samstagabend vorschlug, weil ich da keinen Dienst hätte, lehnte man dieses Ansinnen mit den Worten ab: »Nee, nee, am Samstagabend haben wir gutes Publikum. Komm du mal in der Woche, am besten an einem Dienstagabend, um dich hier auszuprobieren!«

Das war's. Gut, dann eben an einem Dienstag, dachte ich. Wir fanden einen Termin, und ich fuhr noch am selben Abend wieder nach Hause, denn um 6.30 Uhr am nächsten Morgen würde mir Alfred wieder zurufen: »Hey du, hey du!«

Zum Ende meiner Zivildienstzeit nahm ich mir vor, das gesamte Heim mit einem bunten Abend zu beglücken. Dazu trommelte ich bei allen möglichen Freunden, ob sie bereit wären, diesen mitzugestalten. Mein ältester Freund Klaus konnte Geige spielen und sagte zu. Ebenso Wolfgang Schettler, der mit seiner Band »Flamengo-Sextett« in Backnang und Umgebung bekannt war. Zusammen hatten wir schon so manche Veranstaltung gemeinsam durchgezogen. Auch wollte ich meine Mit-Zivis und die Pfleger zum Mitspielen bewegen. Für sie dachte ich an ein Männerballett, selbstverständlich in Damengarderobe, was die Heiminsassen sicher amüsieren würde. Ich überlegte mir eine Clownsnummer und wollte zusammen mit einem Pfleger einen bereits erfolgreich aufgeführten

Sketch einstudieren, mit mir als einem trotteligen Kellner, der einem Gast Spaghetti serviert. Und natürlich wollte ich auch den Figaro aus dem »Barbier von Sevilla« geben. Dazu noch – soweit möglich – Spiele mit den Heimbewohnern selbst.

Es musste also ein Programm konzipiert werden, mit dem man ein mehr oder weniger ungeübtes und in seinen Ansprüchen nicht festzulegendes Publikum spontan erreichen konnte, ohne es vor den Kopf zu stoßen. Es sollte einfach nur ein Spaß werden, der den stupiden Alltag der Menschen positiv unterbrechen sollte.

Ich schlug vor, die Veranstaltung im großen Speisesaal stattfinden zu lassen, abends um 18 Uhr, und alle, ausgenommen die Kranken und Bettlägerigen mit schwerer Einschränkung, sollten daran teilhaben können. Sowohl die Bewohner des Heims wie auch die, die auf der Pflegestation waren. Alles, was irgendwie in Rollstühlen, auf Toilettenstühlen, auf Krücken zu bewegen war, sollte in den Speisesaal gebracht werden. Selbst in fahrbaren Betten. Wenn schon, denn schon.

Als mein Ansinnen durchsickerte, schrien die Kollegen auf, die für die eingefahrenen Abläufe zuständig waren. Unmöglich! Geht gar nicht! Schon überhaupt nicht um 18 Uhr und dazu noch im Speisesaal – nein! Widerstand regte sich, zumal eine pietistische Grundeinstellung bei den Mitarbeitern dieser diakonischen Einrichtung nicht zu leugnen war, die so einem Treiben ohnehin skeptisch gegenüberstanden.

Zum Glück hatte ich zum Hausvater, dem Heimleiter, ein gutes Verhältnis.

Zwar hatte ich ihn während unserer vielen Gespräche immer penetrant darauf hingewiesen, dass ich seinen ganzen Betrieb als sehr eingefahren wahrnehmen würde und dass es letztlich die jungen Zivis wären, die diesen Trott wohltuend unterbrächen.

Einmal jedoch musste ich dabei zu weit gegangen sein, und er bestrafte mich, indem er nicht mehr mit mir sprach. Darunter litt ich sehr, und zwar mehrere Wochen lang, bis ich ihn nach einer Predigt in seinem sonntäglichen Gottesdienst beim Wort nehmen konnte. Ich weiß zwar heute nicht mehr, um welchen Bibelvergleich es damals ging. Ich weiß nur, dass ich bei ihm vor der Tür stand und ihn zitierte. Er lächelte gütig, und damit war der Bann gelöst.

Zwar hielt sich die Aufregung wegen des beabsichtigten bunten Abends hartnäckig, aber ich blieb ebenso hartnäckig: Entweder der Abend findet so statt oder gar nicht.

Zugegeben, das war Erpressung, aber es half – der Heimleiter genehmigte die Veranstaltung. Und sie war ein großer Erfolg. Der Saal war brechend voll und die Luft dort nicht gerade anheimelnd. Klar, bei dem Zustand der alten Insassen. Alle waren aufgeregt und erfreut und gar mancher Pfleger wunderte sich darüber, was für ein Talent in ihm schlummerte, als die Ballettaufführung über die Bühne ging. Ich moderierte, spielte, parodierte, sang am Klavier »Oh, mein Papa«, obwohl ich kaum Noten kannte. Es war egal, wie gut etwas gelang, weil alles von Herzen kam.

Der Abend unterbrach den vermaledeiten stoischen Ablauf in einer Welt, in der es nichts mehr zu verlieren gibt. Wir alle, die an diesem Experiment mitgewirkt hatten, waren danach glücklich und beseelt.

Mehre Tage später traf ich auf dem Flur eine Heimbewohnerin, die in einem Trakt noch selbstständig wohnte. Dort, wo man noch ein eigenes Zimmer mit seinen persönlichen Sachen hat. Singsangmäßig sprach sie mich mit leicht böhmischem Dialekt an: »Sag'n Sie mal, Herr Freitag, war das a Platte, da wo Sie gesungen haben? Wo war denn das Orchester?«

Ich dachte, auweia, da hat jetzt schon drei Tage etwas an ihr genagt. »Nun ja«, entgegnete ich ihr treuherzig, »im Orchestergraben. Den haben wir extra für diese Veranstaltung im Speisesaal einbauen lassen.«

Da ich es eilig hatte, wartete ich gar nicht erst ihre weiteren Kommentare ab. Ich ließ die Dame verdutzt stehen und nahm mir vor, sie bei unserer nächsten Begegnung über das Thema Parodie aufzuklären. Und zwar korrekt.

Sturm und Drang

»Geh bloß nicht auf eine Schauspielschule!«, sagte Werner Enke zu mir in der Garderobe, nachdem er einen Auftritt von mir gesehen hatte. »Die machen dich da nur kaputt. Bleib so, wie du bist. Du bist gut.«

Er war mit einem Kollegen, dem Schauspieler und Fernsehmoderator Werner Schwier, zu einem meiner Auftritte ins »Song Parnaß« in München gekommen, und nun standen die zwei vor mir. Meine erste Begegnung mit einem Filmstar: Enke war zu der Zeit durch die Kinohits »Zur Sache, Schätzchen« und »Nicht fummeln, Liebling« berühmt geworden.

Und Werner Schwier moderierte im Fernsehen die Kultserie »Väter der Klamotte«.

»Nein, nein«, widersprach ich heftig, »ich möchte das Handwerk des Schauspielers erlernen. Ich möchte zur Schauspielschule, aber ich weiß nicht, was ich da vorsprechen soll.«

Das war mein Problem. Ich wollte damals ja nicht einfach mit dem Kopf durch die Wand. Ich suchte nach Möglichkeiten, mich kritischen Augen und Ohren zu stellen, ob ich es überhaupt wagen durfte, eine Zukunft am Theater zu suchen.

Und so hatte ich mich 1972, während meiner Zivildienstzeit, wie schon beschrieben, um einen Auftritt im »Song Parnaß« beworben, wo immerhin Peter Maffay, Otto, Udo Lindenberg, Fredl Fesl, Konstantin Wecker, Reinhard Mey und viele andere ihre ersten Auftritte gehabt hatten.

Vielleicht treffe ich ja dort auf Menschen, dachte ich, die mir bei meiner Entscheidungsfindung weiterhelfen können.

Werner Schwier bot sich jetzt an, mir bei meinen ersten Schritten hin zu einem künstlerischen Beruf zu helfen. Er probte gerade zusammen mit den Schauspielern Harald Leipnitz und Günther Ungeheuer, zu jener Zeit ebenfalls schon zwei Bühnen- und Fernsehstars, in München ein Boulevardstück.

»Wir sitzen nach der Probe immer in einer Kneipe in der Türkenstraße zusammen. Der Regisseur Heinz-Günter Stamm ist auch da. Ich werde ihnen von dir erzählen. Komm doch einfach mal dort vorbei. Vielleicht können sie dir bei den Vorsprechrollen weiterhelfen.« Ich war begeistert! Endlich konnte ich mal einen Profi fragen.

Angespannt und nervös ging ich wenige Tage später in besagte Kneipe. Ich war so aufgeregt, dass ich Harald Leipnitz, dem ich meine Hand zur Begrüßung über den Tisch reichte, sein volles Bierglas über die Hose kippte.

Toll! Super Einstand, dachte ich, während ich mit hochrotem Kopf im Boden versank. Das war's dann wohl. Aber Leipnitz wischte mein Entschuldigungsgestotter fast locker beiseite, tupfte mit seinem Taschentuch etwas ratlos auf seiner Hose herum und forderte mich auf, Platz zu nehmen. Ich stellte mich den anderen Herren am Tisch vor und versuchte mein Problem zu schildern.

»Ja, was könnte er denn vorsprechen, der junge Mann?«, fragte Günther Ungeheuer in die Runde.

Es kamen viele Vorschläge, dabei wurden auch Stücke und Rollen genannt, von denen ich noch nie etwas gehört hatte. Ich machte mir eilig Notizen, kam kaum hinterher.

Später unterhielten wir uns über das heutige Theater. Seine Wirkung und seine Schauspieler. Auch über politisches Theater, das meiner Meinung nach deutlich mehr provozieren sollte.

Ich erinnere mich, dass ich mich im Laufe des Abends in Rage geredet habe, vor allem gegenüber dem Regisseur Heinz-Günter Stamm, dem ich meine Überzeugungen näherbringen wollte.

Damals herrschte ja ein politischer Umbruch in Deutschland. Die 68er-Revolte hatte große Veränderungen in die westdeutsche Gesellschaft gebracht. Und die Politik setzte nunmehr auf Wandel durch Annäherung. Der fulminante Wahlsieg der sozialliberalen Koalition hatte die in unseren Augen verstaubte Ära der Adenauerzeit abgelöst. Jetzt ging es auf zu neuen Ufern. Das müsse sich auch im Theater widerspiegeln, bemerkte ich laut.

Die Schauspieler sollten auch mal nackt auftreten, so mein emotionaler Vorschlag. Worauf Stamm lakonisch erwiderte, dass dafür Peter Stein zuständig sei.

»Wo wohnt denn der?«, fragte ich naiv.

»Berlin. Schaubühne«, sagte er.

Aha, dachte ich. Bei dem sollte ich vielleicht auch einmal vorbeischauen.

Wieder zu Hause, überredete ich meine Mutter, mit mir nach Berlin zu fahren – das war ja ihre Heimatstadt. Wir könnten bei ihrer Cousine wohnen, und sie könnte vielleicht das Benzin für die Fahrt übernehmen … Meine gute Mutti willigte ein.

Gleich am ersten Abend ging ich, gewappnet mit einer Kritik der Münchener Abendzeitung, ins »Go-In« in die Bleibtreustraße. Die Leute vom »Song Parnaß« hatten mir einen Kontaktmann dort genannt, einen gewissen »Joe«. Möglicherweise könne ich in seinem Laden ja auch einmal was zum Besten geben.

»Wat willste denn von dem?«, fragte mich an der Bar ein Typ, der hinterm Tresen arbeitete, fast barsch.

»Ich möchte ihn gerne sprechen«, erwiderte ich etwas unsicher.

Irgendwie schien mir hier in Berlin der Ton etwas rauer, ja beinahe unfreundlicher als in München. War das Berlin?

Heute, wo ich selbst in Berlin lebe, weiß ich mehr um die Menschen in dieser Stadt. Sie sind in Berlin nicht unfreundlicher als anderswo. Es ist ihre Art, wie sie sich mitteilen. Als ich einmal auf einem Bahnsteig im Bahnhof Zoo einen Schaffner zu fragen wagte: »Entschuldigen Sie, aber kann ich mit dieser Bahn auch zum Bahnhof Friedrichstraße fahren?«, kam die prompte Antwort: »Ob Sie können, weeß ick nich, aber da drüben is der Zuch, in den Se einsteijen müssen …«. Sehn' Se, dit is Berlin!

Nachdem mich der Barmensch im »Go-In« eine Viertelstunde am Tresen warten ließ, fragte ich ihn ein weiteres Mal nach besagtem Joe.

»Wat willste denn von dem?«, war seine erneute Antwort. Jetzt erst dämmerte es mir, dass besagter Joe schon die ganze Zeit vor mir stand.

»Ich komme vom ›Song Parnaß‹ aus München, und ich habe hier eine Kritik der Münchner Abendzeitung.« Er blickte kurz auf den Artikel, den ich ihm rübergeschoben hatte, und sagte nur lapidar: »Wann willste denn hier uftreten, junger Mann?«

»Ich kann jederzeit«, sagte ich trocken.

»Jut, dann kommste morjen abend mal um elf vorbei. Wolln ma kiecken, ob de dann wat zum Besten jeben kannst.«

Die erste Hürde war also genommen, und ich war überrascht, was so eine Kritik alles bewirken kann. Vielleicht lag es aber auch an diesem »Stern der Woche«, den die Abendzeitung mir damals für meinen Auftritt in München verliehen hatte.

Am nächsten Vormittag ging ich zur Schaubühne. Ich musste unbedingt diesen Peter Stein treffen! Ich betrat das Foyer des Theaters, die Kasse war noch geschlossen. Kein Mensch weit und breit. Ich öffnete eine Tür zum Zuschauerraum. Auch er war leer.

Auf der Bühne standen mehrere Leute herum, hantierten mit Kopfsteinpflaster auf dem Bühnenboden. Ich hatte keine Ahnung, wer das war und was sie genau dort taten. Mir war nur eins klar: Das sind Theaterleute.

Ich war in einem richtigen Theater, wo abends Hunderte von Menschen sitzen und sich in die Magie einer anderen Welt begeben. Verzaubert von Schauspielern, die ihnen eine Geschichte erzählen und, wenn sie es gut machen, wenn sie ihr Publikum berühren können, tosenden Applaus dafür erhalten. Wunderbar!

Ich ging durch die Zuschauerreihen zaghaft Richtung Bühne, bis mich einer von den Leuten dort bemerkte.

»Wat willst'n?«, tönte es von oben.

»Ich möchte zu Peter Stein«, erwiderte ich tapfer.

»Wat willst'n von dem?«, kam es schnodderig zurück.

»Ich will mit ihm sprechen«, antwortete ich.

Keine Reaktion. Die Leute auf der Bühne gingen unbeeindruckt weiter ihrer Tätigkeit nach. Endlich fragte ein anderer: »Eh, wat machst'n?«

»Kabarett«, sagte ich etwas überrascht, »halt so Nummern eben.«

Wieder eine Pause. Dann von oben die Aufforderung: »Eh, mach doch mal!«

»Was – hier?«, fragte ich erstaunt.

»Na nu mach doch mal!«

Ich war völlig verdattert. Mit so etwas hatte ich nicht gerechnet. Was sollte ich denn jetzt hier im Parkett zwischen den Klappsesseln vorsprechen? In meinem Kopf arbeitete es wie wild. Neben den Parodien, die mir aber jetzt hier in der Schaubühne nicht geeignet erschienen, hatte ich in meinem kleinen Programmmix auch einige Texte anderer satirischer Autoren, wie zum Beispiel etwas aus »In Flagranti« von Armin Eichholz.

Also hub ich an: »Black and White, nach moderner Negerlyrik von Armin Eichholz …

There stay I old black man and sing
and nobody let what for me spring.
Total groggy, I can me not more out.
All is now plem-plem, no doubt,
and overall is abgegrast,
by me is now Mathei on last.
It must once said be:
This pi-pa-po hangs me
meterlong to the mouth
raus.
You behandle me as the last dreck
as hampl-man of society.
as a political hans wurst,
as complet idiot,
as…«

»Hör mal, dat is ja jans oller Käse«, unterbrach man mich von oben. »Damit kannste ja noch nich mal ne Oma vom Kamin locken. Und jetzt machste mal die Fliege. Und den Peter Stein kannste vergessen, der hat Wichtigeres zu tun!«

Völlig bedröppelt verließ ich das Theater. Heute weiß ich: Ich habe Bühnenarbeitern vorgesprochen.

In meinem Frust ging ich stante pede zu den »Wühlmäusen« in die Nürnberger Straße. Die »Wühlmäuse« waren das Theater von Dieter Hallervorden. Ob der mich vielleicht erhören würde? Ja, Dieter Hallervorden! Der könnte mir bestimmt ein paar Tipps geben.

In der Kassenhalle seines Theaters versuchte ich ebenfalls in den Zuschauerraum zu kommen. Die Türen waren aber verschlossen. Auf mein Klopfen öffnete mir ein junger Mann und fragte mich, zu wem ich wolle.

»Zu Dieter Hallervorden«, sagte ich.

»Der ist nicht hier«, entgegnete er. »Worum geht's denn?«

Ich gab ihm meine Kritik aus der Abendzeitung

»Einen Moment, warten Sie hier«, sagte er und schloss wieder die Tür. Nach ein paar Minuten öffnete er sie wieder und sagte: »Kommen Sie bitte mit mir.«

Er führte mich in den Zuschauerraum und stellte mich Klaus Überall vor. Er war der Geschäftspartner von Hallervorden und auch der Regisseur der Truppe. »Können Sie uns mal was vorspielen?«, fragte er mich.

»Gerne«, entgegnete ich überrascht. »Und wo?«

»Na, dann gehen Sie mal auf die Bühne und fangen Sie an«, sagte Überall.

Und ich gehorchte.

Ich wusste damals nicht, dass solche Theater ständig Leute für ihr Ensemble suchten, und nun kam so ein Typ wie ich mit seinen Parodien daher.

Nach meiner Darbietung sagte Überall, er bedauere es, dass Dieter Hallervorden jetzt nicht hier sei. Der müsse mich sehen.

»Ich trete heute Abend im ›Go-In‹ auf«, sagte ich. »Wenn Herr Hallervorden Zeit hätte zu kommen?«

»Wir werden es ihm berichten.«

Dann brachte mich Klaus Überall wieder in die Kassenhalle.

Ein kleines Zwischenhoch nach dem Flop in der Schaubühne, dachte ich und bereitete mich umgehend auf meinen Auftritt im »Go-In« vor.

Einer der erfolgreichsten deutschen Liedermacher jener Zeit war Reinhard Mey und ist es bis heute geblieben. Er fand damals in den Siebzigern viele Nachahmer, die mit ihrer Gitarre und einem ambitionierten Song in genau solchen Musikclubs wie dem »Song Parnaß« oder dem »Go-In« entdeckt werden wollten. Da fiel ich mit meinen selbstgestrickten Parodieszenen natürlich völlig aus dem Rahmen.

Im »Go-In« gab es viele kleine Nischen, in denen das Publikum vor Monitoren saß, denn der Raum, wo das Bühnenpodest stand, war nicht sehr groß.

Ich erinnere mich, dass die Leute während meines Auftritts aus ihren Nischen kamen und sich vor der Bühne drängten. Nach dem Auftritt wollte ich abgehen, aber es gab kein Durchkommen. Die Leute forderten eine Zugabe. Ich hatte aber nichts mehr auf Lager. Ein kleiner dunkler Flur neben der Bühne, durch den ich abgehen wollte, erwies sich als toter Gang. Ich hatte keine Chance.

Also improvisierte ich eine Nummer. Ich parodierte Jürgen von Manger in seiner Rolle als Herr Tegtmeier. Herr Tegtmeier geht in die Oper »Fidelio« in dem festen Glauben, es handle sich um eine lustige Oper.

Obschon alles total improvisiert war, kam auch diese Szene erstaunlich gut beim Publikum an. Danach wühlte ich mich durch die Zuschauer in meine Garderobe. Und dann die Überraschung: Dieter Hallervorden war gekommen und hatte sich mein kleines Programm angeschaut.

Auch wenn es schon sehr spät war, nahm er mich in einen Laden namens »Richy« am Ku'damm mit. Ein sogenannter In-Laden damals, den man nach dem Theater, der Oper oder nach Bällen besuchte. Ich hatte das Gefühl, jeder dort kannte Dieter Hallervorden. Die Leute kamen an unseren Tisch und unterhielten sich mit ihm.

Der Laden war schick und seine Besucher nicht gerade arm. Die für mich ungewohnte Umgebung verunsicherte mich. Ich war entsprechend aufgewühlt – zumal mir Hallervorden ein Engagement anbot unter der Bedingung, dass ich parallel dazu Schauspielunterricht nähme. Ich war sprachlos. Damit hatte ich nicht gerechnet.

Jetzt saß ich in der Falle. Zum zweiten Mal bekam ich ein Angebot, obwohl ich die Schauspielschule noch gar nicht besucht hatte. Gerhard Woyda vom Stuttgarter Renitenz-Theater hatte mir vor ein paar Monaten ein ähnliches Angebot gemacht. Auch das hatte mich völlig überrascht. Was war da geschehen?

Gert Fröbe, durch den James-Bond-Film »Goldfinger« berühmt geworden, sollte mit seinem Programm »Durch Zufall frei – Morgenstern am Abend« im Renitenz-Theater gastieren – was mich auf eine verrückte Idee brachte.

Gerhard Woyda, so die Idee, sollte doch bitte Herrn Fröbe mal fragen, ob er nach seiner Vorstellung das Publikum bitten könnte, noch ein bisschen dazubleiben, weil eben jetzt noch ein junger Mann aus Backnang hier auf die Bühne käme, um etwas zum Besten zu geben. Währenddessen sollte sich Gert Fröbe ins Publikum setzen, so hoffte ich, und sich den jungen Mann anschauen, um ihm anschließend einen Ratschlag geben zu können.

Der junge Mann war natürlich – ich. Noch heute bekomme ich einen roten Kopf, wenn ich an diese Geschichte nur denke. Wie abgrundtief naiv ich doch damals war! Natürlich lehnte Fröbe mein damaliges Ansinnen empört ab.

Aber Gerhard Woyda, der am Renitenz-Theater ja auch ein eigenes Ensemble hatte, versprach mir wiederum, sein Publikum zu bitten, nach einer Vorstellung noch eine Weile auszuharren, und kündigte mich eines Tages nach der Vorstellung des Hausprogrammes an. Es war schon gegen 23 Uhr, aber ein großer Teil des Publikums war geblieben.

Ich spielte meine Nummern, und Woyda kam anschließend in meine Garderobe und bot mir ein Engagement an. Ungläubig lehnte ich ab. Zuerst muss ich auf die Schauspielschule, ließ ich ihn wissen, obwohl ich mich doch sehr geehrt fühlte.

Nach der Begegnung mit Harald Leipnitz und Günther Ungeheuer in München hatte ich mich relativ zügig an der Staatlichen Stuttgarter Schauspielschule für die obligatorische Eignungsprüfung beworben. Dafür hatte ich zwei Rollen gelernt: »Der Mann« aus »Der Tor und der Tod« von Hugo von Hofmannsthal und den »Ruprecht« aus »Der zerbrochene Krug« von Heinrich von Kleist, mit dem ich beim Vorsprechen auch beginnen wollte.

Dann war es so weit. Ich weiß nicht mehr, in welchen Räumlichkeiten diese Prüfung in Stuttgart damals stattfand, aber als ich eintraf, war bereits eine Menge junger Leute anwesend, die alle aufgeregter waren als ich. Ich unterhielt mich mit einigen von ihnen und gab mich gelassen. Durch meine vielen kleinen Auftritte hatte ich schon ein gewisses Selbstbewusstsein erworben und empfand das Vorsprechen als reine Formsache. Was sollte mir schon passieren?

Was dann aber kam, war fürchterlich. Ein Absturz ohnegleichen. Ich fiel durch die Prüfung.

Fassungslos lamentierte ich vor der Prüfungskommission herum. Ich bot an, auch noch andere Rollen vorzutragen. Schließlich erbarmte sich einer der Prüfer und schlug vor, dass ich mir zum Beispiel den »Sebastian« aus Shakespeares »Was ihr wollt« anschauen sollte. Ich könnte mich ja dann zur nächsten Prüfung in einem Jahr nochmals bewerben.

Ich war am Boden zerstört. War ich tatsächlich so unbegabt?

Trotzig beschloss ich, da nie wieder aufzutauchen.

Heute weiß ich, dass man auf der Schauspielschule den angehenden Darsteller formen will. Er soll zum brauchbaren Werkzeug einer Rolle werden. Die Kunst liegt nicht in der Behauptung einer Rolle. Man muss sie verkörpern mit dem ganzen Schicksal eines Menschenlebens. Dazu braucht es viel Erfahrung und die Auseinandersetzung mit dem jeweiligen Charakter. Das Wichtigste dabei ist die Glaubwürdigkeit eines Schauspielers. In meinem langjährigen Berufsleben sollte ich noch erfahren, wie schwer es ist, ein wirklich guter Schauspieler zu werden.

Was mache ich jetzt, ging es mir nach meiner Begegnung mit Dieter Hallervorden durch den Kopf. Sollte ich doch ohne Schauspielschule gleich ins kalte Wasser springen? Natürlich musste ich in diesem Fall Privatunterricht nehmen, denn einem Schüler der

Staatlichen Schule ist nebenher kein Engagement erlaubt. Der Privatunterricht kostet Geld. Die Staatliche Schule hat man beinahe umsonst.

Ich musste mich entscheiden, und zwar bald, denn meine Zivildienstzeit neigte sich dem Ende entgegen. Was also tun? Zurück zur Bank, um dort Karriere zu machen, oder den Weg eines Künstlers einschlagen? Und wenn schon auf die Bühne, dann wo? Berlin oder Stuttgart?

Der Zufall wollte es, dass Gert Fröbe in dieser Zeit ein Wiederholungsgastspiel in Stuttgart gab. Ich passte ihn nach einer Vorstellung ab, stellte mich vor und schilderte ihm mein Entscheidungsdilemma.

Seinen lakonischen Ratschlag mit leicht sächsischem Akzent werde ich nie vergessen. »Junger Mann, in diesem Beruf müssen Sie viel lernen. Und in Berlin ist die Nacht schnell rum. Fangen Sie mal in Stuttgart an.«

Hilfestellungen

Nach meiner gescheiterten Eignungsprüfung für die Staatliche Schauspielschule versuchte ich Kontakt zu einem privaten Schauspiellehrer und Sprecherzieher aufzunehmen. Aber zu wem? Ich kannte ja keinen.

Der immer hilfsbereite Gerhard Woyda empfahl mir, doch einmal Jörg Rieger aufzusuchen. Der kannte viele Leute und sprang öfter für die musikalische Begleitung der Hausprogramme im »Renitenz« ein, wenn der Chef verhindert war.

Rieger war ein erstklassiger Pianist, Komponist und Arrangeur, mit Vorliebe der Jazzmusik zugetan – und außerdem noch Diplompsychologe. War das der Richtige für mich? Brauchte ich in meiner Wahnvorstellung, Schauspieler zu werden, jetzt auch noch psychologischen Beistand, um wieder in die Niederungen meiner kleinen Realität zu kommen?

Mein erster Besuch bei ihm war in vielerlei Hinsicht beeindruckend. Ein schlanker, fast schmächtiger dunkelhaariger Herr mit leicht schwäbischem Akzent empfing mich höflich in der oberen Etage einer alten Stadtvilla am Hang des Stuttgarter Kessels. Ich betrat das großzügige Entree einer Wohnung, in der früher wohl jene hochherrschaftlichen Individuen lebten, deren Personal noch einen Dienstboteneingang benutzten. Entsprechend war auch das Interieur. Antike Kommoden und Anrichten, große Teppiche, alte Bilder, Gobelins, Leuchter und Jugendstillampen. Der Blick aus dem runden Erker des Wohnsalons auf die Stadt zwischen Hängen und Reben war imposant.

Jörg war, wie ich schon erzählt habe, mit Thessy verheiratet, einer Dame im wahrsten Sinne des Wortes und ebenfalls diplomierte Psychologin. Im Haus der beiden war ich erkennbar bei äußerst kultivierten Menschen angekommen, was die Freundschaft zu Jörg und Thessy, die mit diesem ersten Besuch ihren Anfang nahm und mich mein Leben lang begleiten sollte, immer wieder bestätigte. Jörg bat mich jetzt in sein Arbeitszimmer. Ein Raum voller Bücherregale, einem Schreibtisch, in dessen Mitte ein Flügel thronte.

Ich erzählte ihm von mir und meinen Schwierigkeiten auf dem Weg zu meinem Wunschberuf. Es entwickelte sich ein sehr inspirierendes Gespräch, bei dem ich seine Ernsthaftigkeit, mir helfen zu wollen, spürte. Er versprach mir, einen Kontakt zu Carlo Fuß herzustellen, einem renommierten Schauspiellehrer in Stuttgart.

Als ich hoffnungsfroh seine Wohnung verließ, konnte ich nicht ahnen, dass meine künftigen Bühnenprogramme musikalisch eng und äußerst konstruktiv von Jörg Rieger begleitet werden würden.

Das Vorstellungsgespräch mit Carlo Fuß kam bald zustande. Nun wurde es spannend. Wie würde diese Begegnung ausfallen? Würde Fuß mich nehmen? Aufgeregt stand ich jetzt im sechsten Stock eines recht profanen Wohnblocks und klingelte.

Im Türrahmen erschien ein Mann, vielleicht Anfang fünfzig, nicht sehr groß und doch eine stattliche Erscheinung. Interessanter Kopf, grau meliert das Haar und ebenso der gepflegte Bart. Carlo Fuß erinnerte mich im ersten Moment spontan an den legendären Startenor Mario del Monaco, dessen Konterfei eine Schallplatte meiner Eltern zierte.

Er bat mich einzutreten, und beeindruckt von der Aura seiner Person, überkam mich wieder das Gefühl, das mich schon in Berlin beim Betreten der Schaubühne berührt hatte. Einzudringen in die Welt der Theaterleute und doch nicht dazuzugehören. Als würde mich ein Vorhang daran hindern, durch ihn hindurchzugehen, um auf das Verborgene dahinter blicken zu dürfen. Würde Carlo Fuß mir jenen berühmten Schlitz im Vorhang öffnen?

Jetzt nahmen wir in seinem Arbeitszimmer Platz. Er musterte mich für einen kurzen Augenblick und eröffnete das Gespräch mit dem Satz:

»Junger Mann, Sie wollen also Schauspieler werden.«

»Ja, sehr gerne«, beantwortete ich seine Frage höflich.

Mir fiel auf, dass er eine angenehm sonore Stimme hatte. »Warum?«

»Nun«, entgegnete ich etwas verunsichert, »weil ich glaube, dass ich das könnte.«

»Glauben Sie es nur, oder wissen Sie es?«

Diese Frage irritierte mich. »Ich denke, dass ich …«

»Schauspieler ist ein äußerst schwerer Beruf«, fiel er mir ins Wort.

Ich nahm einen neuen Anlauf. »Das ist mir klar, deshalb will ich ihn ja erlernen. Ich habe auch schon eine gewisse Bühnenerfahrung als Amateur«.

»Soso. Was haben Sie denn bisher so gemacht – auf der Bühne?«

»Ich bin auf diversen Veranstaltungen in meiner Heimatstadt aufgetreten. Habe Nummern gespielt, moderiert und Parodien gemacht«, entgegnete ich tapfer.

Er sah mich nachdenklich an. Dann sagte er trocken: »Das Nachahmen von Menschen ist sicher eine Kunstform, hat jedoch nichts mit dem Beruf eines Schauspielers auf dem Theater zu tun. Was haben Sie denn gelernt?«

»Ich mache gerade eine Lehre zum Bankkaufmann. Das mache ich aber nur meinen Eltern zuliebe. Doch ich will zum Theater!«

Er stand auf, ging ein paar Schritte auf und ab. Dann setzte er sich wieder.

»Schauen Sie. Der Beruf des Schauspielers ist hart. Dafür brauchen Sie Werkzeuge, um einen Menschen mit seinem Charakter, seinen Tiefen und Höhen, in seinen Ängsten und Abgründen zu zeigen. Eine Rolle lebt nicht davon, dass man etwas behauptet. Sie müssen es in dem Moment sein! Der Weg dahin ist nicht leicht. Er erfordert eine große Hingabe und kann sehr desillusionierend sein. Die wenigsten schaffen es, sich in diesem Beruf zu etablieren, ihn gut zu beherrschen und ein Leben lang von dieser Arbeit zu existieren. Es gibt keine Sicherheit. Viele scheitern, wollen sich das nicht eingestehen und können sich dann von diesem Beruf nicht mehr ernähren.

Sie müssen für diesen Beruf brennen, nur dann werden Sie ihn auch aushalten können. Es wird immer wieder Durststrecken geben, in denen keine Angebote kommen, Sie stellen sich immer öffentlich zur Disposition, sind Kritik ausgesetzt – das auszuhalten, ist nur mit einem unbedingten Willen an diesen Beruf zu ertragen. Ich denke«, fuhr er fort, »Sie sollten sich in *dem* Beruf, den Sie gerade erlernen, eine Karriere aufbauen, die Ihnen Sicherheit verspricht. Der Bankkaufmann ist ja etwas sehr Solides.« Es folgte eine kleine Pause. »Ich möchte Ihnen daher abraten, den unsicheren Weg der Schauspielerei einzuschlagen – Ihre Fähigkeit, die Menschen zu unterhalten, ist Ihnen damit ja nicht genommen …«

Ich sah Carlo Fuß verdattert an und spürte, wie meine Felle davonschwammen.

»Das heißt … Sie wollen mich nicht nehmen. Es doch versuchen …«

»Ich denke, es ist für Sie der bessere Weg.« Es vergingen lange, lange Sekunden. Dann stand ich auf und schaute ihn hilflos an. Er hielt meinem Blick stand und machte eine kleine Geste, um sein Bedauern auszudrücken.

»Ja, gut«, sagte ich, »dann kann man wohl nichts machen. Dann ist es eben so …« Fuß hatte sich ebenfalls erhoben und reichte mir die Hand. »Denken Sie nochmals darüber nach«, sagte er jetzt fast freundlich, »ich möchte Ihnen Illusionen ersparen.« Er begleitete mich zur Tür und gab mir die Hand. »Ich wünsche Ihnen alles Gute!«

»Danke!«, erwiderte ich und ging.

Scheiße!«, dachte ich, »Scheiße, Scheiße!«

»Warum ist das bloß so schwer?«, schrie ich im Treppenhaus.

Der Schritt ins neue Leben

All das war passiert, bevor mir Woyda und Hallervorden ihre Offerten gemacht hatten, die mein stark angeknackstes Selbstbewusstsein nach der Begegnung mit Herrn Fuß wieder einigermaßen ins Lot brachten.

Die Möglichkeiten, die sie mir boten, deuteten jetzt nicht auf die ersehnte klassische Theaterbühne, aber eine Kabarettbühne ist ja auch irgendwie … Theater. Und warum nicht direkt den Sprung ins kalte Wasser wagen? Dann musste ich meine Ausbildung und die dazugehörige Sprecherziehung eben anderweitig organisieren. Hauptsache, ich war erst einmal dabei.

Und so habe ich den Ratschlag von Gert Fröbe, der übrigens nie eine Schauspielschule von innen gesehen hat, befolgt und das Angebot, am »Renitenz-Theater« meine erste Spielzeit auf einer Profibühne zu beginnen, angenommen.

Die Proben dafür sollten im Sommer 1974 anfangen, und die Premiere war auf den 10. Oktober angesetzt.

Mich beschäftigte damals aber noch eine ganz andere Entscheidung, die mein persönliches Leben betraf.

Stuttgart war von Backnang zwar nur 35 Kilometer entfernt, aber mir war klar, dass ich jetzt an meinem neuen Arbeitsplatz auch eine eigene Bleibe haben sollte. Ich war inzwischen 24 Jahre alt und wohnte immer noch bei meinen Eltern. Lange genug, wie mir plötzlich bewusst wurde.

Mein ältester Bruder Klaus war schon längst verheiratet und aus beruflichen Gründen in eine andere Stadt gezogen. Peter, mein anderer Bruder, wohnte zwar auch noch bei uns, aber es war abzusehen, dass er bald die Biege machen würde. Mit seinen 27 Jahren übrigens höchste Zeit, wie ich damals fand. So lange wollte ich jedenfalls meinen Eltern nicht auf der Tasche liegen. Natürlich hatten wir uns inzwischen auch beide am Haushaltsgeld meiner Eltern beteiligt, aber für mich war nun der Zeitpunkt einer ersten Abnabelung gekommen, und in der Landeshauptstadt war ich ja nicht aus der Welt. Trotzdem verursachte dieser Einschnitt ein merkwürdiges Gefühl bei mir. Meine Mutter weinte wegen des bevorstehenden Abschieds, weil sie wusste, dass dies der erste Schritt auf dem Weg einer unumkehrbaren Trennung bedeutete. Ein Abschied von ihrem Jüngsten – ihrem »Dicki«, ihrem »Spatz«, ihrem »Thomasle«, ihrem Thomas und wie sie mich sonst noch liebevoll als Kind, als Jugendlicher und Heranwachsender genannt, gerufen und bisweilen auch ermahnt hatte.

»Thomas, du kannst doch hier wohnen bleiben. Stuttgart ist doch nicht so weit«, sagte sie.

»Ja eben, da kann ich doch sonntags immer zum Essen kommen … und die Wäsche mitbringen«, beruhigte ich sie. »Außerdem habe ich keine Lust, jeden Abend spät nach der Vorstellung noch mit dem Zug oder Auto nach Backnang zu fahren«, schob ich nach.

Mein Vater versuchte, meine Mutter zu besänftigen. »Lass den Jungen! Er muss jetzt auf eigenen Beinen stehen.«

Wie Väter eben so sind, war er in diesem Punkt eher nüchtern und verbarg seine Gefühle.

Nichtsdestotrotz war der Auszug aus dem Elternhaus für mich keine unwesentliche Zäsur. Aber für sentimentale Gedankengänge hatte ich keinen Kopf. Zu viel aufregend Neues würde mich jetzt an diesem Kabarett-Theater erwarten, und dazu noch meine erste eigene Wohnung. Ich blickte nach vorne und weiß doch heute, dass eine Trennung immer schwerer ist für jene, die zurückgelassen werden. In diesem Punkt waren meine Eltern damals lebensgeschulter als ich junger Spund.

Mein neuer Arbeitsplatz lag im ersten Stock des Hauses Nr. 17 in der Stuttgarter Königsstraße. Als ich an einem heißen Augusttag gegen Mittag das Theater betrat, empfing mich kläffend ein kleiner Hund und sprang an mir hoch. Ein unsympathischer weißer Spitz. Er ließ erst wieder von mir ab, als aus dem Zuschauerraum irgendjemand energisch »Othello« rief, wobei sich dieser Ruf ähnlich anhörte wie das Geräusch, das der Hund von sich gab. Othello gehörte Sylvia Frank, einer Schauspielerin aus meinem künftigen Kollegenkreis. Sie stand an der Theke der Theaterbar, trank ein Piccolöchen und rauchte. Die anderen, Jutta Eckert, Sigrid Rautenberg, Walter van Ray und Roland Astor, saßen an den Tischen und blätterten in ihren Texten. Gerhard Woyda erhob sich vom Flügel, begrüßte mich und sagte in die Runde: »Das ist übrigens der neue Kollege, von dem ich euch erzählt habe. Thomas Freitag.«

Wohlwollende Blicke taxierten mich. Artig stellte ich mich allen vor, zuletzt auch Youssef, einem Tunesier, Techniker des Hauses.

Bei meinem Kostprobenauftritt vor etwa einem Jahr, bei dem mir der Theaterchef dieses Angebot gemacht hatte, war ich wohl zu angespannt gewesen, um die Spielstätte genauer in Augenschein nehmen zu können. Nun sah ich sie bei Tageslicht.

Das Theater hatte kein Foyer. Eine Garderobe für die Zuschauer und die Abendkasse befanden sich in einer Nische im Treppenhaus. Dort waren ebenfalls die Toiletten, die auch die Schauspieler benutzen mussten, denn in den Garderoben neben der Bühne gab es keine.

Für das Publikum waren Stühle um runde Tische herum platziert, an denen vor der Vorstellung Getränke serviert werden konnten. Diese Art Bewirtung war und ist auch heute noch in vielen Etablissements dieser Art üblich, um für den Theaterbetrieb zusätzliche Einnahmen generieren zu können.

Die halbrunde Bühne befand sich mittig an der Stirnseite des Raums zur Königstraße hin. Links unterhalb von ihr stand der Flügel, dahinter erstreckte sich noch ein kleiner Seitentrakt, der ebenfalls als Zuschauerraum genutzt wurde. Mit eingeschränkter Sicht.

Aber das war in jener Zeit für die Menschen, die sich für das politische Kabarett interessierten, nicht von Belang. Ob die »Lach- und Schießgesellschaft« in München, das »Kom(m)ödchen« in Düsseldorf, das »Senftöpfchen« in Köln, ob Peter Ahrweilers »Kleine Komödie« in Hamburg, in all den vielen kleinen Kabarett-Theaterchen – auch in Wien – war es eng, die Sitzgelegenheiten unbequem, die Luft stickig, aber die Stimmung toll.

Abends, wenn die Menschen voller Erwartung in verqualmter Luft auf schlechten Stühlen saßen, die Lampen und Wandbeleuchtungen die oft armseligen Räumlichkeiten schön erscheinen ließen, ging es nur um das mehr oder weniger intellektuelle Amüsement eines bis heute immer wieder totgesagten Kabaretts, das die politische Zäsur nach 1945 bestimmte.

Im »Renitenz-Theater« war nun eine Kabarett-Revue über die High Society geplant, über den sogenannten Jet-Set, darin gewisse Politiker und Fernsehstars, die sich in ihrer eitlen Auffälligkeit sonnten.

Woyda schrieb die Songtexte und die Rahmenhandlung. Weitere Texte kamen von Therese Angeloff, die auch die Regie führen und mit den szenischen Proben in ein paar Tagen beginnen sollte.

Der Chef kündigte zudem noch einen Herrn Prochaska vom Schwarzen Theater aus Prag an, der mit uns die entsprechende Umsetzung dieser Kunstgattung trainieren würde. Was sich für uns Darsteller noch als große Herausforderung erweisen sollte, denn diese Theaterkunst erfordert eine ungemein präzise Technik.

Es war überhaupt typisch für Woyda, sich aus ganz Europa – auch durch den Eisernen Vorhang hindurch – Anregungen zu holen, um seinen, wie er sie nannte, »Hausprogrammen« den nötigen Kick zu geben. Dass es ihm dabei, fast en passant, auch gelang, internationale Berühmtheiten und Weltstars für ein Gastspiel in seinem kleinen Theater zu gewinnen, war beachtlich. In Prag hatte er auch die renommierte Chansonsängerin Hana Hegerova engagiert. Als sie ein halbes Jahr später bei uns auftrat, war ich von dieser Frau und ihren Chansons hingerissen.

An diesem ersten Probentag nun begannen wir mit den Gesangsproben für das Opening. Wir standen alle um den Flügel herum, und der Chef übte die jeweiligen Gesangsstimmen mit uns ein. Das fiel mir nicht allzu schwer, aber beim Rhythmus haperte es etwas, denn es war Swing-Time angesagt!

Nach der Probe unterhielt ich mich noch mit meinen neuen Kolleginnen und Kollegen. Genauer gesagt, wir fragten uns gegenseitig ein bisschen aus, woher man kam, wer wann wo was gemacht hatte. Dabei hatte ich als blutiger Anfänger – mit meinem Zivildienst im Altersheim und meiner Banklehre – wahrscheinlich nicht die besten Karten. Sie sagten mir das nicht, aber ich spürte es gelegentlich an ihren Blicken. Die Proben gingen dahin, und ich fühlte mich immer wohler.

Neben den Ensembleszenen, die ich zu lernen hatte, konzentrierte ich mich auf meine Solonummern. Keiner lernt gerne Texte, aber ich tat mich dabei besonders schwer. Wer mich aus der Probenarbeit kennt, kann davon ein Lied singen! Gerhard Woyda hatte es mir allerdings leicht gemacht, weil ich in meinen Soli etwas machen konnte, was ich gut beherrschte: das Parodieren.

Die Regie von Therese Angeloff konzentrierte sich primär auf die Spielszenen mit dem Ensemble. Damals spielte man noch ohne Mikrofon. Dabei fiel ich gelegentlich gegenüber meinen Mitspielern etwas aus der Rolle, aber meine immer noch sonore Stimme rettete mich über meine mangelnde Sprechtechnik hinweg. Glaubte ich zumindest.

Schweißtreibend wurde es erst, als Herr Prochaska aus Prag mit uns das »Schwarze Theater« einstudierte. Dieses wurde bei uns auch als Stilmittel für eine Uri-Geller-Parodie eingesetzt. Dabei sollten Objekte durch den Bühnenraum schweben, Gabeln sich verbiegen und allerlei andere Kunststückchen das Publikum verzücken.

Das Prinzip des »Schwarzen Theaters« besteht darin, dass man nur die Gegenstände sieht, nicht aber die Menschen, die sie führen. Für diese perfekte Illusion sorgte auch eine Lichtschranke vor der Bühne. Aber nur, wenn der Winkel des einfallenden Lichts stimmte. Dazu mussten wir schwarze Handschuhe und ebenso schwarze Samtumhänge anziehen, versehen mit einem kleinen Sehschlitz, sozusagen eine Prager Burka. Draußen 30 Grad, keine Klimaanlage im Theater – und wir flossen nur so dahin.

Danach mussten wir uns sofort wieder schnell in der winzigen Herrengarderobe rechts von der Bühne umziehen. An einer Seite war hier eine schmale Schminkzeile mit Spiegeln angebracht, davor drei Stühle, einer davon auch für mich, daneben Kleiderständer voller Klamotten, mit denen wir Männer uns rasch für den nächsten Auftritt verwandeln mussten.

In diesem Verschlag hatte auch noch der Haustechniker Youssef sein Ton- und Beleuchtungspult aufgestellt und stand – wegen der Hitze nicht selten mit nacktem Oberkörper und schon damals leichtem Bauchansatz – schwitzend an seinen Hebeln und Knöpfen. Zuweilen kommentierte er unseren schweißtreibenden Kampfeinsatz in Sachen Unterhaltung mit einem albernen Lachen …

Wenn man zu allem noch den nächsten Auftritt von der anderen Bühnenseite aus zu starten hatte – denn dort befand sich die Damengarderobe –, musste man sich durch einen schmalen Korridor zwängen, der zwischen dem hinteren Bühnenvorhang und der Fensterfront des Theaters zur Königsstraße hinlief. Dieser Vorgang entbehrte nicht einer gewissen Komik, denn beim Wechseln auf die andere Seite sollte der Vorhang möglichst in Ruheposition verharren, was schier unmöglich war. Ein dicker Darsteller hätte diesen sofort so in Wallung gebracht, dass sein Seitenwechsel jedem Zuschauer nicht verborgen geblieben wäre. Auch solche Widrigkeiten gehörten mit zu meinem neuen Alltag als angehender Schauspieler.

Später musste ich während einer Vorstellung einmal dringend das Örtchen aufsuchen. Die Toiletten waren aber, wie schon erwähnt, im Treppenhaus. Ich hätte also während des Programms durch den Zuschauerraum laufen müssen. Aber Not macht erfinderisch: In der Damengarderobe stand ein stets mit Wasser gefüllter Eimer, der als vorbeugende »Maßnahme zur Brandschutzbekämpfung« sein Dasein fristete. Ich wartete also einen Zeitpunkt ab, an dem sich alle drei Damen des Ensembles gleichzeitig auf der Bühne befanden. Jetzt schlängelte ich mich vorsichtig durch den engen Gang hinter der Bühne. Glücklich drüben angekommen, stand mir nun eine neue Herausforderung auf vier Beinen gegenüber.

Meine liebe Kollegin Sylvia Frank konnte nicht nur nicht ohne einen Piccolo, sie konnte auch nicht ohne ihren Spitz. Also wurde die Töle überall mit hingeschleift – und Othello saß mir jetzt neben dem rettenden Eimer gegenüber. Ganz offensichtlich war ich für den Spitz in diesem Moment der Eindringling.

Als wir uns in die Augen blickten, zogen sich seine Lefzen leicht nach oben und ein unterdrücktes Knurren kam aus ihm heraus.

Als alter Theaterhund wusste er natürlich, dass ihm lautes Kläffen während der Vorstellung untersagt war. Man hört ja alles durch die Vorhänge. Ich war mir plötzlich nicht mehr sicher, ob er mir bei der Verrichtung meiner Notdurft nicht ins Gemächt springen würde, zumal sich sein Knurren steigerte und ich ihn erfolglos zu beruhigen versuchte. Othello spürte wohl, dass ich ihn nicht mochte. Hier konnte nur einer gewinnen! Das war er. So zog ich den Kürzeren und trat den geordneten Rückzug an.

Es waren aufregende Wochen. Während der Endproben kam es immer wieder zu cholerischen Ausbrüchen des Chefs. Dann flogen Gegenstände und nicht nur Fetzen. Die Premiere rückte näher und näher. Kostüme wurden anprobiert, und ich sollte mich auch noch schminken! Nun gut, dachte ich, das gehört wohl dazu. Meine beiden Kollegen jedenfalls gaben mir wertvolle Schminktipps. So betonte auch ich meine natürliche Schönheit!

Endlich war es so weit. Meine erste Premiere auf einer professionellen Bühne mit »Playgirls, Snobs und Kaviar« stand ins Haus. Wir gaben alles – und alles ging gut. Nach dem letzten Vorhang fiel tonnenweise Ballast von uns ab, und wir lagen uns glücklich über den gemeinsamen Erfolg in den Armen. Auch meine Eltern, die im Publikum saßen, waren stolz auf ihren Filius.

Ruprecht Skasa-Weiß, einer der renommiertesten Rezensenten damals, schrieb in der »Stuttgarter Zeitung« einen Verriss. Wobei er allerdings im letzten Absatz meine parodistischen Soli als das einzig Positive an diesem Programm hervorhob.

Sicher kann sich jeder vorstellen, mit welch gemischten Gefühlen ich am nächsten Tag zur Vorstellung kam. Die Kollegenschaft war nicht gut gelaunt.

Aber alle waren Profi und wir wussten: The show must go on. Und die Produktion kam letzten Endes beim Publikum hervorragend an.

Eine weitere positive Nebenwirkung war, dass Carlo Fuß, der in der Premiere saß, noch am selben Abend auf mich zukam und zu mir sagte: »Junger Mann, nachdem ich Sie jetzt auf der Bühne gesehen habe, nehme ich Sie – probehalber!«.

Dabei ist es nicht geblieben. Er hat mir in den kommenden Monaten viel beigebracht. Und dafür bin ich ihm heute noch dankbar.

Im Laufe der nächsten Monate war ich nun mehr und mehr Kabarettschauspieler geworden – auch in den Augen meiner Freunde.

Nach den Vorstellungen wollte ich mich natürlich hin und wieder ins Stuttgarter »Nachtleben« stürzen. Das waren meist harte Aufschläge, denn es gab keines. Schon ab 22 Uhr waren die Bürgersteige in der schwäbischen Metropole hochgeklappt. Ganz schlechte Karten für einen, den nachts der Hunger plagt.

Auch irgendwo noch etwas zu trinken zu bekommen, war schwierig. Man brauchte schon einige Tipps von Eingeweihten. Von meinen männlichen Kollegen gab es da wenig Hilfestellung. Walter ging nach der Vorstellung immer gleich nach Hause, ebenso Roland, der außerhalb wohnte. Hilfe kam von den Frauen! Mit Sigrid Rautenberg und auch Jutta Eckert hatte ich mich im Laufe der Spielzeit etwas angefreundet. Sie kannten ein paar Läden, wo noch was los war. Kneipen im Rotlichtmilieu der Altstadt etwa, ein paar halbseidene Bars. Das war's dann aber auch schon.

Jörg Rieger empfahl mir das AT-Musikpodium von Pit Haug. Eine Mischung aus Disco und Jazzladen. Wenn man Glück hatte, konnte man dort noch einen Auftritt von Stars erleben, die am Abend ein Konzert in der Liederhalle gleich nebenan gegeben hatten und die bei Pit – der gute Beziehungen zur Szene hatte – noch zu einem Late-Night-Special bereit waren. So zum Beispiel Ella Fitzgerald. Das war natürlich ein Knaller.

Außerdem gab es dort bis spät abends noch etwas zu essen. Eine Kleinigkeit, aber vom Feinsten: schwäbische Maultaschen in der Brühe. Die gab es natürlich überall im Schwabenland, aber die Maultatschen bei Pit waren legendär. Sie kamen immer frisch vom

Metzger und waren wahre Prachtexemplare! Dick und mit einer guten Füllung.

Das AT-Musikpodium wurde in meiner ersten Spielzeit nicht nur meine Stammkneipe in Stuttgart. Hin und wieder trat ich dort auch selbst auf.

Einmal bekam ich in dieser Anfangszeit auch ein Angebot für einen kleinen Gastauftritt als Parodist in der Stuttgarter Liederhalle. Mein Gott, vor einem so großen Publikum war ich außer als Moderator in meiner Zeit beim Backnanger Schlagerwettbewerb bis dahin noch nie aufgetreten. Selbst meine Eltern waren gekommen, und Mutti hatte feuchte Hände. Mein Vater dagegen war die Gelassenheit in Person. »Beruhige dich«, sagte er zu meiner Mutter, »der Junge macht das schon.«

Als der Ansager mich ankündigte, setzte im Saal Applaus ein. Das steigerte noch das Adrenalin. Aber der Weg zum Mikrofon in der Bühnenmitte war weit. Würde der Beifall reichen, bis ich dort ankomme? Doch alles lief gut. Mein Vater hatte Recht bekommen, und Mutter war erleichtert.

Erfolg war ohnehin etwas Eigenartiges, wenn es um meine Altvorderen ging. Sie hatten mir ja zugesichert, dass sie sich nach bestandener Ausbildung zum Bankkaufmann meinen künstlerischen Ambitionen nicht mehr in den Weg stellen würden. Und das haben sie auch ihr ganzes Leben so gehalten.

Dennoch braucht man aber auch Anerkennung und Lob – wie jeder Mensch und erst recht als Kind. Wenn Außenstehende einem Komplimente machen, ist das schön. Man freut sich immer über eine Bestätigung. Aber viel wichtiger ist doch das Lob der eigenen Eltern.

In dieser Beziehung sind sie in meiner ganzen Laufbahn immer äußerst zurückhaltend gewesen. Sie freuten sich für mich, waren stets wohlwollend, unterstützten mich auch in meinen Vorhaben, aber sie sprangen meinetwegen jetzt nicht aus dem Fenster und schon gar nicht vor ihren Freunden. Zweifellos waren sie auch stolz auf mich. Aber wenn ein Programm, eine Vorstellung oder einer meiner Fernsehauftritte – was auch immer – mir besonders gut gelungen schien, war ihr Verhalten mir gegenüber stets eher leicht unterkühlt. Es war dann halt »gut« für sie, keine Frage. Aber als ihr Kind wollte ich dann eben doch mehr hören.

»Ihr könntet mich jetzt ruhig mal ein bisschen loben«, monierte ich gelegentlich ihre Zurückhaltung.

Worauf meine Mutter lakonisch erwiderte: »Wir sagen dir schon, wenn du schlecht bist!«

Der Spielbetrieb im »Renitenz« wurde nun zu einer Alltagserfahrung für mich. Es gab natürlich auch nervige Dinge. Die Vorstellungen fingen nie pünktlich an, weil die Leute immer zu spät kamen und sich noch etwas bestellten. Dann ging uns die Warterei in der engen Garderobe immer mächtig auf die Senkel. Samstags gab es regelmäßig Doppelvorstellungen, und die zweite Vorstellung begann erst um 23 Uhr. Nicht selten passierte es dann, dass kurz vor Mitternacht einige Leute plötzlich aufsprangen und das Theater verließen. Lange dachte ich, dass die konservativen Schwaben mit den politischen Inhalten des Programms ein Problem hätten, bis ich endlich dahinterkam: Die Parkhäuser machten um 24 Uhr dicht. Auch am Samstag.

Als besonderes Faktotum ist mir die Mutter von Gerhard Woyda im Gedächtnis geblieben. Eine ältere Frau, mit Brille auf der spitzen Nase, einem ebenso spitzen Mündchen und einer Portierszwiebel, auch Dutt genannt. Sie gehörte quasi zum Inventar des Hauses, kam jeden Abend zusammen mit ihrem Sohn ins Theater und war für die Finanzen zuständig. Mit Argusaugen überwachte sie die Einnahmen, zählte die Kartenabrisse, notierte penibel mit einem alten Bleistiftstummel auf gebrauchten Papierblöckchen alles, was irgendwie mit Geld zu tun hatte, und händigte uns auf Heller und Pfennige die Abendgage aus. Schlachtermeisterwitwe aus Ostpreußen. Sie war immer da und doch irgendwie außen vor.

Sie und ihr Sohn Gerhard. Zwei ostpreußische Dickschädel. Ein merkwürdiges Gespann.

Ich dachte oft über meinen Chef nach und darüber, was für einen Weg er wohl auf sich genommen haben musste, um nicht wie sein

Vater Metzger zu werden, sondern Musiker, Künstler und ambitionierter Theaterleiter. Mit einer unbändigen Neugier auf alles, was anders, in jedem Fall aufregender war als das, was er von seinen Eltern her kannte. Erstaunlich. Trotzdem hatte er wohl gewisse Schwierigkeiten damit gehabt, sich von seiner Mutter zu emanzipieren. Aber vielleicht war die alte Dame auch eine zusätzliche Stütze für ihn.

Wenn ich Jahre später mit meinen eigenen Kabarett-Produktionen auf Tour auch das »Renitenz« heimsuchte, war sie immer noch da. Auch das Abrechnungsritual mit ihr hatte sich nicht verändert. Nur der Bleistift war neu. Weiß der Teufel, wie viele sie davon verbraucht hat! Sie war bis zu ihrem Tod mit über neunzig Jahren ein fester Bestandteil dieses Hauses.

Ansonsten spielten wir en suite, nur gelegentlich unterbrochen durch ein besonderes Gastspiel. Dabei war interessant für mich, wie sich ehemals große und bekannte Schauspieler und Sänger bei nachlassender Fernsehpräsenz nun gerne (auch wieder?) auf kleinen Bühnen zeigten. Zusammen mit ihrem Mann, dem Schauspieler, Maler und Regisseur Veit Relin, las die große Maria Schell dann Briefe von Mozart. Vico Torriani präsentierte einen Abend, bei dem ich ihm sogar mit einer eingesprochenen Adenauer-Parodie behilflich sein durfte.

Aber größere und nachhaltigere Wellen im ansonsten biederen Stuttgart verursachte damals dann doch ein Ereignis, über das Gerhard Woyda in seinen Memoiren schrieb:

»In Paris sah ich Les Garcons Terribles, eine schräge Persiflage auf unsere Showgesellschaft. Es war eine Travestieshow, und nachdem man Konstantin Wecker als ›Sado-Poet‹ aus dem Renitenz-Theater gejagt hatte, befürchtete ich, dass man nach dieser Show zum Transvestitenklub degradiert würde. Tatsächlich waren es aber keine Transvestiten, die sich aus seelischem oder sexuellem Zwang verkleideten, sondern Schauspieler, die nicht imitierten, sondern karikierten: Wenn die abgewrackte Mistinguette wie im Todeskampf mit den Wimpern zuckte und von ihren Tanzpart-

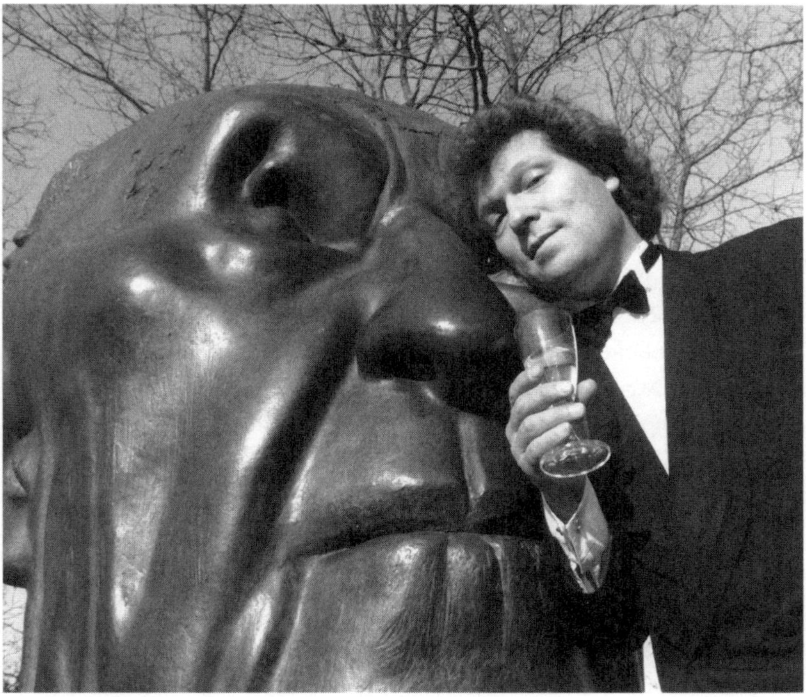

Mit Konrad Adenauer, Foto: WDR/Klaus Görgen

nern gestützt werden musste, dann war das der Gipfel des Sarkasmus!«

Diese Truppe war hinreißend komisch, und ich hatte vorher so etwas noch nie gesehen und das überwiegend brave bürgerliche Publikum in Stuttgart wahrscheinlich auch nicht. Aber die Leute waren wie aus dem Häuschen und stürmten das Theater. Star des Abends war ein Mann mit dem Künstlernamen »Rosalie Tak-Tak«. Wenn Männer in Frauenkleider oft irrer aussehen als ihre weiblichen Vorbilder, war der Auftritt dieser »Rosalie« für das Rollenverständnis der Männer in den 70er Jahren mit Sicherheit eine große Herausforderung. Jedenfalls munkelte man in jenen Tagen, dass ganz normale und langjährig verheiratete Familienväter sich plötzlich der Versuchung ausgesetzt sahen, mit dem Hauptdarsteller durchzubrennen. Und das im Jahre 1974!

Ein kleiner Schritt war das auf dem Weg einer sich zäh liberalisierenden Gesellschaft in Deutschland. Und das bei den Schwaben in Stuttgart, wo das Dogma der Kehrwoche die pietistische Grundhaltung bestimmte. Erst später trat diese wunderbare Truppe bei den »Wühlmäusen« in Berlin auf, wo man seit den «Goldenen Zwanzigern« solche »Auswüchse« eigentlich immer vermutet hatte.

Eines Tages wurde ich krank. Normalerweise gibt es so etwas in unserem Beruf nicht. Du spielst. Auch mit dem Kopf unterm Arm. Doch ich bekam eine starke Angina, hatte hohes Fieber und musste das Bett hüten.

In seiner Not besann sich Gerhard Woyda eines jungen Mannes, der seit geraumer Zeit schon mehrfach fußscharrend vor dem Theater um eine Auftrittsmöglichkeit ersucht hatte: Mathias Richling. Nun war er der Retter in der Not und sprang mit seinem eigenen Programm für mich ein. Und Woyda engagierte ihn daraufhin für das Ensemble!

Als ich wieder gesund war und die Vorstellungen mit dem Hausprogramm weiterliefen, erfuhr ich von diesem Engagement.

»Was soll das?«, fragte ich meinen Chef leicht aufgebracht, »der Mathias parodiert doch auch. Sollen wir uns beide jetzt hier im Ensemble auf der Bühne totparodieren?«

»Nein, nein«, versuchte Woyda mich zu beruhigen, »ich habe mir gedacht, dass du mit einer zweiten, ganz jungen Truppe, sozusagen vor Ort, in Firmen und Fabriken gehst. Eine Art Frontkabarett machst. Ein junges Renitenz-Theater, das *du* anführst. Es gäbe dafür auch Subventionen von der Stadt.«

Ich schaute ihn entgeistert und verblüfft an.

»Jetzt, da die Dinge sich politisch verändern«, fuhr er begeistert fort, »wäre das doch wirklich spannend, findest du nicht? Und für dich, bei deinem Talent, eine tolle Chance. Denk mal darüber nach.«

Ich war sprachlos und kam ins Grübeln. Natürlich waren wir durch Willy Brandts »Wir wollen mehr Demokratie wagen« euphorisch geworden und glaubten, dass nun vieles möglich sei. Soziale Demokratie, mehr Gerechtigkeit, Rüstungsabbau, Friedenspolitik.

All das schwirrte in unseren Köpfen. Die Aufbruchsstimmung durch den großen Wahlsieg 1972 von Willy Brandt war immer noch gewaltig. Der Vorschlag von Gerhard Woyda war in der Tat verlockend.

Als wir kurz darauf wegen eines Gastspiels im Haus ein paar freie Tage hatten, flog ich mit Sigi Rautenberg nach London. Wir wollten uns dort ein Musical anschauen. Dabei erzählte ich ihr von diesem Angebot.

»Das ist doch eine total unsichere Sache«, meinte sie. »Was bist du da in diesem Fronttheater? Und wenn's nicht klappt, was machst du dann? Du lässt dich aus dem Hauptensemble degradieren auf eine Stufe, die noch keinerlei Reputation aufzuweisen hat ...«

Sie schien sehr pessimistisch. Ich hatte nur die große Herausforderung gesehen und die Risiken dabei nicht bedacht.

»Außerdem«, fuhr sie fort, »wolltest du neben deinem Unterricht bei Fuß immer an ein Theater. Das wäre doch ein viel besserer Weg für deine Zukunft als Schauspieler.«

Dann erzählte sie mir noch, dass vor Kurzem der Intendant des Stadttheaters Gießen, Dietrich Taube, in der Vorstellung gewesen sei, weil er sie für einen Stückvertrag gewinnen wolle. Bei ihrem Treffen danach bemerkte Taube aber, dass Sigi vielleicht doch nicht die Person sei, die er für diese Rolle favorisiere. Dabei erzählte sie dem Intendanten wohl auch von meinem Ansinnen, baldigst eine Anfängervakanz an einem Theater zu absolvieren. Taube zeigte sich interessiert und sagte ihr, dass er in seinem Haus demnächst ein Vorsprechen für junge Darsteller plane.

Als Sigi und ich aus London zurückkehrten, hatte ich mich entschieden. An die »Kabarettfront« kann ich immer noch, dachte ich mir. Aber das war jetzt *die* Chance, wirklich Schauspieler zu werden. Als ich mein Bewerbungsschreiben an das Theater in Gießen durch den Schlitz im Briefkasten fallen ließ, schickte ich ihm noch ein dickes »toi toi toi« hinterher.

Gießen an der Lahn

»Jetzt hebt, Herr Richter Adam,
Jetzt hebt sichs, wie ein Blutsturz, mir. Luft!
Da mir der Knopf am Brustlatz springt: Luft jetzt!
Und reiße mir den Latz auf: Luft jetzt sag' ich!
Und geh, und drück, und tret' und donnere,
Da ich der Dirne Thür verriegelt finde,
Gestemmt, mit Macht, auf einen Tritt, sie ein …«

»Nun fahr doch ein bisschen langsamer, Renate, bei dem Tempo kann ich mich nicht konzentrieren!«, fuhr ich meine Fahrerin leicht ungehalten an, »wir haben noch Zeit genug.«

»Ich fahr nur 120. Das ist doch nicht schnell«, meinte sie und setzte den Blinker zum Überholen.

»Wo sind wir jetzt überhaupt?«, fragte ich.

»Gerade an Butzbach vorbei. Dauert nicht mehr lange«, sagte Renate und fuhr wieder auf die rechte Spur.

Ich steckte meine Nase wieder in mein Reclam-Heft und versuchte, weiter meinen Kleist zu memorieren.

»Just da sie auf jetzt rasselt,
Stürzt dort der Krug vom Sims ins Zimmer hin,
Und husch! Springt Einer aus dem Fenster Euch:
Ich seh' die Schöße noch vom Rocke wehn.«

Oh Gott, hatte ich mir mit diesem Ruprecht aus dem »Zerbrochenen Krug« nicht doch zu viel vorgenommen? Diese Sprache von Kleist. Ja, wenn man´s kann, ist es bestimmt wunderschön. Doch je mehr wir uns Gießen näherten, wuchsen meine Zweifel. Ohne Renate hätte ich vielleicht jetzt umgedreht.

Ich hatte meine fast gleichaltrige Freundin gefragt, ob sie mich zu diesem wichtigen Vorsprechen in Gießen begleiten wolle. Mehr noch: ob sie mich in meinem Auto chauffieren könne. Denn ich war viel zu aufgeregt, um selbst zu fahren.

»Kannste denn jetzt endlich deinen Text?«, fragte sie mich und sah mich kurz an.

»Ja doch!«

Als wir vor dem Theater standen, dachte ich: sehr imposant, nicht übel. Fast andächtig betrat ich das Gebäude durch den Bühneneingang und meldete mich artig beim Pförtner an. Dann wurde ich über verwinkelte Gänge des Drei-Sparten-Hauses in das sogenannte Konversationszimmer geführt. Dort warteten bereits andere Delinquenten. Das Konversationszimmer, das sich in jedem Theater immer in Bühnennähe befindet, dient den Darstellern, während der Vorstellung auf ihren Auftritt zu warten.

Freundlich grüßte ich die anderen Mitbewerber und wollte mich kurz vorstellen, aber mir schlug eisige Kälte entgegen. Aha, dachte ich, so sieht also Konkurrenz aus, und setzte mich.

Endlich wurde mein Name aufgerufen, und kurze Zeit später stand ich auf der Bühne. Puh, das war jetzt alles kein »Renitenz-Theater« mehr. Hier in Gießen kam mir alles riesig vor – mutterseelenallein stand ich jetzt im Scheinwerferlicht und blickte in ein großes schwarzes Loch, den Zuschauerraum. Aus dem Dunkel ertönte eine Stimme, die mich kurz begrüßte und aufforderte, mich vorzustellen. Nachdem ich etwas von mir erzählt hatte, bat man mich, jetzt meine Rollen vorzusprechen: »Aber bitte etwas lauter!«

Ich begann mit meinem Ruprecht …

Endlich stehe ich auf einer richtigen Bühne, dachte ich.

An den Notbeleuchtungen in den Rängen konnte ich die Größe des Hauses erahnen. Das leichte Schlottern in den Knien ließ langsam nach, und ich dachte beim Spielen: Also 500 könnte ich ihm zahlen im Monat. Wenn der Intendant mehr will, wird's eng.

Pause.

Stille.

Oh, Gott, ich war stecken geblieben, hatte den Text vergessen.

Aus dem Zuschauerraum fragte jemand: »War's das? Oder kommt noch was?«

»Ja, ja, nein, nein – geht gleich weiter.«

Und Gott sei Dank: Ich hatte den Text wieder. So brachte ich mein Vorsprechen doch noch glimpflich zu Ende.

Von unten war jetzt ein Wispern zu vernehmen. Laut hörte ich dann: »Danke, Herr äh … Freitag, Sie hören von uns.«

Als ich das Theater verließ, wusste ich nicht, ob ich mich erleichtert fühlen konnte oder nicht. Renate wartete in einem Café. Sie prasselte auf mich ein: »Und wie war's? Wie ist es gelaufen? Warst du gut? Sind die nett? Konntest du deinen Text?«

»Na ja – es ging so. Ist wohl ganz gut gelaufen.« Allerdings hatte ich wirklich überhaupt kein Gefühl, ob ich gut war oder nicht.

Auf der Heimfahrt fuhr ich dann selbst. Ich musste meine Gedanken ordnen. Sosehr ich mir das Engagement in Gießen wünschte, war ich doch hin und her gerissen. Es wäre dies eine einschneidende Zäsur in meinem Leben. Vor den Konsequenzen hatte ich Angst. Aber ich hatte auch Angst, dass es nicht klappen könnte.

Vier Wochen später klingelte in meiner Stuttgarter Wohnung das Telefon. Ich kam gerade von einer Probe, hob ab, und am anderen Ende der Leitung war das Gießener Theater. Eine Frauenstimme bellte mich an: »Herr Freitag, wo waren Sie denn? Ich versuche Sie schon den ganzen Tag zu erreichen.«

»Ich hatte Probe«, sagte ich kleinlaut.

»Na ja, wie auch immer, Herr Taube will Sie engagieren. Gratulation! Der Vertrag geht Ihnen in den nächsten Tagen per Post zu.«

Mein Engagement am »Renitenz« lief Ende Mai aus. Danach empfahl man mir zum Arbeitsamt zu gehen und bis zum neuen Engagement Arbeitslosengeld zu beantragen. Das sei üblich, versicherte mir Sigi.

Ich tat dies mit gemischten Gefühlen, zumal ich zwischendurch immer mal wieder einen Auftrittsjob bekam. Eigentlich war ich der Meinung, dass man sein Geld selbst verdienen solle. Gleichzeitig

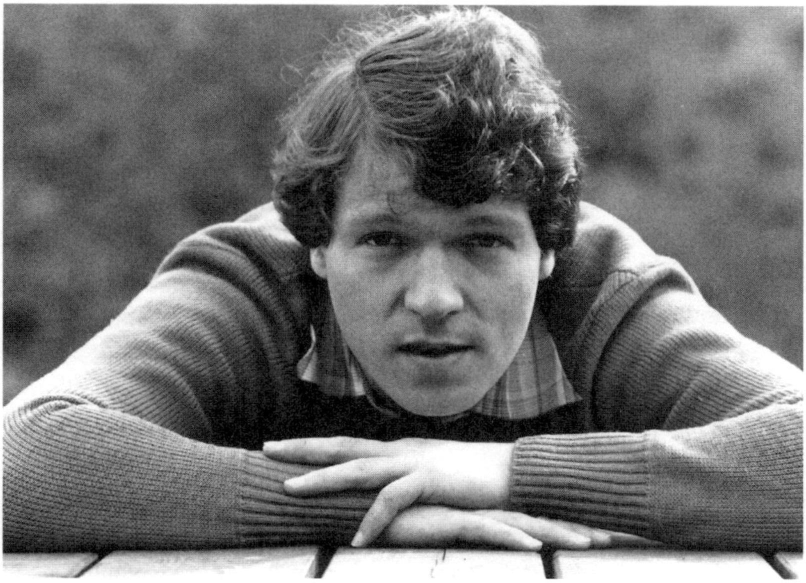

... als junger Schauspieler

hatte ich aber auch noch Unterrichtsstunden bei Carlo Fuß. Und die waren nicht umsonst.

Dennoch nahm ich mir vor, in meinem künftigen Leben nie wieder aufs Arbeitsamt zu gehen. Das ist mir bis heute auch gelungen. Der Vertrag kam. Er war erst einmal auf zwei Jahre befristet. Ich musste keine 500 pro Monat bezahlen. Im Gegenteil: *Ich* bekam 650 DM als Anfängergage. Spielzeitbeginn war der 1. September 1975. Als ich den Vertrag unterschrieben hatte, ging ich mit Renate fein essen. Danke, Renate!

Jetzt hatte ich ein wichtiges Ziel in meinem Leben erreicht.

Es bedeutete aber auch den endgültigen Abschied von meinem Elternhaus, denn Gießen lag nicht wie Stuttgart einfach um die Ecke. Nachdem ich den Sommer über mit Wohnungssuche, Umzugsvorbereitungen und anderen organisatorischen Dingen beschäftigt war, verbrachte ich noch einige Zeit bei meinen Eltern in Backnang.

Dann aber kam der Tag.

Sie brachten mich beide an einem späten Augusttag zu meinem Auto, das vollbepackt vor dem Haus stand. Meine Mutter weinte. Wir umarmten und drückten uns heftig. Dann fuhr ich los. Im Rückspiegel sah ich meine Eltern winken, ich winkte zurück und fing an zu heulen, nachdem ich um die Ecke gebogen war und sie nicht mehr sehen konnte. Hatten die ganzen Aufregungen der letzten Wochen, die mit dem Aufbruch in meinen neuen Lebensabschnitt verbunden waren, mich emotional noch kaum belastet, gab es jetzt kein Halten mehr. Ich heulte noch, als ich die Autobahn erreicht hatte, und beruhigte mich erst wieder, als ich nach etwa 30 Kilometern an Heilbronn vorbeigefahren war.

In Gießen warteten viele Aufgaben auf mich. Zur Spielzeiteröffnung wurde im Park neben dem Theater ein Fest veranstaltet. Dabei wirkten die Schauspieler mit kleinen Auftritten mit, das hauseigene Orchester spielte Klassisches und auch etwas Modernes. Die neuen Ensemblemitglieder stellten sich vor, und als die Reihe an mir war, forderte mich der Oberspielleiter Rufus Wagner auf, doch als Kabarettist etwas zum Besten zu geben.

Er war bei meinem Vorsprechen ebenfalls anwesend gewesen und wusste natürlich, was ich bisher gemacht hatte. Aus den vielen jungen Bewerbern, 14 an der Zahl, war die Wahl auf mich also nicht ohne Hintergedanken gefallen.

In Gießen hatte man nämlich in einer stillgelegten Zigarrenfabrik eine Studiobühne eingerichtet, wo sogenannte »Try Outs«, aktuelle Stücke zeitgemäßer Autoren, Lesungen, Gespräche mit dem Publikum über die eine oder andere Inszenierung, Theaterfeste und eben auch Kabarett stattfinden sollten.

Bei dem Theaterfest gab ich also eine kleine Kostprobe meines parodistischen Könnens. Als ich als Franz Josef Strauß satirisch über das rote Hessen herzog, flippten die Leute aus.

»Das muss aber eine Ausnahme bleiben, ich bin hier, um meine Anfängerjahre als Schauspieler zu absolvieren!«, sagte ich zu Rufus.

»Das werden Sie auch. Sie sollen ja ein guter Schauspieler werden«, beruhigte er mich, »aber Sie sind nun mal ein Parodieausnahmetalent.«

»Und mein Ruprecht? Wie fanden Sie den eigentlich?«, fragte ich ihn neugierig.

»Ausbaufähig«, sagte er und lächelte süffisant.

Nun denn. Er hatte wohl nicht ganz unrecht. Einen Tag später begannen die Proben für die ersten Stücke im großen Haus wie im Studio.

Meine erste kleine Rolle bekam ich in »Leonce und Lena« von Georg Büchner. Zusammen mit dem Inspizienten, der gelegentlich auch für winzige Rollen, sogenannte »Wurzen«, eingesetzt wurde, spielte ich einen von zwei Polizisten, die in diesem Stück die Weisheit nicht gerade mit dem Löffel gefressen haben. Dass ich den um wenige Nuancen intelligenteren spielen durfte, erinnerte mich an meine Zeit als Messdiener, wo man sich beim Hochamt immer gestritten hatte, wer nun wichtiger war. Der, der das Weihrauchfass schwang, oder der, der nur das sogenannte Schiffchen trug, in dem sich der Nachschub für Weihrauch und Myrrhe befand.

Im Großen Haus spielte ich in den folgenden Monaten kleinere und mittlere Rollen in Klassikern von Tschechow, Schiller und Shakespeare. Aber dann, im Weihnachtsmärchen, gab man mir eine Titelrolle: »Ali Baba und die 40 Räuber«. Und ich verkörperte die Räuber Nr. 36 bis 39.

Als wir »Richard III.« probten, spielten wir mit 14 Schauspielern – abgesehen vom Hauptdarsteller – insgesamt über 60 Rollen, sozusagen einen ganzen Hofstaat. So kam ich zu mehreren Lords, Lairds, Earls and Greys. Insgesamt kam ich bei meinen Auftritten auf 11,5 Sätze. Die waren wenigstens schnell gelernt.

Schwieriger war mein Einsatz in den Kampfszenen. Der musste natürlich trainiert werden. Mit langen hölzernen Lanzen standen wir Richard mit seinem berühmten Schwert gegenüber. Da der Darsteller des Richard bereits auf der Probe mit hundertprozentigem Einsatz spielte, zerschlug er regelmäßig unsere Holzspielzeuge, die uns dann kreuz und quer um die Ohren flogen.

Ein anderes Material musste her. Die Requisite gab uns statt Holz- jetzt Stahlstangen. Leider hatte sie es versäumt, unseren Richard über den Materialaustausch in Kenntnis zu setzen.

Beherzt schlug er bei der nächsten Probe wieder zu. Meine Stahllanze bot jetzt den nötigen Widerstand. Richards Schwert prallte an ihr ab, entglitt ihm, sauste in die Höhe, machte einen Salto und schlug einen halben Meter neben mir senkrecht in den Bühnenboden ein.

Stille.

Schrecken bei allen. Das hätte das Ende meiner noch so jungen und hoffnungsvollen Karriere sein können.

Ich brach die Probe ab, ging zum Regisseur und machte meiner Erregung Luft.

»So nicht! Mit mir nicht. Ich bin Wehrdienstverweigerer. Ich werde auch auf der Bühne keine Waffe mehr in die Hand nehmen!«

Alle versuchten mich zu beruhigen. Richard entschuldigte sich bei mir. Die Requisite bekam eine Rüge. Am nächsten Tag wurde bei mir höflich angefragt, ob ich die Szene nicht doch noch einmal – mit aller gebotenen Vorsicht – proben könne. Der Schreck vom Vortag saß mir natürlich noch in den Gliedern, aber zugunsten Shakespeares überwand ich mich und willigte schlussendlich ein.

Ganz ohne Waffen kam die Inszenierung »Der Kinder Segen« von Howard Brenton aus. In diesem Drei-Personen-Stück wurde ich nun als Schauspieler wesentlich mehr gefordert. Ich spürte, was es bedeutet, Verantwortung für einen ganzen Theaterabend zu tragen. Während der Proben zu diesem Stück fragte ich Rufus Wagner, ob es vorstellbar sei, dass ich in der Zigarrenfabrik meinen ersten Soloabend als Kabarettist machen könne.

Offenbar trat ich mit meiner Frage eine halb offene Tür bei ihm ein, und er versprach mir, sich beim Intendanten dafür zu verwenden. Kurz darauf bekam ich grünes Licht und begann mein erstes Programm zu schreiben.

Mit Enthusiasmus stürzte ich mich in diese Arbeit. Unterstützung holte ich mir bei Jörg Rieger aus Stuttgart, der einige Songtexte vertonen sollte. Ein paar Tage vor der Premiere bat ich Rufus, sich eine Probe anzuschauen, um mal »drüberzukucken«. Danach bekam ich seinen Segen, und die Premiere konnte stattfinden. So war mein erstes Soloprogramm geboren: »Ansichten eines Trittbrettfahrers«.

Jörg begleitete mich am Klavier. Seine Thessy saß, wie meine Eltern übrigens auch, Daumen drückend in der Premiere. Ich spielte um mein Leben. Der Abend wurde ein so beachtlicher Erfolg, dass mein »Trittbrettfahrer« sogar in die nächste Spielzeit übernommen wurde. Zudem lud man mich zu einem Gastspiel ins »Mainzer Unterhaus« ein.

In der zweiten Spielzeit rückte ich auf den Besetzungsplänen der Stücke ein bisschen höher, aber eine wirkliche Herausforderung, gemessen an der Resonanz meiner eigenen Kabarettproduktion, war nicht in Sicht. Das zu akzeptieren, fiel mir nicht immer leicht, obwohl mir klar war, dass die Anfängerjahre eines Schauspielers den Lehrjahren in anderen Berufen ähneln – und eben keine Herrenjahre sind. Im Kabarett gut zu sein, bedeutete nicht automatisch, dieselbe Qualität auch im Schauspiel abliefern zu können. Was also tun?

Eines Tages flatterte mir ein Brief von meinem alten Chef Gerhard Woyda aus Stuttgart ins Haus. Er schrieb mir, dass Kay Lorentz vom Düsseldorfer »Kom(m)ödchen« einen neuen Mann mit parodistischen Fähigkeiten suchen würde. Das wäre doch was für mich, meinte Woyda.

Nachtigall, ick hör dir trapsen, dachte ich zunächst.

Ich war unter anderem aus Stuttgart weggegangen, weil ich mir dort zusammen mit Mathias Richling parodistisch nicht auf die Füße treten wollte. Konnte es etwa sein, dass Herr Lorentz besagten Mathias Richling in Stuttgart auf der Bühne gesehen hatte, ihn wegengagieren wollte, aber Woyda ihn nicht hergeben mochte? Nun denn, ein Brief an Herrn Lorentz konnte ja nicht schaden.

Kay Lorentz hatte das Gesicht eines typischen Loriotmännchens: Knubbelnase, einen Bart, in den sich nicht selten Kulinarisches aus der Tageskarte verirrt hatte, und eine große Brille auf der fleischigen Nase. Auf der Straße trug er meistens einen Trenchcoat, dazu einen braunen Hut mit einer Krempe aus echtem Tigerfell. Dieser Hut war sein Markenzeichen.

Derart gekleidet, stand Kay Lorentz im Frühjahr 1977 in Gießen vor mir. Er hatte meinen Kabarettabend gesehen und machte mir ein Angebot.

Dies brachte mich in einen großen Konflikt: Ich kam ja erst vom Kabarett, war jetzt endlich am Theater – sollte ich wirklich nun wieder ins Kabarett zurück? Eine blöde Situation. Aber in Anbetracht meiner Rollen am Stadttheater fühlte ich mich durchaus geschmeichelt – und vielleicht war Düsseldorf eine nicht zu unterschätzende Option?

Lorentz reiste ab. Und kam wieder! Reiste erneut ab und machte schließlich, ein bisschen von meiner Unschlüssigkeit genervt, den Vorschlag, dass ich jetzt doch einmal nach Düsseldorf kommen solle, um die letzten Modalitäten zu klären und dieses Pokerspiel zu beenden. Irgendwie muss ich mir damals der Bedeutung des »Kom(m)ödchens« nicht bewusst gewesen sein, denn ich schlug nun kühn vor: »Wir treffen uns auf der Hälfte.«

»Ja, bitte wo?«

»Keine Ahnung. Limburg?«

»Und wo da?«

»Da gibts doch 'nen Dom.«

»Ja?«

»Na, vor dem Dom dann.«

Und so kam es, dass ich meinen ersten Vertrag mit dem Düsseldorfer »Kom(m)ödchen« auf den Domstufen zu Limburg unterschrieb.

Als ich dem Gießener Intendanten Dietrich Taube von meinen Plänen berichtete, sagte er: »Das ist aber schade – ich wollte in der nächsten Spielzeit den Puck im ›Sommernachtstraum‹ mit Ihnen besetzen.«

Oh! Das war wirklich schade, fand auch ich. Den Puck hätte ich schon wahnsinnig gerne mal gespielt.

PS: Zu bemerken bleibt noch, dass ich am »Kom(m)ödchen« Angelika Milster ersetzen sollte. Das war natürlich biologisch eine große Herausforderung für mich. Schon mit den hohen Tönen haperte es.

Aber wenigstens blieben so die Fensterscheiben heil.

Mein Kom(m)ödchen

Als ich 1977 Mitglied des Ensembles des Düsseldorfer »Kom(m)ödchens« wurde, wusste ich von der damals schon dreißigjährigen Geschichte dieses Kabarett-Etablissements nicht allzu viel. Nur so war auch mein saloppes Auftreten zu erklären, das ich Kay Lorentz bei seinen Bemühungen, mich für sein Haus zu engagieren, entgegengebracht hatte. Und noch heute schäme ich mich ein bisschen dafür, denn die Geschichte des »Kom(m)ödchens« ist groß und spannend. Sie trägt den Zauber jener bahnbrechenden Pioniertaten in sich, die Menschen dazu verleiten, im entscheidenden Augenblick das Richtige zu tun.

Solche Menschen waren Kay und Lore Lorentz.

Er, Student der Hochschule für Politik, sie, Studentin der Geschichte.

Nach dem weltzerstörenden Zweiten Weltkrieg entschieden sie sich nicht für die Option, Deutschland den Rücken zu kehren, auszuwandern, um in Übersee journalistisch zu arbeiten. Denn genau das hatten die beiden ursprünglich vor, nachdem sie sich in einer Vorlesung über »Publizistik in den USA« gefunden hatten.

Diesen Träumen dann doch nicht zu folgen, sondern in den Trümmern der Düsseldorfer Altstadt ein Kabarett-Theater zu gründen und dort dem destruktiven Geist der Vergangenheit die Stirn zu bieten, das war ihre Mission. Mit nichts in den Händen als dem puren Willen, mit gleichgesinnten Zeitgenossen und schreibenden und musizierenden Helfern – und einem enormen künstlerischen Anspruch.

»Positiv dagegen« hatten sie denn auch ihr erstes Programm genannt, immer mit dem Wissen im Kopf: »Wo der Deutsche hingrübelt, da wächst kein Gras mehr« – um Lore Lorentz zu zitieren.

Das alles bekam ich erst allmählich heraus, durch Erzählungen und Gespräche mit den beiden. Ich will hier nur kurz die hohe Zeit dieses ältesten deutschen Nachkriegskabaretts streifen: Erfolge schon in den ersten zehn Jahren bei unzähligen Gastspielen in Deutschland, der Schweiz sowie 1953 im Londoner Park Lane Theatre unter der Schirmherrschaft von Peter Ustinov oder 1961 das vierzehntägige Gastspiel in New York, wo sich die »Gesellschaft der Freunde des Kom(m)ödchens« gegründet hatte … und und und.

Aber ein Erlebnis aus diesen Zeiten hat mich doch nachhaltig beeindruckt: 1952, sieben Jahre nach dem Ende des Krieges, gastierte das »Kom(m)ödchen« in Den Haag. Lore Lorentz erzählte mir, dass die Begrüßung durch die holländische Presse niederschmetternd war. Auf uns habe man gerade noch gewartet, erzählte sie, wir sollten doch schleunigst unsere Requisiten wieder einpacken und nach Hause fahren. Aber während der Vorstellung sei das Eis dann schnell gebrochen, so Lore: »Die Holländer erlebten eben nicht die Sorte von Deutschen, die sich unheimlich ernst nehmen und nicht die geringste Selbstironie haben.«

Das »Kom(m)ödchen« verkörperte für die Gastgeber ein anderes Deutschland. Am Ende tosender Applaus. Und, wie bei den Niederländern üblich, Standing Ovations. Das kannten die Düsseldorfer bisher nicht.

Als die Kollegen nach der Vorstellung die Requisiten zusammenpackten, bemerkte Kay im Zuschauerraum eine Person. Verunsichert durch die ganze Gemengelage im Vorfeld des Gastspiels ging er vorsichtig auf sie zu. Ein hinkender Mann auf Krücken näherte sich und überreichte Kay eine Trillerpfeife und sagte, dass er ein ehemaliger KZ-Häftling sei und eigentlich vorgehabt habe, mit ebendieser Trillerpfeife gegen den Auftritt der Deutschen zu protestieren.

»Meinst du, so ein Geschenk könnte man vergessen?«, bemerkte Lore, »nie im Leben!«

Doch zurück zum Anfang. Am Beginn meiner neuen Ensembletätigkeit sprang ich nach der Sommerpause erst einmal in ein laufendendes Programm ein. Parallel dazu wurde aber schon über ein neues nachgedacht – das Los eines jeden Theaters. Was machen wir als Nächstes? Natürlich lagen die Themen sozusagen auf der Straße, einige davon schon eine ganze Weile. Wie der Umgang mit der Kernenergie oder dem Terror der RAF in Deutschlands »Bleierner Zeit«.

Doch auch über alte Probleme musste neu nachgedacht werden, denn die Mühlen der Politik mahlten langsam. Kay scharte also seine geübten »Kom(m)ödchen«-Autoren um sich, und weil ich neu im Ensemble war, bat er mich ebenfalls zu einem dieser Treffen. Die Schreiber sollten mich kennenlernen, und vielleicht erwartete er auch einen frischen Impuls von mir, denn die Hausautoren waren allesamt wesentlich älter als ich und – das kam für mich erschwerend hinzu – alles Akademiker.

So trafen sich auf dem Topdeck des Hamburger Interconti-Hotels neben Kay Dr. Martin Morlock, Dr. Wolfgang Franke, Dr. Eckart Hachfeld und meine Wenigkeit. Als Nichtakademiker hatte ich bei diesem ersten Zusammensein – heute nennt man es wohl Brainstorming – keinen leichten Stand. Besonders Martin Morlock, der oft mit Erich Kästner verglichen wurde, kommentiert meine Einlassungen gelegentlich leicht pikiert.

Morlock war ein glänzender Schreiber. Er beherrschte alle Versmaße perfekt, kein Komma zu viel, keine Auslassung zu wenig, der Rhythmus stimmte – es war eine große Freude, mit seinen Texten zu arbeiten. Er konnte mit der deutschen Sprache in all ihren Facetten umgehen, hatte einen hehren Anspruch und schrieb hauptsächlich die Chansons für Lore.

Wenn es zu komisch wurde oder gar nach Klamauk roch, schien er bisweilen Angst zu haben, dass man ihn nicht ernst genug nahm. Dabei hatte er für das Komische ein feines Händchen. Sein »Selbstbedienungskrankenhaus«, ein Sketch über die Kostenminderung im Gesundheitswesen, war ein »Kom(m)ödchen«-Klassiker.

Wolfgang Franke war ebenfalls ein hervorragender Texter. So introvertiert er sein konnte, so subtil war sein Humor. Er kam auf die absurdesten Ideen, wenn es darum ging, den politischen Irrsinn des Alltags zu beschreiben. Das Thema Kernenergie verpackte er z. B. satirisch in der Parabel »Die Eiweißlücke«. Dabei schlug er die dringende Schließung der Ernährungslücke in Deutschland durch eine verstärkte Züchtung des Knollenblätterpilzes vor.

Der Einwurf, dass dieser doch extrem giftig sei, wurde lapidar beiseite gewischt.

»Das kriegen wir in Griff. Die Menschheit hat noch alles in den Griff gekriegt!«

Am meisten in dieser Runde mochte ich Ecki Hachfeld. Ein warmherziger witziger Typ, dessen Bildung mich nicht permanent auf Distanz hielt. Einem großen Publikum war er durch seine Kolumne »Amadeus geht durchs Land« im »Stern« bekannt geworden.

Unabhängig von diesen Köpfen hatte Kay sein Ohr aber auch bei anderen Zeitgenossen, die ihm für ein Thema relevant erschienen, wenn er Reflexionen über die Launen der Politik hören wollte. Das konnte ein Staatsanwalt sein, aber auch ein Taxifahrer.

Zum »Kom(m)ödchen« stieß später dann noch Michail Krausnick – auch er promoviert. Ein ruhiger, sensibler Schreiber, der sich nicht auf den Marktplatz stellte, um seine Meinung kundzutun. Als Streiter für Toleranz kümmerte er sich um das kritische Geschichtsbewusstsein gegenüber Minderheiten in Zeiten der Bedrängnis. Seine schriftstellerische Arbeit war äußerst vielfältig. Zudem hatte er ein Faible für Satire.

Ihn sprach ich besonders gerne an, wenn es um meine eigenen Programme ging. Ich hatte früh erkannt, dass er gut zu meiner Mannschaft passen würde. Irgendwie hatte ich von Kay gelernt, wie man es anstellt, kluge Leute für ein Projekt zu bündeln.

Dem neuen Programm »Saldo rückwärts« lag die Idee zugrunde, das Programm von hinten zu beginnen, in diesem Fall mit einem »Schlusslied«. Man sieht die Rückseite der Bühne, und die Darsteller unterhalten sich jetzt scheinbar privat über die soeben abgelieferte Vorstellung.

Da taucht ein Zuschauer aus dem Publikum auf, der Verständnisschwierigkeiten mit dem Programm vorgibt und deshalb einige Fragen hat. Eigentlich wähnte er sich den ganzen Abend in der Komödie, wo normalerweise leichte und schon gar nicht politische Kost geboten wird. Jetzt ist er hochgradig irritiert, und das Ensemble sieht sich genötigt, ihm das eine oder andere zur Erklärung nochmals vorzuspielen. Titel: »Saldo rückwärts«. Ein origineller dramaturgischer Kunstgriff.

Der Kollege Helmut Kosiarka spielte dabei einen wunderbar einfältigen Zuschauer, der unaufdringlich jene sprichwörtliche »Stammtischhaltung« verkörperte, an der sich Satiriker reiben können. Neben Lore Lorentz mit von der Partie: Jochen Busse, Heinrich Hambitzer und ich. So kamen wir vom Hölzchen aufs Stöckchen, reflektierten das Bild vom »hässlichen Deutschen«, die Herausforderung der Kernkraft (Eiweißlücke), den Terrorismus, Hitler-Boom und Lauschangriff. Alles fast ewige Themen, wenn man das Heute betrachtet.

Ein inhaltlicher Patzer im Programm führte mich damals zu einer spannenden Begegnung mit dem Staatsanwalt des dritten Majdanek-Prozesses, Dieter Ambach, und seiner Familie. Besagter Prozess fand unweit unseres Theaters am Landgericht Düsseldorf statt.

Im Vernichtungslager Majdanek wurden über 250 000 Menschen, Männer, Frauen und Kinder, durch Nazischergen ermordet. In unserem Programm kam es jedoch in diesem Zusammenhang zu einem peinlichen Versprecher. Statt des Verteidigers Dr. Hermann Stolting wurde auf der Bühne der Vorsitzende des Majdanek-Prozesses, Günter Bogen, beschuldigt, während des Zweiten Weltkrieges an einem Todesurteil gegen einen Polen mitgewirkt zu haben, der einem SS-Mann das Fahrrad gestohlen hatte.

Der Theaterbesucher Ambach wies uns sofort auf diese Verwechslung hin und bewahrte so das Haus vor unangenehmen Folgen. Durch die spätere Freundschaft mit ihm erfuhr ich eine Menge über die Grausamkeiten, die sich im Vernichtungslager Majdanek abgespielt hatten, und ich erlebte einen großartigen Menschen, an dem dieser längste Nachkriegsprozess noch nach Jahren unendlich nagte.

In der Mitte der Spielzeit sprang Renate Küster für Lore Lorentz ein, die in der gegenüberliegenden Deutschen Oper am Rhein die »Öffentliche Meinung« in der »Schönen Helena« von Jaques Offenbach interpretierte.

Die »Kom(m)ödchen«-Bühne in der Kunsthalle wurde aber nicht kalt. Wir spielten dort täglich außer montags. Samstags sogar zwei Vorstellungen. Das war nicht unanstrengend. Kam man dann endlich kurz vor Mitternacht aus dem Theater, empfing einen lautes Treiben an Düsseldorfs längster Theke, der Altstadt. Eigentlich war da immer was los, aber an den Wochenenden war es eher unangenehm, durch die engen Sträßchen zu flanieren. Überall drang Musik aus den Kneipen, und ein Hauch von Ballermann lag in der Luft. Besonders in den warmen Jahreszeiten, wenn sich alkoholisierte Wochenendtouristen durch die Gassen wälzten und sich dabei Pizzafladen in den Mund schoben. Dann war es besser, das Weite zu suchen.

Eigentlich ist die Altstadt, am Rhein gelegen, recht hübsch. Morgens, um 9 Uhr, wenn die Wirte vor ihrem Lokal die Tische richten und Bierwagen das obligatorische Düsseldorfer Altbier anliefern, ist ein Bummel durch das kleine Straßenlabyrinth durchaus lohnenswert.

Sonntags gingen wir regelmäßig auf Gastspielfahrt. Dann spielten wir unser Programm in irgendeinem Ort in Nordrhein-Westfalen. Und NRW ist groß. Wir traten in Duisburg, Essen, Dortmund oder Münster auf, aber auch in kleineren Orten wie Hückeswagen oder Sprockhövel. Namen, die ich noch nie gehört hatte. So lernte ich im Laufe der Jahre auch das Ruhrgebiet kennen. Problematisch wurde es, wenn ich gelegentlich mit dem eigenen Wagen fuhr. Viele Autobahnen kreuzen die Region mit ihren 16 Millionen Einwohnern, und überall sind Schilder angebracht, die nach Dortmund, Oberhausen, Köln und Krefeld weisen. Anfänglich verfuhr ich mich oft auf dem nächtlichen Nachhauseweg und war genervt, weil nirgendwo ein Schild die Route nach Düsseldorf anzeigte.

Köln als die größte Stadt in NRW hatte es nämlich nie verwunden, dass Düsseldorf nach dem Krieg Landeshauptstadt wurde. Da das Straßenverkehrsamt aber nach Köln verlagert wurde, rächte man sich dort auf infantile Weise. Wenn man aus Köln, wo ich die längste Zeit meines Lebens verbrachte, mit dem Auto nach Düsseldorf fahren wollte, hatten es Ortsunkundige schwer, sich zu orientieren. Denn auf den Straßenschildern stehen die Namen praktisch aller größeren Städte im Land, aber nicht der Name der Landeshauptstadt.

Diese Art von Hassliebe zwischen den beiden Städten kultiviert man bis heute. Etwas penetranter seitens der Kölner, wie ich immer wieder feststellte.

Wenn ich mit eigenem Programm in Düsseldorf und Köln spielte, wurde ich auf den vorbereitenden Pressekonferenzen oft aufgefordert, etwas Negatives über die andere Stadt zu sagen.

Ich fand solche Fragen immer äußerst albern und argumentierte, dass ich als Nichtrheinländer das jeweilige Publikum immer zu schätzen gewusst habe.

Dennoch liebt auch das Kabarettpublikum derlei Anspielungen auf die andere Stadt immer wieder aufs Neue. Tja, warum ist es am Rhein so schön?

In meiner neuen Wahlheimat Düsseldorf fremdelte ich in den ersten Jahren etwas. Nicht wissend, wie es sich mit den Wohnhotspots in dieser Stadt verhält, fand ich zunächst in Oberkassel meine erste Wohnung. Das war reiner Zufall. In Düsseldorf prägten Werbung und Mode für mich das Erscheinungsbild. In der Nachbarschaft Herr Staatssekretär und Frau Prokuristin. Die Menschen auffallend modisch angezogen. Elegant, manchmal etwas aufgesetzt. Meine Freundin Gitte Haenning, die damals in Hamburg lebte, sagte einmal: »In Hamburg kommt die Frau mit dem Pelz daher. Auf der Kö in Düsseldorf ist es umgekehrt!«

Wenn ich in meiner Nachbarschaft Kneipen aufsuchte, die meinem damaligen Lebensgefühl entsprachen, wirkte die dort zelebrierte Lässigkeit auf mich oft aufgesetzt. Wie die Jeans mit Löchern, die die Mode irgendwann kreierte. Die scheinbar gelebten Hosen waren halt nicht wirklich gelebt.

Das Design der Stadt und ihrer modebewussten Menschen unterschied sich völlig von der nur knapp 40 Kilometer entfernt gelegen Stadt Köln. Deren Bewohner grenzten sich vom »Schreibtisch des Ruhrgebiets«, wie man im Rest des Landes über die Metropole gern spöttelte, für mich damals wohltuend ab.

Meinem damaligen Empfinden nach menschelte es für mich mehr in dieser alten Römerstadt, weshalb ich schlussendlich auch nach sieben Jahren Düsseldorf dorthin zog.

Heute, da ich beide Städte gut kenne, hat sich die Landeshauptstadt für mich sowohl mit ihrer Architektur wie auch mit ihrem Kunstbetrieb äußerst positiv entwickelt, und ich empfinde die kreative Entfaltung von Düsseldorf als wohltuend spannend.

Köln aber hat seinen Dom. Gott sei Dank. Denn was sollten die Kölner sonst auch besingen? Die vielen anderen sehr alten Gotteshäuser sind allerdings auch nicht zu verachten. Die alten engen Stadtviertel. Der sprichwörtliche unehrgeizige kölsche Trott der Stadt, wo der Karneval – ganzjährig – alle kulturellen Ereignisse überlagert.

Das »Kom(m)ödchen« jedenfalls – so munkelt man – hätte dort nicht überleben können. Dafür aber lange Jahre das Millowitsch-Theater. Beide Städte haben eine große Zeit meines Lebens geprägt, und es war beileibe nicht die schlechteste.

Von Lore Lorentz habe ich unwahrscheinlich viel gelernt. Ihr Markenzeichen war ein scheinbar privater Ton auf der Bühne. Kein Draufdrücken, sondern Florett. Pointe fallen lassen. Gepflegter Dialog. Dabei kam es bei den Proben schon manchmal vor, dass Lore den Programmtext verließ, um etwas Privates zu erzählen, das ihr gerade eingefallen war. Ich suchte dann völlig irritiert in meinem Textbuch nach der entsprechenden Stelle und fand nicht, was sie da gerade erzählte. Bis bei mir der Groschen fiel.

Lore konnte die Texte, die man ihr quasi in den Mund hineingeschrieben hatte, so zu ihrer eigenen Sache machen, dass man das Gefühl hatte, diese Gedanken entstehen bei ihr in demselben Augenblick, in dem sie ausgesprochen werden. Das blieb zeitlebens ihre große Begabung und ihre große Kunst.

Sie war immer Dame und hatte das Talent, einen Text im Brecht'schen Sinne leicht verfremdet mit einem Draufblick zu spielen. So war sie auch im persönlichen Umgang. Kumpelhaftes Schulterschlagen und verbrüdernde Umarmung waren ihre Sache nicht.

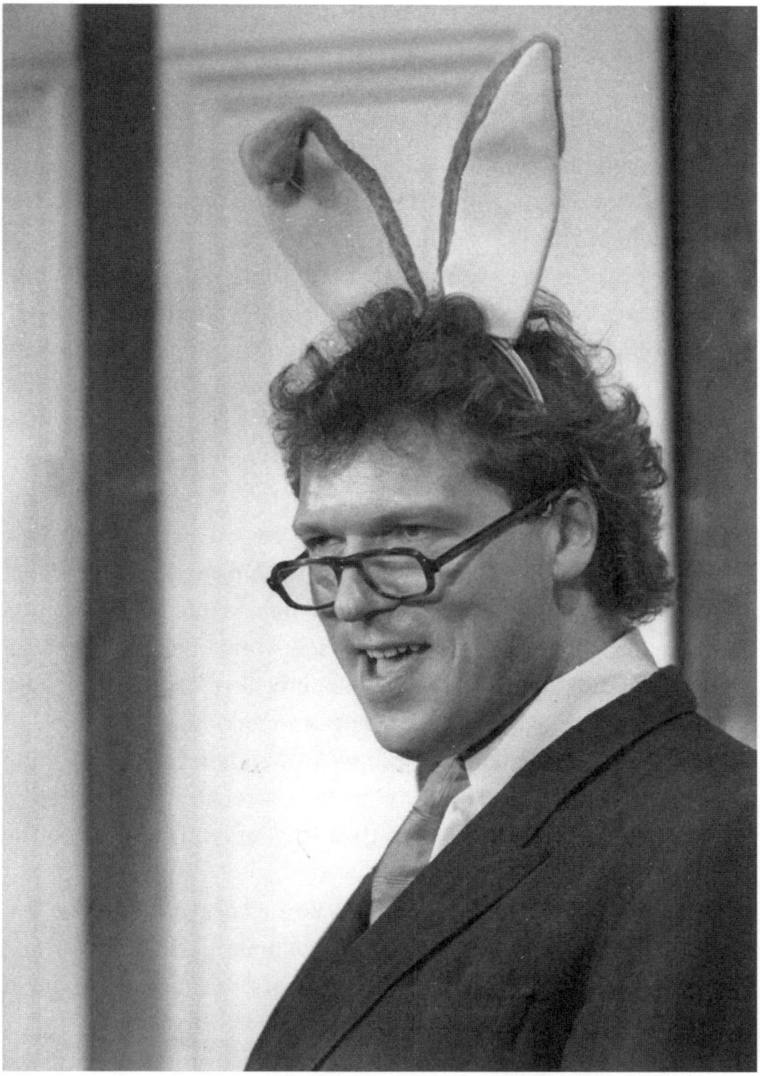

»Elegant, manchmal etwas aufgesetzt«, Foto: Jürgen Christ

Wenn man sie dann besser kannte, konnte ein inniger Händedruck durchaus als Umarmung interpretiert werden. Ich lernte allmählich mit ihr umzugehen und kam als einer, dem die barockeren Umgangsformen eigentlich näherliegen, gut mit ihr zurecht.

Auf neugierige Fragen Außenstehender, wie sie denn so sei, die Lorentz, dämpfte ich deren Wissbegier gelegentlich mit der Antwort: »Ungewöhnlichen Leuten billige ich ungewöhnliche Macken zu.«

In den folgenden Jahren spielten wir zahlreiche Programme mit wechselnden Ensemblemitgliedern wie Erwin Steinhauer, Mariele Millowitsch, Michael Quast und Harald Schmidt.

Letzteren hatte Kay am Theater in Augsburg aufgegabelt. Dieser lange schlaksige Typ war ungewöhnlich. Brav reihte er sich zunächst in das Spiel ein. Aber hinter den Kulissen fiel er schon bald durch seine Sprüche auf. Wenn wir uns in der Spielpause im Fernsehraum versammelten, konnte es passieren, dass er das Geschehen in der Glotze plötzlich aus dem Hinterhalt kommentierte, dass wir alle vor Lachen förmlich zusammenbrachen.

Harald Schmidts Sprüche wurden von Tag zu Tag sarkastischer, und da ich mich mit ihm inzwischen ein wenig angefreundet hatte, empfahl ich ihm, dem Kay doch einfach mal ein paar Texte von ihm zu geben. Er war erst skeptisch, da er sehr wohl den honorigen Autorenstamm des »Kom(m)ödchens« kannte, aber Kay, neugierig auf alles Neue, zeigte sich zu seiner Überraschung offen.

Harald, als Akteur auf der Bühne nicht überragend, erkannte schon bald seine Begabung für eine Art Unterhaltung, die eher zu einem anderen Medium passte – dem Fernsehen. Und so ist es bei ihm ja dann auch gekommen.

Mit keiner Kollegin konnte ich so schön albern sein wie mit Mariele Millowitsch. Sie war und ist eine wunderbare Kollegin, und wir schenkten uns hinter den Kulissen nichts, wenn es darum ging, den anderen reinzulegen.

War sie draußen auf der Bühne, verbarrikadierte ich mit allem, was ich auf der Hinterbühne finden konnte, ihre Garderobentür, sodass sie immer alles wegräumen musste, um sich Zutritt zu verschaffen. Genauso überraschte sie mich dann mit allerlei Krempel vor meiner Garderobe.

Unser seriöses Spiel auf der Bühne blieb davon natürlich unberührt. Es wäre zu so kindischen Spielchen natürlich auch nicht gekommen, wenn in »Die Sache Mensch«, wie unser damaliges Programm hieß, die Prinzipalin mitgespielt hätte.

Lore hatte für solchei Albernheiten nichts übrig, das war uns klar. Aber sie lockerten den Alltag des Ensuite-Spielens auf. Nicht umsonst sagt man Schauspielern nach, dass sie in ihrem Beruf auch ihre Kindheit mit ins Erwachsensein hinüberretten.

Das Oeuvre der kleinen Literaten-, Maler- und Schauspielerbühne, wie sich das »Kom(m)ödchen« seit seinen Anfängen nannte, spiegelte in seiner Themenvielfalt das wechselvolle Auf und Ab der deutschen Nachkriegsgeschichte wider. Und wenn man sich die Programme vor Augen führt, ist manches erschreckend tagesaktuell geblieben.

Wir schreiben zum Beispiel das Jahr 1981. In einem Bunker treffen sich zwei Leute zu einem Überlebenstrainingskurs. Obwohl sich kriegerische Auseinandersetzungen normalerweise nicht an die Arbeitszeiten des größten Teils der Bevölkerung gebunden fühlen, finden diese Übungen nur an Wochenenden oder nach Dienstschluss statt. Das ist etwa so wie die Zeitung, die man sich bei einem Atomangriff über den Kopf halten soll. Es ist ein Spiel mit dem Feuer, und der Ernstfall kommt in der Regel überraschend.

Wir haben Nachrüstungszeit. Der Nato-Doppelbeschluss hat die Menschen zu Tausenden auf die Straße gebracht, und die Friedensbewegung bekommt enormen Zulauf. Das deutsche Volk ist ein gebranntes Kind, weil es um den Krieg weiß und zurecht fürchtet, dass Deutschland bei einer atomaren Auseinandersetzung zwischen den Blöcken primärer Kriegsschauplatz wäre.

Einer der beiden Leute in diesem Überlebensbunker ist die Kabarettistin Lore Lorentz, von der jeder weiß, dass sie fernab ihres Berufes mit dem Krieg schon ihre Erfahrungen gemacht hat. Die zweite Person spiele ich, der bis heuer nur den Frieden kannte. Den Frieden in Deutschland wohlgemerkt, denn woanders auf der Welt gibt es seit 1945 auch keinen Frieden. Und weil wir nicht genau wissen können, was kommt, nennen wir das Szenario »Ende offen«.

Als Kay mich gefragt hatte, ob ich mir vorstellen könne, mit Lore allein ein sogenanntes Duo-Programm zu spielen, fühlte ich mich zunächst geehrt, weil so ein Format im »Kom(m)ödchen« bisher nicht üblich war. Normalerweise präsentierten wir immer ein Ensemble-Programm. Wir nannten das »Ringelpiez mit Anfassen«, bei dem Lore der Star war. So war es. Natürlich fragte ich mich, ob ich neben einer so starken Frau bestehen könne oder nur Stichwortgeber sei. Auch unkten manche aus dem Kollegenkreis und andere, die Lore und auch den Betrieb näher kannten, dass so etwas schiefgehen müsse.

Zum besseren Verständnis solcher Befindlichkeiten unserer Berufsgattung eine kleine Aufklärung über die Vor- und Nachteile des Solo- und Ensemblespiels:

Ensemble

1. weniger Text (bei Texthängern ist grundsätzlich der jeweilige Partner schuld)
2. Satzgesang ist möglich (wird aber nie von allen Mitspielern beherzigt)
3. zur Festlegung der Applausordnung sollte man tunlichst vorher mit dem/der Regisseur/in geschlafen haben

Solo

1. mehr Text = mehr Ruhm
2. alle Pointen bleiben im eigenen Hoheitsgebiet
3. bei Texthängern schaut man einfach im Textbuch nach
4. niemand sondert falsche Töne ab
5. der Schlussapplaus sowie die Gage müssen nicht geteilt werden

Natürlich nahm ich die Herausforderung an. Und es war eine Freude, mit Lore zu proben. Die Autoren hatten ihr kongeniale Chansons geschrieben, wir hatten herrliche Spielszenen über ein mögliches Ost-West-Abrüstungsprozedere, als schwäbischer Einzelhändler philosophierte ich hinterfotzig über die Frage, woher die Demonstranten eigentlich die Zeit zu demonstrieren nähmen. Ich würde ja auch gerne protestieren, bloß wann? Die Gesundheitspolitik, Kindergeld für Ausländer, Lore, als Türkin verschleiert, am Schalter bei der AOK …

Es lief gut mit uns, weil wir respektvoll miteinander gearbeitet haben. Wir haben uns wegen unseres Umgangs miteinander nie absprechen müssen. Wir wussten einfach, dass es nur so funktionieren konnte.

Dieses Programm, das fast zwei Jahre ausverkauft lief, gehörte mit zu den Höhepunkten meiner »Kom(m)ödchen«-Zeit.

Bis heute bin ich dem »Kom(m)ödchen« aufs Tiefste verbunden. Fast alle Premieren meiner späteren Soloprogramme haben dort stattgefunden. Mit Kay Sebastian Lorentz, dem Sohn von Kay und Lore, der das Theater heute sehr erfolgreich leitet, bin ich eng befreundet. Zusammen mit seinem heutigen Ensemble hat er dieses Haus auf großartige Weise als Hotspot der Stadt Düsseldorf erhalten.

Strauß – und Kabarett im Kleinen Haus

Zu meiner großen Freude war Rufus Wagner, mein alter Oberspielleiter aus Gießen, jetzt in derselben Position am Theater in Krefeld tätig. Die Nähe zu Düsseldorf trieb ihn natürlich auch immer wieder ins »Kom(m)ödchen«, das er sehr verehrte. Und so sahen wir uns oft.

Da Lore für 1980 ein Soloprogramm vorhatte, ergab sich für das Ensemble ein Zeitfenster. Dieses wollte ich nutzen, um mein drittes Bühnensolo zu starten. Allerdings nicht mehr ganz im Alleingang, denn damit hatte ich so meine Erfahrungen gesammelt.

Als ich damals – im Sommer 78 – auf die Idee kam, unter dem Titel »Pfui – da steht er!« einen Struwwelpeter für Erwachsene zu schreiben, fragte mich mein Chef Kay Lorentz etwas argwöhnisch, wieso ich denn jetzt im Sommer, wo alle in den Ferien seien, ein Programm machen wolle.

Im Vorfeld hatte ich ihn gefragt, ob ich meinen Struwwelpeter in seinem Haus rausbringen könne, was er verneinte. Kay kaufte nichts unbesehen. Da ich dieses Programm unbedingt machen wollte, fragte ich Gerhard Woyda in Stuttgart, ob ich die Premiere bei ihm stattfinden lassen könne. Er wollte.

Meine Intention mit dem »Struwwelpeter«, meinem zweiten Bühnensolo, war, all denen Mut zu machen, die gegen das Establishment aufstehen und für eine bessere Welt kämpfen. So hehr, so schön. Nur braucht es dazu gute Texte. Voller Tatendrang und Elan ging ich ans Werk. Sollten doch die anderen in ihrem Urlaub am Strand grillen – ich war produktiv!

Wie schwer es ist, eine leere Seite mit guten Texten zu füllen, habe ich auch beim Schreiben dieses Buches gespürt. Damals jedenfalls setzte ich mich in Backnang in die Gartenlaube meiner Eltern und hackte in die Schreibmaschine drauflos. Ich schrieb und schrieb, die Seiten füllten sich: Ich war glücklich.

Aber das Ganze musste jetzt aber auch gelernt und gespielt werden. Der Premierentermin rückte immer näher, die Zeit zerrann mir zwischen den Fingern. Beim Schreiben war mir alles klar, wie ich das spielen sollte. Zeit für Proben hatte ich ja nicht, aber auch keine Zeit, meine Texte zu lernen.

Ich glaube, es gibt keinen Darsteller, der gerne Text lernt. Ich habe mich damit bis heute immer schwergetan. Was tun? Ich hatte zudem ja auch noch Liedtexte geschrieben, die Jörg Rieger vertont hatte, und mit der Band musste auch geprobt werden.

Dann das Bühnenbild. Hier hatte ich mir einen besonderen Knüller ausgedacht. Eine über die gesamte Bühnenbreite gespannte Stoffwand, die als Mauer bemalt war, sollte von mir zu Beginn des Programms mit einem einzigen Karateschlag durchgehauen werden, sodass der »Struwwelpeter« plötzlich auf der freien Bühne stand. Besagte Mauer, die auseinanderfliegen sollte, war links und rechts mit starken Gummibändern verstrebt, damit der gewünschte Effekt erzielt wurde.

Meine halb gelernten Texte hatte ich, für den Zuschauer nicht sichtbar, überall auf der Bühne in großen Lettern hingeklebt. So weit, so gut.

Die Premiere begann mit dramatischer Musik. Ich stand hinter meiner Mauer und bemerkte plötzlich, dass ich vergessen hatte, sie für den wirkungsvollen Durchschlag zu präparieren. Noch fünf Takte Musik. Zu meiner Rettung sah ich mein Fleischermesser, das auf der Bühne für eine Spielnummer ganz anderer Art bereit lag. Ich nahm es, Takt fünf ertönt, und ich zerschlug mit dem Messer die Mauer. Die Wand flog auseinander, und ich stand plötzlich vor dem erschrockenen Publikum. Aber wo war das Messer geblieben? Wohl verwahrt steckte es in meinem rechten Oberschenkel.

Durch den Adrenalinschub der Premiere empfand ich keinen Schmerz und fing zu spielen an. Irgendwann spürte ich, wie warmes Blut mir am Bein herunterlief. Ich ignorierte es, so gut ich konnte, und hielt bis zur Pause durch.

Dann wurde ich verarztet und spielte weiter. Die Premiere war ein Erfolg, und sicher spielte auch der Mitleidsbonus ob meiner klaffenden Oberschenkelwunde eine gewisse Rolle. Obwohl die Kritik nicht schlecht ausfiel, schwor ich mir, nie wieder so unvorbereitet in ein Programm zu gehen.

Daher fragte ich jetzt also den erfahrenen Rufus, ob er bereit wäre, nun dieses dritte Bühnensolo mit mir zu konzipieren und auch Regie zu führen.

Uns verband sofort ein Politiker, der quasi der Aufhänger zu diesem Programm sein sollte. Franz Josef Strauß.

Dieser hatte plötzlich festgestellt, dass der Posten des Bayerischen Ministerpräsidenten für ihn zu klein und er der einzig wahre und richtige Bundeskanzler sei. Worauf sich schon die halbe Nation gefreut hatte!

Rufus und ich waren uns einig: Das musste verhindert werden!

Ich möchte keinen Hehl daraus machen, dass ich Strauß eigentlich mochte. Natürlich nur als spannende Vorlage in seiner Eigenschaft als Regierungschef im fernen Bayern, wo die Kuhglocken sowieso anders ticken. Aus der Distanz war Strauß für mich auf der Bühne parodistisch eine geradezu riesige Fundgrube.

Ich konnte für mein neues Programm noch den jungen Autor Detlef Wolters zur Mitarbeit bewegen, den ich durch die Arbeit am »Kom(m)ödchen« kennengelernt hatte.

Bezüglich des Grundkonzepts fiel mir eine Geschichte ein, die Rufus vor einigen Jahren als Schauspieler passiert war. Er hatte damals irgendwo in einer Stadthalle mit zwei Sälen mit einem Theaterstück im kleinen Saal gastiert, während der große FJS zeitgleich im großen Saal eine Rede hielt. Mitten in der Vorstellung des Theaterstücks gingen auf einmal alle Scheinwerfer aus. Die Sicherung war rausgeflogen. Nicht die von Franz Josef Strauß, sondern die der Stadthalle. Da die beiden Säle räumlich nah beieinander lagen, hatte der Bauherr einen Sicherungskasten für beide Säle als ausreichend empfunden. Dieser Kasten befand sich natürlich drüben beim großen Vorsitzenden.

Also musste von der Theatertruppe jemand rüberschleichen, um die Sicherung wieder reinzudrücken. Es ist nicht überliefert, ob es an der Wortgewalt des bajuwarischen Ministerpräsidenten lag, dass sie an diesem Abend mehrfach durchknallte.

Mir gefiel diese Geschichte so sehr, dass ich sie zur Grundidee für mein neues Programm machte: »Strauß – und Kabarett im Kleinen Haus«. Mehr noch: Strauß liest im Großen Haus Schiller, während im Kleinen Haus der Kabarettist Thomas Freitag gastiert.

Der Abend für die Kabarettzuschauer spielte natürlich in nur einem Zuschauerraum, also dem Großen Haus, bei dem sie dazu verdonnert waren, das »Strauß-Publikum« zu spielen. Das Gastspiel mit Thomas Freitag im sogenannten Kleinen Haus wurde nur behauptet, war also fiktiv.

Da der Kanzlerkandidat landauf, landab eine beliebte Zielscheibe der deutschen Satiriker war, lag es uns fern, jetzt zwei Stunden nur auf ihm rumzuhacken. Schließlich gab es in jener Zeit genug andere Themen, die das Land beschäftigten. Wir suchten nach einer eleganten Form, in der sich der Kandidat selbst decouvrieren sollte. Hier gab Jörg Rieger einen guten Tipp: Walter Jens. Der herausragende Literaturwissenschaftler und Autor könnte für uns sicher jene charakteristischen Textpassagen aus Schillers Werken ausfindig machen, die auf Straußens spezifische politische Situation im Ringen mit Helmut Schmidt um die Kanzlerschaft zuträfen.

Ich reiste also zu Jens nach Tübingen und unterbreitete unsere Idee. Politisch waren wir auf gleicher Wellenlänge, und so traf ich auf offene Ohren dieses Streitkämpfers für das Gute und Wahre, und er versprach, unser Projekt zu unterstützen.

Ich war stolz, diesen wunderbar eigenwilligen Menschen und seine Frau Inge in meinen jungen Jahren kennenlernen zu dürfen. Er hatte auch einen grandiosen Vorschlag: Was könnte für unser Vorhaben besser passen als »Maria Stuart«, das Königinnen-Drama? Und er sagte zu, die entsprechenden Passagen alsbald zu schicken.

Rufus verfügte als erfahrener Theatermann natürlich auch über ein ausgesprochen feines dramaturgisches Händchen. Das war wichtig, um die Fiktion dieser »Doppelveranstaltung« auch in seiner Eigenschaft als Texter zu etablieren. So musste ich in viele Rollen schlüpfen, die zusätzlich durch Kostümwechsel und unterschiedliche Dialekte unterstützt wurden. Schweißtreibend – wie ich mich erinnere.

Der Abend hat noch nicht angefangen, da vernimmt das Publikum lautes Geschrei aus dem Foyer.

Ein Gärtner mit hochrotem Kopf betritt mit einem Lebensbaum im Arm den Saal. Er hatte irrtümlich die Bühne des Kabarettisten im Kleinen Haus mit seinen Pflanzen dekoriert und war daraufhin entsprechend zusammengestaucht worden. Jetzt fängt er an, die Bühne für die Strauß-Lesung zu dekorieren. Sein Versehen ist ihm hochnotpeinlich, da er ja eigentlich mit so einem politischen Typen wie diesem Kabarettisten nichts zu tun haben will. Deshalb ist er auch für Strauß, weil der einfach sagt, was er denkt. Auch er, der Gärtner, äußert sich im Verlauf seiner Arbeit auf der Bühne darüber, was er so denkt.

Nun geht zum ersten Mal das Licht aus.

Im Dunkeln betritt jetzt ein Hausmeister die Bühne und versucht sich am Sicherungskasten. Das Licht geht wieder an. Da der Mann auch für die Übertragungsanlage zuständig ist, plaudert er aus dem Nähkästchen, wer hier schon alles gesprochen und gespielt hat und was dabei so passiert ist. Bevor er abgeht, informiert er das Publikum darüber, dass für den Fall eines Blackouts Kerzen bereit liegen.

An der Bühnenseite erscheint jetzt vorsichtig Thomas Freitag und lugt ins Publikum. Er hält einen großen Wohnungstürrahmen in den Händen. Die Türfläche selbst ist mit einer Gaze versehen, sodass man durchschauen kann. Freitag entschuldigt sich für sein Eindringen und teilt dem Publikum mit, dass drüben im Kleinen Haus jetzt gleich seine Vorstellung beginnt. Er wolle nur mal sehen, wie seine Fans (die von Strauß natürlich) so von Nahem aussehen. Und spielt dabei dem Publikum eine Szene vor, die er gleich drüben spielen wird.

Es handelt sich dabei um das Schicksal einer Haustür eines besetzten Hauses in Berlin. Die Tür leidet an Verfolgungswahn, weil sie immerzu eingetreten wird. Wenn sie Stiefelschritte hört, be-

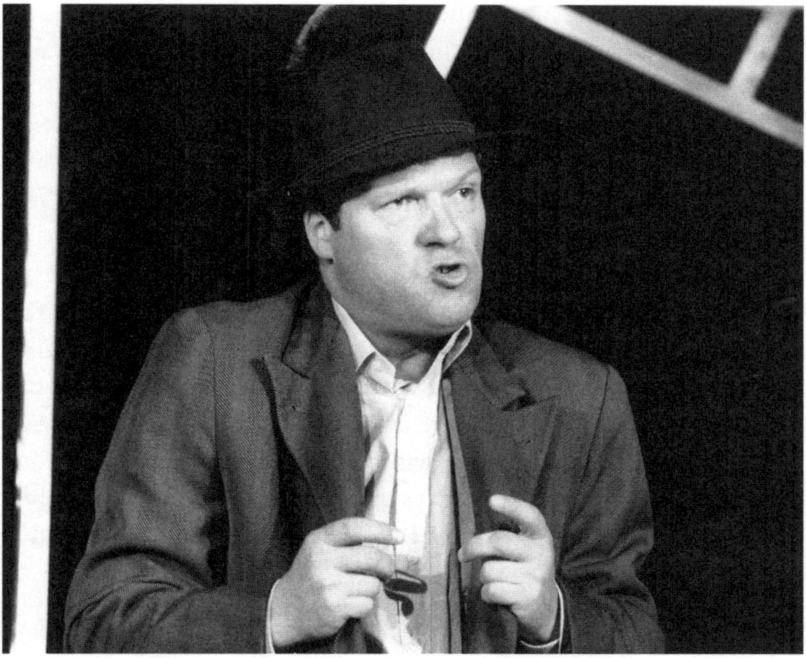

Herr Doktor Strauß persönlich, Foto: Monika Melchert

kommt sie schon das große Zittern. Das erste Mal sei sie im Dritten Reich eingetreten worden. Danach seien die Hausbesetzer gekommen und danach die Polizei. Furchtbar.

Freitag verlässt jetzt wieder die Bühne, weil im Kleinen Haus gleich seine Vorstellung beginnt.

Der bayerische Kultusminister Maier tritt nun auf und hält unter dem Motto »Dem Guten, Wahren und Schönen« eine Laudatio auf den gleich zu erwartenden Protagonisten und erklärt den Anwesenden, warum Strauß und Schiller so gut zusammenpassen.

Dann erscheint der Kandidat selbst und liest, nicht ohne das Publikum vorher in seiner unnachahmlichen Art auf den Ernst der Lage hingewiesen zu haben.

Das Licht geht aus.

Tumult.

Strauß ruft nach seiner Schrotflinte.

Maier: »Ich habe sie hier in der Aktentasche, Herr Dr. Strauß.«

Strauß unwirsch: »Doch nicht die, Sie Depp, die abgesägte! Ich geh jetzt rüber zu diesem Freitag, um mir eine Kerze zu holen.«

Maier warnt noch: »Vorsicht Stufe, Herr Dr. Strauß!«

»Ach, halten Sie doch Ihren Mund!«

Eine Bühnentür fällt ins Schloss.

Stille.

Friedrich Schiller, den es aus dem Grab gerissen hat, erscheint als Geist und verwahrt sich mit großem Pathos in einer politischen Rede gegen seine Vereinnahmung durch solche Zeitgenossen.

Strauß, der sich seinerzeit im Dauerwahlkampfmodus befand, hatte sich denn auch immer wieder zu Diffamierungen seiner Gegner hinreißen lassen. So kam es im Gefecht auch zu seiner berühmten Beschimpfung von Künstlern und Intellektuellen als »Ratten und Schmeißfliegen«.

Jetzt kontert Schiller am Schluss seines Protestpamphlets souverän:

»Wenn Ihr mich ehren wollt,
schenkt mir einen Titel.
Es muss doch einer zu finden sein
in Brehms Tierleben.
Wenn nicht, greift auf Bewährtes zurück.
Was einem Gott gut genug war,
kann mir nicht zur Unehre gereichen.
Jupiter erschien Eurydike als Fliege!«

Und unter den Klängen von Jaques Offenbachs »Orpheus in der Unterwelt« entschwindet der Dichter, wie er gekommen war.

Nach der Pause tritt Thomas Freitag wieder auf und kündigt an, dass er sein Programm nun hier im Großen Haus weiterspielt, da ihm Herr Dr. Strauß quasi Asyl gewährt hat, auf seiner Bühne zu agieren. Er selbst knöpft sich nun das Publikum des Kabarettisten vor. Ein Kinderspiel für ihn. Der Abend geht ohne weitere Pannen zu Ende.

Ein paar Tage nach der Premiere später saß ich im »Kom(m)ödchen« in meiner Garderobe. Da flog die Tür auf, und Kay Lorentz schmiss mir das Magazin DER SPIEGEL an den Kopf und sagte: »Kompliment!«

Dann flog die Tür wieder zu.

Verdattert blätterte ich in dem Magazin und entdeckte zwei ganze Seiten über Thomas Freitag und sein Strauß-Programm. Schön, dachte ich. Hat der Kay jetzt etwa Angst, dass ich einen Höhenflug bekomme oder mehr Geld verlange?

Aber ich hielt mich zurück, blieb natürlich dem »Kom(m)ödchen« treu und wartete auf neue Herausforderungen.

Auf- und Abbrüche

In meiner Wohnung hängt ein Holzschnitt von Gerhard Marcks. »La Farucca« nennt der Künstler dieses Bild. Es zeigt eine Flamenco-Tänzerin in großer Pose. Sie steht im Licht eines Scheinwerfers, während ihr Begleiter auf der Gitarre im Dunkeln sitzt.

Ich hatte es in einer Galerie auf Rügen erworben, weil es mich an Jörg Rieger erinnerte. Bei all seiner Qualität als Musiker scheute er das Rampenlicht, in dem wir Künstler zu agieren pflegen. Und es war ihm immer höchst unangenehm, wenn man ihn beim Schlussapplaus präsentierte.

Sein Neffe, dem die Schwäche seines Onkels vertraut war, hatte ihm einmal ein Bild gemalt, auf dem nur das Klavier angeleuchtet ist und der Pianist im Dunkeln sitzt. Als ich es zum ersten Mal in Jörgs Wohnung entdeckte, habe ich gelacht und zu ihm gesagt: »Ja, das trifft es. So bist du!«

Am 6. August 1980 starb mein Freund Jörg im Alter von 40 Jahren – nachdem der Krebs keine vier Monate in seinem Körper gewütet hatte. Für seine Frau Thessy, seine Freunde und für mich war sein Tod eine große Tragödie.

Selten habe ich einen so hilfsbereiten, wissenden und kultivierten Menschen getroffen wie ihn. Der »Trittbrettfahrer-Song« in meinem ersten Solo und zuletzt die Liedertexte in meinem »Struwwelpeter« waren für mich großartige Kompositionen, die ich ihm verdanke.

Wenn ich mir die Musik zum »Fliegenden Robert« anhöre, rührt sie mich jedes Mal. Er war auch auf großen Tourneen musikalischer Arrangeur und Begleiter von Katja Ebstein, den Kessler-Zwillingen, Ernst Stankovski und anderen Protagonisten. Als er einmal in der Schweiz bei einem Konzert der legendären Josephine Baker einsprang, war sie von ihm so begeistert, dass sie ihn bat, mit ihr auf ihre letzte Welttournee zu gehen. Leider verstarb sie, noch bevor es losgehen sollte.

Jörg war einer, auf den man sich verlassen konnte. Einmal sagte er zu mir vor der Premiere: »Du kannst in der Vorstellung singen, wie du willst. Du kannst meinetwegen auch die Tonart und den Rhythmus wechseln. Ich werde dich überallhin begleiten. Nur deinen Text sollst du können. Das kann ich dir nicht auch noch abnehmen!«

Natürlich hatte ich ihn auch für das Strauß/Schiller-Programm vorgesehen, aber dazu kam es leider nicht mehr. Gerade weil er für mich in meiner Anfangsphase so eminent wichtig als Unterstützer meiner wilden Ideen war, hatte ich mir mit ihm eine erquickliche Zusammenarbeit für die Zukunft ausgemalt.

Nun ist es Thessy, seine Frau, mit der ich mich bis heute liebevoll an Jörg erinnere. Und ja, die Musik ist und bleibt durch die Erfahrung mit ihm weiter wichtiger Bestandteil meiner künftigen Programme.

Nach »Ende offen« plante ich eine neue eigene Produktion, zumal das erfolgreiche Strauß/Schiller-Szenario durch die SPIEGEL-Story die Nachfrage an den Kabarett-Theatern spürbar steigerte. Besonders aus der Münchner »Lach- und Schießgesellschaft«, wo ich diese »Doppelvorstellung« ebenfalls erfolgreich gespielt hatte, kamen jetzt verlockende Signale.

Sammy Drechsel, Chef der anderen großen Kabarettinstitution in der Bundesrepublik, hatte mich in seinen »Laden«, wie er die »Lach und Schieß« bezeichnete, eingeladen. Ihn hatte ich schon früh im »Kom(m)ödchen« kennengelernt. Denn wenn er mit seinem »Haufen«, wie er seine Truppe nannte, in der Düsseldorfer Messehalle gastierte, kam er oft zu uns. Dann stand er plötzlich während der Vorstellung auf der Seitenbühne und machte alberne Gesten.

Natürlich kannten sich die beiden Chefs der großen Kabarettbühnen. Und auf Tournee spielten die Münchner selbstverständlich auch in der Landeshauptstadt von NRW. Unser Haus war zwar etwas größer als die Lach- und Schießkneipe, aber das Geld musste auf Tournee verdient werden. Und da die Kollegen aus München beim deutschen Publikum sehr bekannt waren, funktionierte ihr Programm auch in großen Hallen.

Sammy war ein glänzender Verkäufer, allerdings das krasse Gegenteil von Kay Lorentz. Kay, ein Herr mit gepflegtem Umgang, um einen Handkuss bei den Damen nie verlegen, aber auch knallharter Geschäftspartner, der, wenn es zum Beispiel um mehr Geld ging, auch keine theatralische Attitüde scheute. Dann riss er sein Sakko auf und sagte pathetisch, als habe man ihm einen unsittlichen Antrag gestellt: »Jung, willst du mich umbringen!«

Ganz anders Sammy, der übrigens als Sportreporter angefangen hatte und Autor eines berühmten Buches (*Elf Freunde müsst ihr sein*) war. Er wollte, dass seine Leute gutes Geld verdienen. Und wenn jemand in seinem Ensemble einen Fernseh- oder Filmjob bekam, legte er Wert darauf, dass er den machen konnte. So wurden die Kollegin oder der Kollege auch prominenter, was für die Verkaufszahlen auf Tournee von Vorteil war. Ein Wermutstropfen für uns in Düsseldorf. Denn solche Ausnahmen blieben fast ausschließlich Lore vorbehalten.

Sammys Naturell gestattete ihm auch einen anderen, eher kumpelhaften Umgang mit seinen Leuten. Während Kay, wenn ihm bei den Proben etwas missfiel, zunächst im Zuschauerraum genervt auf und ab ging, was uns auf der Bühne schon irritierte, sich dann irgendwann mit der Hand an seine Stirn klatschte und den Raum verließ, sagte Sammy in einer vergleichbaren Situation ganz einfach: »Det is Scheeisse, was ihr da macht!«

Ja, er war immer sehr direkt. Und das mochte ich an ihm. Man konnte ihn auch Dinge fragen, die ich Kay nie gefragt hätte. Und wenn es spät war, traf man sich an der L&S-Bar, die es damals noch gab, mit Kollegen auch von anderen Bühnen oder vom Film, um zu fachsimpeln und zu quatschen.

Sammy, der mit Irene Koss, der ersten Fernsehansagerin Deutschlands, verheiratet war, mochte das weibliche Geschlecht sehr, zumindest in seinen verbalen Bekundungen, und er spielte dabei gerne auch den Macho.

Einmal, es war schon spät und wir hatten schon einiges getrunken, sagte er zu mir: »Weeste, Thomas, ick bin jar nicht Weltmeister im Ficken.«

Ich sah ihn etwas verdutzt und sprachlos an, da fuhr er nach einer kleinen Pause fort: »Ik bin nur Vize.«

Grundsätzlich muss ich Sammy zugutehalten, dass er Kay immer in Schutz genommen hat, wenn ich versucht war, mich über manche Zustände am »Kom(m)ödchen« lamentierend auszulassen. Die Pioniere von damals hatten eben noch ein anderes Standing. Und der Respekt voreinander war ehrlich.

Für mein neues Programm 1982 suchte ich mir jetzt die Textmitarbeiter aus. Da war zunächst Rufus, der wieder für die Regie zuständig sein sollte, dann bat ich Michail Krausnick sowie Detlef Wolters dazu. Nun brauchte ich noch neue Musiker. Eine Hilfe war mir hier der Komponist Fritz Maldener aus dem Saarland, der schon einige Texte fürs »Kom(m)ödchen« vertont hatte. Er empfahl mir den Bassisten Jochen Schaal aus Karlsruhe. Und mit Jochen hielt ich dann Ausschau nach einem Begleitpianisten, der komponieren kann.

Zufällig erfuhr ich, dass in einem Jazzladen in der Düsseldorfer Altstadt ein Musiker auftrat, der nicht nur mehrere Instrumente spielen, sondern sich darüber hinaus auch noch wortreich mit dem Publikum austauschen konnte. So suchten wir den Mann spontan dort auf.

Sein Name war Helge Schneider.

Ich war sofort hingerissen von ihm und wollte ihn zur Mitarbeit für mein neues Projekt gewinnen. Ein Musiker mit Entertainmentfähigkeiten – das fand ich sehr prickelnd. Doch Jochen wimmelte ab. »Du bist doch sehr präzise auf der Bühne«, warf er ein, »da musst du gute Zuspieler haben, auf die du dich verlassen kannst.«

»Ja, und?«, sagte ich. »Der ist doch prima.«

»Natürlich ist der gut und auch sehr komisch«, entgegnete Jochen. »Aber ich weiß nicht, ob er für dein Projekt der Richtige ist. Ich glaube, der Helge kann sehr unberechenbar sein. Ich würde nicht für ihn plädieren.«

Ich dachte nach. War das jetzt Eifersucht von ihm? Natürlich sind Musiker, besonders Jazz-Musiker, sehr eigenwillig und vielleicht auch »unberechenbar«. Von Jochen wusste ich, dass er in Heidelberg mit Fritz Maldener schon erfolgreich bei schwierigen Theaterproduktionen mitgewirkt hatte.

Schließlich ging ich auf seine Bedenken ein und ließ von meiner Idee, Helge für meine Vorhaben anzusprechen, ab.

Jahre später, als Helge Schneider schon ein Star war, erfuhr ich, dass er bei einem Konzert während eines längeren Schlagzeugsolos von Willy Ketzer einfach die Bühne verlassen und dem verdutzten Kollegen auf seinem Handy mitgeteilt hatte, dass er schon auf der Autobahn sei.

Mich selbst hat er einmal bei der TV-Serie »Queens Palace«, bei der ich Anfang der Neunziger regelmäßig mitwirkte, reingelegt. Nachdem ich da mit ihm als Pianisten eine Nummer einstudiert hatte, ließ er mich kurz vor dem Auftritt hängen. Er hatte einfach keine Lust.

Bei einem Radio-Auftritt für den WDR, den sogenannten »Brettlspitzen« im Kölner Theater am Dom, lernte ich dann zufällig Jonathan Hubbard kennen. Er, Amerikaner, lebte schon lange in Deutschland. Gelegentlich begleitete er als Pianist den Kollegen Jürgen Scheller, ein ehemaliges Lach- und Schieß-Mitglied. So auch bei dieser Veranstaltung. Als wir ins Gespräch kamen, bemerkte ich schnell, dass er sich in seinem jetzigen Job nicht so richtig ausgefüllt fühlte.

Natürlich machte ich ihm ein Angebot, zumal ich ihn äußerst sympathisch fand. Er kam, wie übrigens auch Jochen, aus einer Pfarrersfamilie. Ein Zufall. Aber wegen ihrer unterschiedlichen Charaktere und ihrer ähnlichen Herkunft fand ich meine beiden Pastorensöhne für die Bühne äußerst spannend.

Da die Lorentzens damals in einem kleinen Ort bei San Remo ein Feriendomizil besaßen, fragte ich Kay und Lore, ob ich mich mit meinen Autoren für ein paar Tage in ihr italienisches Refugium zurückziehen dürfe, um über mein neues Programm zu sprechen.

Zu meiner Überraschung willigten sie ein. Vielleicht aufgrund einer Seelenverwandtschaft, denn genau wie die beiden schätzte ich immer eine entspannte Atmosphäre, wenn es um Ideenfindung geht, und so lud ich die Autoren dorthin ein.

Dabei half mir meine Einstellung, dass eine gute Investition sich letztlich auszahlt. Es schien mir logisch, dass man erst einmal Geld in die Hand nehmen muss, um ein gutes und solides Produkt zu erzielen. Da kamen mir meine Banklehre und die Erfahrungen mit dem geübten Prozedere am »Kom(m)ödchen« zugute.

Natürlich müssen bei einem neuen Programm dann auch erst einmal eine Menge Vorstellungen gespielt werden, bis man endlich etwas verdient. Aber dieses Risiko bin ich Zeit meines Lebens immer gerne eingegangen – es macht mich frei!

Kurz vor dem Abflug nach Nizza gab mir Detlef Wolters allerdings sein Flugticket zurück. Er fand den »Aufwand«, sich in Italien zu treffen, plötzlich pervers. Ich akzeptierte seine Vorbehalte, und wir flogen somit nur noch zu dritt in Klausur.

Für die kommenden drei Tage hatten wir uns vorgenommen, die relevanten Themen zu eruieren, die wir anpacken wollten. Dann sollte ein grober dramaturgischer Ablauf konzipiert werden: Mit welchem Thema eröffnen wir den Abend, mit welcher Nummer geht man in die Pause, wie soll man den zweiten Teil beginnen und was eignet sich am besten als Finale?

Klar war, dass die beiden Musiker Jonathan und Jochen als Mitspieler integriert werden sollten. Natürlich nur, soweit man das vertreten konnte, denn sie waren ja keine Schauspieler. Aber ich wusste auch, dass Rufus bei den beiden ein gutes Händchen haben würde. Zudem wollten wir das Publikum in unser Spiel miteinbeziehen.

Irgendwer kam auf die Idee, dafür analog der Ziehung der Lottozahlen die Kugeln in ein Zahlenkästchen fallen zu lassen. Die Zahl sollte dann einem Sitzplatz zugewiesen und der jeweilige Platzinhaber mit einem Scheinwerfer angestrahlt werden. Für diese Lottoziehungen dafür sollten links und rechts der Bühne Monitore installiert werden.

Zweifellos gehörten wir damals im Kabarett zu den Ersten, die ein solches technisches Hilfsmittel auf der Bühne einsetzten. Bedauerlicherweise ist es heute Mode geworden, dass kaum noch eine Theateraufführung ohne Videoeinspielungen mehr auskommt. Der pure Selbstzweck, denke ich, heiligt oft keineswegs die Mittel.

Als Schwerpunkte unseres Abends kristallisierten sich heraus: Mitbestimmung und Streikrecht, Tierhaltung, Endstation im Altersheim und Astrologie. Denn damals war es sehr populär, die Sterne zu befragen.

»Kein Wunder. Wo alles kriselt und konfliktelt, alles so ausweglos und unüberschaubar erscheint – da haben Parapsychologen, Märchenerzähler, Wahrsager, Wunderheiler, Tischerücker, Quacksalber und Chopper halt Konjunktur … wo alle schwarzsehen, ist der Hellseher eine gefragte Persönlichkeit. Kein Wunder, dies Wunder. Das war schon immer so – in Krisenzeiten …«

Wie schön, dass es heute für die oben genannten Geschäftsfelder Herrn Dr. Eckard von Hirschhausen gibt.

Am Fall der Sau »Edeltraudt« beschrieb ich in einem Song von Michail Krausnick die Zustände in unseren Schweinemastbetrieben. Zwischen 1982 und heute hat sich an diesen tierverachtenden Zuständen leider nichts geändert. Beim Fressen achten wir nach wie vor mehr auf den Preis als auf die Moral.

Und um die kontroversen Themen Mitbestimmung und Streikrechte zu glossieren, adaptierte Rufus die Geschichte des »Jedermann« von Hofmannsthal. Positiv gestimmt über diejenigen in der Gesellschaft, die gegen Auf- und Nachrüstung, für Frieden und gerechte Löhne auf die Straße gingen, nannten wir unser Programm: »Und sie bewegt doch.«

Nach erfolgreicher Premiere im »Kom(m)ödchen« war dies mein erstes Soloprogramm, mit dem ich bundesweit auf Tournee ging. Sammy holte mich damit auch nach München. Dies bedeutete wieder eine besondere Herausforderung, nicht nur für uns, sondern auch für sein Kneipenkabarett.

Um die Technik zu installieren, nahmen wir den halben Laden auseinander – und es dauerte recht lang, bis endlich Stahlgerüste unsere Monitore an der Decke hielten.

Für meine »Jedermann-Parodie« schnitten wir in die Rückwand der Bühne zwei Löcher, durch die ich als Herr und Frau Jedermann meinen Kopf stecken konnte. Irene Koss war entsetzt, aber es siegte die allgemeine Neugier auf das, was da alles in diesem Programm passieren konnte. Auch in der bayerischen Landeshauptstadt gab es für den Abend große Anerkennung.

Ich spendierte der »Lach- und Schießgesellschaft« eine neue Bühnenrückwand, und Sammy versprach mir sogar, dieses Programm im SFB, mit dem er seinen »Scheibenwischer« produzierte, unterzubringen. Und in der Tat, der SFB wollte im Januar 1983 das Programm live senden.

Dazwischen aber geschah Folgendes: Nachdem Helmut Kohl im Herbst 82 durch sein Misstrauensvotum gegen Helmut Schmidt als neuer Führer der geistig moralischen Wende obsiegt hatte, stellte er sich im März 1983 dem Wähler zur Disposition. Er wollte sichergehen, dass das deutsche Volk ihn auch wirklich wollte.

Und nachdem Bundespräsident Carstens ihm die Ernennungsurkunde für das Amt des Bundeskanzlers überreicht hatte, fand sich einen Tag später ein Teil dieses Volkes, zu dem auch ich gehörte, in der Godesberger Stadthalle zusammen.

Wir waren hier alle der festen Überzeugung, dass dieser neue Kanzler die Hundert-Tage-Frist nicht überstehen würde, weil wir uns nach Helmut Schmidt so etwas einfach nicht vorstellen konnten. Wir sollten uns gewaltig irren.

An diesem denkwürdigen Godesberger Abend spielte ich vor dem progressiven Rest der Republik mit dem Kollegen Stefan Wald einen Sketch, der uns diebischen Spaß machte. Es ging um das Thema: Was besprechen eigentlich Franz Josef Strauß und Helmut Kohl, wenn sie ihren legendären Waldspaziergang machen?

Stefan spielte den neuen Kanzler und ich den Dicken aus Bayern.

Kohl, staatsmännisch im dunklen Anzug vorneweg. Hinterher keuchend im Lodengewand mit Rucksack Franz Josef Strauß.

Kohl: »Was sagen wir denn, wenn wir zurückkommen?«

Strauß: »Na, was wir immer sagen. Es war eine Wanderung, bei der die Sonne schien und es gelegentlich regnete.«

Pause.

Lange Pause.

Kohl: »Aber eines ist doch klar zwischen uns: Der Bundeskanzler bin ich!«

Kleine Pause.

Kohl: »Hast' gehört, Franz Josef. Ich bin der Bundeskanzler!«

Kleinere Pause.

Kohl: »Wer Kanzler ist, steht ja schon in der Verfassung. Außerdem hat's der Karl Carstens bei der Überreichung der Ernennungsurkunde ganz persönlich zu mir gesagt: Jetzt sind Sie's wirklich. Also bin ich der Bundeskanzler!«

Strauß watschelt hinter Kohl her, einen Baum beobachtend: »Na, der Baum macht's aber auch nicht mehr lange.«

Die Leute lagen vor Lachen unter den Tischen.

Aber nun zurück zur Aufzeichnung meines Programms durch den SFB.

Die Sender scheuten sich in Wahlzeiten damals, politisch ambitioniertes Kabarett zu senden. Und schon gar nicht live. Also gab es eine Terminverschiebung ausgerechnet auf den Tag nach der Bundestagswahl im März 83. Eine pikante Situation, der ich mich dankend stellte.

Ich begrüßte die Zuschauer in der Live-Sendung mit folgenden Worten:

»Eigentlich sollte die Übertragung dieses Programms schon Anfang Januar stattfinden. Aber da hätte die Bundestagswahl um drei Monate verschoben werden müssen. Das wollte ich Herrn Kohl nicht zumuten.«

Im Fernsehen herrscht natürlich ein ganz anderer Druck, den inhaltlichen Proporz zu wahren. Er wird durch alle Hierarchieebenen von oben nach unten durchgereicht. Am Ende steht man als Darsteller einem sich windenden Redakteur gegenüber, der dann die Vorgaben »von oben« erfüllen muss.

Dieter Hildebrandt, bestens geübt mit solchen Machtspielchen, brachte es einmal in einem »Scheibenwischer« auf den Punkt: »Die Redakteure vom Deutschen Fernsehen machen in jede Hose, die man ihnen hinhält.«

So kam bei der Aufzeichnung meines Strauß-Programms durch den bayerischen Rundfunk seitens der Redaktion der Vorschlag, aus der abgesägten Schrotflinte des Ministerpräsidenten (siehe Seite 118) doch besser eine abgesägte Taschenlampe (!) zu machen und den Namen des damaligen Intendanten Mühlfenzl, der ebenfalls in diesem Programm fiel, gleich ganz unter den Tisch fallen zu lassen. Dieser Realsatire hatte ich damals nichts entgegenzusetzen, und so willigte ich ein. In meinen Augen tat das der Qualität meines Programms keinen Abbruch und – soviel ich weiß – wurde der zuständige Redakteur auch nicht in den Kinderfunk versetzt.

Was ich damals noch nicht wusste, war, dass der Bayerische Rundfunk dann noch zusätzlich – aus Angst, seine Zuschauer zu verprellen – am Tag der Ausstrahlung sicherheitshalber Joachim Fuchsberger mit einer Ansage vorschaltete, in der er den Fernsehzuschauern erklärte, dass es sich bei der nun folgenden Sendung um Satire handeln würde.

Aber das ist alles lange her. Heute, da sich viele meiner bayerischen Kollegen durch einen Auftritt auf dem Nockherberg als Hofnarren geadelt fühlen dürfen, sind die Zeiten solcher Repressalien natürlich längst vorbei.

Gott mit dir, du Land der Bayern!

Fernsehen

Wenn man heutzutage junge Schulabgänger nach ihren Berufswünschen fragt, bekommt man nicht selten die Antwort: »irgendwas mit Medien«. Früher waren die Antworten auf solche Fragen wesentlich konkreter. Da hieß es noch: Ich will Kfz-Mechaniker werden oder Pfarrer, Feuerwehrmann oder General. Das war noch eine klare Ansage. Man sagte nicht: »irgendwas mit Autos oder irgendwas mit Religion, Feuer oder irgendwas mit Briefen und schon gar nicht irgendwas mit Krieg«.
Aber dieses ungenaue »irgendwas mit Medien« impliziert für mich eher: Ich will schnell berühmt werden und viel Geld verdienen. Irgendwie.

Die Faszination der elektronischen Medien, welche die Menschen und ihre Geschichten in einen großen Fokus rücken können, hat für viele etwas Magisches an sich. Auch ich hatte in jungen Jahren bei der Vorstellung, einmal wie Peter Frankenfeld unter großem Applaus die Showtreppe herunterzuschreiten, ein leicht berauschendes Gefühl.

Aber Frankenfeld ist halt nicht nur so die Treppe heruntergeschritten, er konnte auch noch sehr viel!

Was mich an diesem »irgendwas mit« stört, ist, dass es hier weniger darum zu gehen scheint, Fähigkeiten zu erlernen, um damit Erfolg zu haben. Nein, die Jungen wollen einfach nur berühmt werden, um mit einer fragwürdigen Popularität Schotter zu machen, wie ihre Vorbilder es ihnen, dank RTL und Konsorten, vorleben.

Natürlich gibt es, Gott sei Dank, auch heute noch eine Menge ernsthafter junger Menschen, die wissen, dass Kunst von Können kommt.

Aber durch das Aufkommen der privaten Sender wurde diese Gewissheit zunehmend unterlaufen. In Formaten wie »Deutschland sucht den Superstar« werden »Sterne«, die es schon gibt, kopiert in der Hoffnung, am Showhimmel genauso leuchten zu können wie das Original. Allein durch die bloße Tatsache, im Fernsehen zu sein, wird diese Hoffnung geheiligt.

Die Decouvrierung dieser unbedarften Laien durch eine fragwürdige Jury gibt dieser Sendung dann noch den eigentlichen Kick. Die wenigsten »Opfer« erkennen, dass sie nur Mittel zum Zweck sind: nämlich eine äußerst kostengünstige Fernsehshow zu ermöglichen. Mag sein, dass da das eine oder andere Talent dabei war, aber wenn man fragt, was aus jenen Talenten eigentlich geworden ist, wird es schon sehr dünn. Eigentlich müssten solche Formate den Titel tragen: »Ich war eine Sternschnuppe«, die nur für diesen Augenblick glänzt. Und zurück bleiben große Wünsche – über die keiner spricht.

Ich hatte Zeit meines Lebens drei Vorbilder: Peter Frankenfeld, Loriot und Peter Ustinov. Peter Frankenfeld wegen seines Mutes, in der Unterhaltung Dinge auszuprobieren, bei denen er nicht sicher sein konnte, ob sie funktionieren. Ein Pionier des Fernsehens. Loriot wegen seines außergewöhnlich genauen Blicks auf den deutschen Erdenbürger und seiner unglaublichen Präzision im Fachbereich Humor. Und last but not least: Sir Peter Ustinov. In ihm vereinigten sich für mich die universellen Talente, die man sich als Künstler wünscht.

Natürlich wusste ich, dass ich die Höhen dieser drei Genies nie erreichen würde. Aber sie waren mir immer Ansporn, und ich bin froh, dass ich sie alle drei im Laufe meines Lebens kennenlernen durfte.

Zu meinen ersten Fernseherfahrungen gehörte 1979 ein Auftritt in der Talkshow »Der Kölner Treff«. Gastgeber waren damals Alfred Biolek und Dieter Thoma, der Chef des WDR-Hörfunks. Wenn ich mir diese Sendung von damals anschaue, sehe ich einen jungen, noch ziemlich verunsicherten Menschen auf dem Sofa sitzen, der sich angesichts der Kameras – dem Auge des Zuschauers – im Gespräch behaupten muss.

Lockerer wurde ich erst, als ich aufgefordert wurde, ein paar Parodien zum Besten zu geben. Da war ich in meinem Metier.

So schlimm konnte die Sendung allerdings nicht gewesen sein, denn wenige Zeit später kam man beim WDR auf die Idee, mir eine Pilotsendung anzuvertrauen. »Solo für Spaßvögel«.

Toller Titel! Will ich Spaßvogel sein? Oder ist das meine große Chance? Dieses neue Format war im Unterhaltungsbereich des WDR angesiedelt. Hier waberte immer ein leichter Grundkonflikt: nicht zu viel Politik, wir wollen ja unterhalten.

Somit stand stets die Frage im Raum: Wie weit darf man denn gehen? Ich persönlich dachte, dass man dem Publikum schon einiges zumuten kann, und wenn man den Zuschauer von Anfang an unterschätzt, kommt am Ende weder Fisch noch Fleisch raus.

Diese Unterschätzung des Zuschauers hat leider dazu geführt, dass unsere Fernsehlandschaft heute so eindimensional geworden ist. Auch als man sich später für die gehobene Unterhaltung auf 3Sat entschied, konnte ich schon bald feststellen, dass sogar hier in erster Linie nur die Quote zählte.

Bei »Solo für Spaßvögel« stimmte sie wohl, und ich hatte die Aufmerksamkeit der Medien geweckt. Aufgrund meiner Erfahrungen mit dem Medium Fernsehen in all den Jahren danach kam ich zu der Erkenntnis, dass das politische Kabarett eigentlich den politischen Redaktionen der Sendeanstalten zugeordnet werden sollte. Gerade auch dann, wenn es in seinen Aussagen politisch unkorrekt, parteiisch und überspitzt daherkommt. Um Wirkung zu erzielen, muss die Satire in gewisser Weise »unfair« sein. Jedenfalls hatte ich immer dann, wenn die rein politischen Redaktionen, wie z. B. das WDR-Magazin »Monitor«, mir zugeordnet waren, die wenigsten Probleme, Inhalte loszuwerden.

Mir war schon früh klar geworden, dass sich die Fernsehredaktionen primär für meine parodistische Fähigkeit interessierten. Das war mit Sicherheit der Türöffner, der mich in die eine oder andere Sendung brachte. Dennoch hatte ich zeitlebens nie die Absicht, ausschließlich auf diese eine Sparte reduziert zu werden.

Loriot hat einmal auf die Frage, warum er denn keine Politiker imitieren würde, sinngemäß gesagt, dass er die vielen unterschiedlichen Charaktere der deutschen Erdenbürger insgesamt wesentlich spannender, bizarrer und aufregender fände als die damals rund 600 auserwählten Politiker in Bonn oder Berlin.

Inzwischen sind wir von singulären Typen wie Wehner, Strauß und anderen weit entfernt. Und Helmut Kohl war für mich einer der letzten Dinosaurier dieser Art. Während seiner Kanzlerschaft wurde es immer mehr Mode, dass jeder Kantinenpupser in Deutschland den Kohl machte. Ihn nachzuäffen, war oft reiner Selbstzweck. Bei dieser Inflation schien mir der geneigte Zuschauer auch keine Qualitätsunterschiede mehr zu erkennen.

So war ich denn selbst davon überzeugt, dass man nicht alles immer nur an dem Dicken aufhängen konnte. Ein Volk, dass sich 16 Jahre diesen Kanzler geleistet hat, muss sich auch mal hinterfragen lassen. Es war ja klar, dass die friedliche Revolution in der DDR diesen Politiker gerettet hat, in seinem Amt politisch überleben zu können.

Aber noch schreiben wir die 80er Jahre. Eines Tages rief der Chef von Radio Luxembourg, Frank Elstner, an. Er wollte seine Hörer mit einem Aprilscherz überraschen. Eine fiktive Politikerrunde sollte in seinem RTL-Studio zu »Themen der Zeit« befragt werden. Gerne nahm ich die Einladung an und wurde dafür extra mit Lux-Air in das beschauliche kleine Land geflogen.

Die Sendung war ein großer Spaß, denn die Radiohörer dachten wirklich, dass die ganzen exotischen Politgranden hier Rede und Antwort standen. Als Elstner mich nach der Sendung vor die alte Villa brachte, wo der damals noch recht kleine Sender untergebracht war, erzählte er mir im Lift von der Idee einer großen Fernsehsendung. Es sollte dabei um ganz besondere Wetten gehen.

Heute kennt jeder Deutsche diese Sendung. »Wetten, dass …« Elstner moderierte später dann auch die bekannten »Menschen«-Sendungen, die immer zum Jahresende im ZDF ausgestrahlt wurden. Zweimal war ich dort Gast, lernte unter anderen Heinz Rühmann kennen und spielte mit Mathias Richling in parodistischen Talkrunden mit, die von Friedrich Nowottny in seiner unverwechselbaren Art geleitet wurden. Immer wieder also Parodie.

Als sich Anfang der 80er Jahre der Regisseur Dr. Heinz Liesendahl von der Bavaria-Filmproduktion in München bei mir meldete, ahnte ich noch nicht, dass das der Durchbruch im Fernsehen für mich sein würde. Er wollte mich für eine Unterhaltungsreihe gewinnen, die er im Auftrag des Süddeutschen Rundfunks produzieren sollte.

Ich war Anfang dreißig und konnte jetzt eine Sendung für die ARD gestalten, die zudem noch meinen Namen trug: »Freitags Abend – Medienkunde für Anfänger«.

Sollte ich dieses Angebot annehmen – als politischer Kabarettist? Das Sendeformat bedeutete zwar, dass ich mich für ein breiteres Fernsehpublikum öffnen konnte. Aber wie weit würde ich jetzt gehen dürfen? Zumal das Thema Medien doch recht brisant ist.

Das Konzept war relativ simpel. Ich spielte einen Dozenten in einem Hörsaal, in dem die Zuschauer die »Studenten« sind. Dazu wurden kleine Filme eingespielt, in denen ich ebenfalls unterschiedliche Figuren in allen möglichen Situationen verkörpern sollte, die ein jeweiliges Thema satirisch beleuchteten. Liesendahl stellte mir für dieses Unterfangen den erfahrenen Texter Thomas Woitkewitsch zur Seite, der schon für diverse Fernsehshow geschrieben hatte und zudem Übersetzer der Liedtexte von Herman van Veen und Milva war.

Zunächst wurden in den Bavaria-Studios und in der Münchner Umgebung die Kurzfilme gedreht. Ich hatte dabei großen Spaß, da hier meine Fähigkeiten als Schauspieler gefragt waren.

Geplant waren drei Folgen à 30 Minuten, die mit Publikum in besagtem »Hörsaal« aufgenommen werden sollten.

Dem wunderbaren Helmut Brasch war dabei die Rolle eines renitenten Alt-Studenten zugedacht, der mit kritischen Fragen den Dozenten aus der Rolle bringen sollte. Brasch war damals schon über 70 Jahre alt, was den Effekt hatte, dass dieser »Student« mit seiner unangepassten Art nicht den herkömmlichen Erwartungshaltungen entsprach. Mein badischer Musiker Jochen Schaal, von Haus aus ein Tüftler und technisch sehr begabt, übernahm im Hörsaal die Rolle eines »hölzernen« Assistenten. Er war für die »Einspieler« auf der Videoleinwand zuständig und enthielt sich auch sonst nicht gelegentlich flapsiger Kommentare.

Der Figur des Dozenten gab ich einen leicht schwäbischen Akzent. Sprechen nach der Schrift, wie es der Schwabe macht, wenn er nicht gleich nach seiner Herkunft erkannt werden will, was selten gelingt. Darin lag für mich der Witz. Ich ließ den Schwaben in der Sendung über das Gebaren der elektronischen, aber auch der Printmedien fabulieren, wobei er dem größten Unsinn noch etwas Positives abgewinnen konnte.

Dazu traten pro Sendung auch noch diverse Studiogäste auf, die vom Dozenten – quasi als Anschauungsunterricht – befragt wurden.

Gerne erinnere ich mich dabei noch an meine Kollegin, die Film- und Theaterschauspielerin Karin Eickelbaum. Sie war eine aparte Frau und eine liebenswerte Kollegin, mit der die Arbeit ein Vergnügen war. Sie begleitete mich in mehreren Folgen, und wir freundeten uns im Laufe der Jahre über die gemeinsame Arbeit hinaus an.

Das Verhalten der Fernsehkonsumenten nahmen wir u. a. in einem Sketch auf die Schippe, in dem ich als Chefarzt eines Krankenhauses renitente Zuschauer behandelte, weil sie auf bestimmte Unterhaltungssendungen immer noch nicht euphorisch reagierten. Diese »Widerborstigkeit« sollte ihnen hier endgültig ausgetrieben werden.

Karin gab hier meine Assistenzärztin.

Zu erlernende Reaktionsübungen auf das Dargebotene waren: rhythmisches Klatschen, begeisterte »ahs» und »ohs«, frenetischer Jubel, emphatische Rufe wie »das war Spitze!« sowie das Verfassen von Dankesbriefen an den Sender.

Während dieser Dreharbeiten hatte es Karin und mich oft so gerissen, dass wir mehr als einmal vor Lachen abbrechen mussten.

In einer anderen Szene machten wir Vorschläge, wie man die immer höheren Produktionskosten der TV-Sender in den Griff bekommen könnte. Das Wetter wurde hier nicht mehr als elektronische Animation gezeigt, sondern vom Programmdirektor persönlich auf eine Schiefertafel gekritzelt. Für radikale Kostenkürzungen schlugen wir bahnbrechende Beispiele vor, wie das stundenlange Übertragen des Testbildes und dessen tiefere Bedeutung. Alles spannende Beiträge des »Sparfernsehens«, um den immer teurer werdenden Verwaltungsapparat der Fernsehanstalten zu finanzieren, was wir durch das Einblenden von gigantischen Bürohochhäusern noch veralberten.

Natürlich war uns bewusst, dass bei unseren Sketchen nicht alle Redakteure vor Begeisterung aus dem Fenster springen würden. Zumal wir zum Beispiel eine Redaktionskonferenz der Unterhaltungsabteilung spielten: Sieben Redakteure sitzen schweigend um einen großen Konferenztisch herum und grübeln über neue Formate nach. Über den jeweiligen Köpfen erscheinen in der quälenden Findungsphase große leere Gedankenblasen. Die Szene wird mit der Titelmusik von »12 Uhr mittags« unterlegt.

Plötzlich fliegt die Tür auf. Ich stehe als Kellner verkleidet im Türrahmen mit einer Torte in der Hand. Langsam gehe ich auf den Tisch der Redakteure zu und bleibe stehen. Was wird passieren? Alle starren mich regungslos an. Spannung. Plötzlich knalle ich mir selbst die Torte ins Gesicht. Zunächst entgeisterte Blicke der Redakteure. Dann löst der vermeintliche Chefredakteur mit einem Mal die Stimmung auf und brüllt: »Das ist es! Das ist es! Torte im Gesicht. Super!« Und wie auf Kommando lachen sich jetzt alle Redakteure am Tisch schlapp …

Jahre später wird ein Privatsender diese Idee tatsächlich in einer Unterhaltungssendung umsetzen und somit völlig neue Maßstäbe in Sachen Unterhaltung setzen. Und bringt die öffentlich-rechtlichen Rundfunkanstalten in Zugzwang.

Wir haben mit »Freitags Abend – Medienkunde für Anfänger« Themen aus der Fernsehwelt satirisch aufgegriffen, die aus heutiger Sicht wahrscheinlich harmlos daherkommen. Wir ahnten damals noch nicht, wie sich das Niveau unserer Fernsehlandschaft entwickeln sollte.

Schön für mich an dieser Sendung war, dass mich viele hervorragende Kollegen als Gastschauspieler begleitet haben. So der famose Hans Clarin, den ich schon früh als »Revisor« von Gogol bewundert habe, oder die wunderbare Elisabeth Wiedemann, auch Mister Tagesthemen Wilhelm Wieben und viele andere. Eine aufregende Zeit.

Einige dieser tollen Kollegen leben heute nicht mehr, und besonders hat mich 2004 der viel zu frühe Tod von Karin Eickelbaum getroffen. Wir zwei waren in vielerlei Hinsicht Seelenverwandte.

Ja, wenn es in unserem Beruf gut läuft, muss man es laufen lassen. Nichts ist so erfolgreich wie der Erfolg. Tagsüber drehte ich für diese Sendung. Abends spielte ich in der Münchner »Lach und Schieß« mein Soloprogramm. Doch alles hat auch seinen Preis.

Ich wohnte in München bei Christoph Pauli und seiner Familie. Christoph war musikalischer Begleiter der »Lach und Schieß« und später auch von Werner Schneyder.

In der Nähe seines Domizils gab es einen Badesee, und als Wasserratte nahm ich gerne die Gelegenheit wahr, mich in die Fluten zu stürzen. Als seine Frau Michaela und ich an einem weißblauen Sommerabend zur Badeinsel in der Mitte des Sees schwammen, überkam mich plötzlich das Gefühl, die Insel nicht mehr erreichen zu können. Ich bemerkte eine leicht aufsteigende Panik bei mir und rief der vor mir schwimmenden Michaela zu: »Du bist doch Sportlehrerin. Kannst du mich abschleppen, ans Ufer bringen?«

Sie drehte sich lachend um, weil sie mal wieder einen Scherz von mir vermutete, und sah plötzlich mein kalkweißes Gesicht. Umgehend kraulte sie zu mir zurück, nahm mich fachgerecht unter die Arme und versuchte mich abzuschleppen. Da sie aber nicht sicher war, ob sie es mit mir schaffen würde, rief sie Christoph zu Hilfe, der noch angezogen am Ufer stand. Dieser wiederum dachte, dass wir ihn durch dieses kleine Spektakel ins Wasser locken wollten, und so winkte er nur lässig zurück, ohne irgendwelche Anstalten zu machen, uns behilflich zu sein.

Mit Michaelas Hilfe erreichte ich dennoch das rettende Ufer. Das war noch einmal gut gegangen.

Mir war klar, dass mir mein Körper wegen des beruflichen Pensums, das ich ihm in den letzten Wochen zugemutet hatte, einen Warnschuss gegeben hatte.

»Willkommen im Club!«, sagte Lore, als ich ihr später von diesem Vorfall erzählte. Stress war ihr, der großen Steherin vor dem Herrn in Sachen Berufsdisziplin, bestens bekannt.

Fortan konnte ich eine Zeit lang nicht mehr alleine im Flugzeug fliegen, ohne dass mir jemand die Hand hielt. Tunnels waren absolut tabu und Fahrstühle eine schiere Katastrophe für mich.

Natürlich war mir bewusst, dass ich mit meiner Sendung einen enormen Popularitätsschub erhalten hatte. Gleichzeitig bekam ich spürbar Probleme, mit dieser neuen Bekanntheit umzugehen. Wenn mich im Supermarkt die Leute anstarrten oder mir Komplimente machten, konnte ich damit schlecht umgehen. Die Gelassenheit, die ich in dieser Beziehung heute an den Tag legen kann, hatte ich damals noch nicht, und ich muss wegen meiner Zurückhaltung auf den einen oder anderen »Fan« ziemlich arrogant gewirkt haben. Das tat mir hinterher dann immer leid, aber ich konnte nicht aus meiner Haut.

Mit den sich jetzt häufenden Anrufen der Boulevardpresse hatte ich ebenfalls so meine Probleme. Irgendwelche RedakteurInnen wollten immer wissen, was ich so treibe, was ich plane usw. Zunächst gab ich immer korrekt Auskunft, was ich beruflich vorhatte. Aber an der Häufigkeit ihrer telefonischen Recherchen bei mir merkte ich bald, dass das Berufliche sie gar nicht so interessierte. Sie wollten nur ständig von mir wissen, was ich privat so machen würde.

Nun reicht es nach meinem Empfinden völlig aus, dass der Zuschauer mich auf der Bühne oder im Fernsehen lange genug anschauen kann, um herauszufinden, ob ich zu dick oder zu dünn bin, ob ich im Eifer des Gefechts gerne schwitze, wie ich mich bewege und welche Klamotten ich trage oder ob ich beim Sprechen vielleicht doch einen S-Fehler haben könnte und dergleichen mehr. Ich denke, dass man in zwei Vorstellungsstunden auch viel über den Charakter eines Menschen erfahren kann.

Aber das reicht der Boulevardpresse nicht. Wer im Fernsehen ist, soll sich so nackt wie möglich machen, damit man den Konsumenten mit Dingen konfrontieren kann, die dem Bedürfnis der gefräßigen Masse nach Tratsch Rechnung tragen. Nichts darf verborgen bleiben. Die Privatsphäre muss ins Blatt.

Diese Art von »Öffentlichkeitsarbeit« zu bedienen, war aber nie meine Intention. Auf der Bühne kann man mich nach getaner Arbeit gerne mit Rosen bewerfen oder meinetwegen auch ausbuhen, was mir selten passiert ist. Aber danach ist Schluss.

Ich bewundere immer wieder die vielen Stars und Sternchen, die sich bei Festivals gerne auf roten Teppichen zeigen. Das gehört wohl zum Geschäft in unserer Branche, und man kann es auch machen. Aber ich gebe zu: Das war meine Sache nie.

Als ich einmal bei einer Jubiläumsveranstaltung der Bavaria ein Nobelhotel in München über den roten Teppich verlassen sollte, wollte ich dem entgehen und benutzte heimlich den Seiteneingang. Leider wurde ich entdeckt, und man zwang mich höflich, aber mit Nachdruck, doch jetzt für die Fernsehkameras den roten Läufer zu benutzen. Mir war das höchst unangenehm, zumal ich noch nicht einmal eine Begleitung hatte, mit der ich den Gang über den Teppich wenigstens hätte teilen können.

Die Quote meiner Sendung war für den SDR so zufriedenstellend, dass Heinz Liesendahl mich gerne für weitere Folgen gewinnen wollte. Nun geriet ich allmählich in Schwierigkeiten. Auf der einen Seite war da der Publikumserfolg, aber dessen Kehrseite bedeutete auch, dass ich mich deutlich weniger dem Kabarett widmen konnte, dem ich mich doch verpflichtet fühlte. Thematisch gesehen hatte »Freitags Abend« – nach meinem Gefühl – nicht jene Schärfe, die eine politisch-satirische Betrachtung der Medienentwicklung in Deutschland erfordert hätte.

Hinzu kam noch eine andere Verlockung, mich noch weiter in die Unterhaltungsschiene einzubringen. Nach einem sehr gelungenen

»Warm up« für eine Sendung im Hörsaal kam der von mir sehr geschätzte Redakteur Manfred Adelmann auf mich zugerannt und meinte in seinem unnachahmlichen Schwäbisch: »Du muscht Samschtagobend mache! Du muscht Samschtagobend mache!«

Mir war sofort klar, dass er dabei an die Sendung »Verstehen Sie Spaß?« gedacht hatte, denn es war die einzige große Samstagabendsendung, die der SDR damals produzierte. Auch wenn es sicher nicht in seinem Ermessen lag, mich auf so eine Position zu hieven, hätte er einen solchen Karriereschub zumindest beeinflussen können.

Von diesem Angebot überfordert und überrascht zugleich, wies ich es jedoch ab. Vielleicht ahnte ich auch damals schon, dass ich mich damit völlig vom politischen Kabarett verabschieden würde.

Es waren ja auch schon Stimmen aus dem Kollegenkreis laut geworden, ob ich mich mit meiner Sendung jetzt bald zum »Unterhaltungsfuzzi« entwickeln würde ... Nun war ich bei solchen Anwürfen zwar immer eher skeptisch gewesen, ob hier nicht auch Neid der Vater des Vorwurfs war, aber Tatsache ist, dass das Fernsehen – mit seiner Breitenwirkung für den Bekanntheitsgrad eines Künstlers – uns Kabarettisten in den vergangenen Jahren mehr und mehr entsolidarisiert hat. Wer ist drin und wer ist draußen? Eine Frage, die weniger Freundschaften denn Seilschaften in unserer Branche generiert hat und generiert. Zur Ehrenrettung von Manfred Adelmann möchte ich hier aber unterstreichen, dass er ein stets fairer Redakteur war. So sagte er einmal anlässlich der Aufzeichnung meines Programmes »Wer kommt mit durchs Nadelöhr« zu mir:

»Ich bin zwar politisch nicht deiner Meinung, aber du bist gut, und deshalb produziere ich dich.«

Und weil ich wusste, dass er eher dem konservativen Lager zuzuordnen war, imponierte mir seine Haltung besonders. Eine so klare Haltung habe ich bei anderen Sendern, die sich viel liberaler gaben, weniger oft erlebt.

Dem Anliegen von Heinz Liesendahl also, noch weitere Folgen zu produzieren, wollte ich nun nicht mehr Rechnung tragen. Das

Thema »Medien« war für mich mit diesen Folgen erst einmal erschöpft. Es sei denn, man legte eine andere Gangart ein. Dies aber schien mir kaum durchsetzbar. Gleichzeitig war ich moralisch aber auch nicht fähig, meinem Förderer, mit dem ich bei der Arbeit gut klargekommen war und den ich mochte, zu sagen, dass ich gerne weitermachen würde, aber halt ohne ihn. Ein so unlauteres Verhalten schien mir in keiner Weise angemessen. Also büxte ich ihm so lange aus, bis er von mir abließ.

Obwohl wir uns dennoch immer mal wieder begegneten, fand ich erst viele Jahre später den Mut, ihn anzurufen und ihm den wahren Grund meiner Flucht vor ihm zu beichten. Ob er meine Entschuldigung je angenommen hat, weiß ich nicht. Es ist für mich auch unerheblich, denn das Korsett der Fremdbestimmung habe ich nie angelegt. Mein eigenes Ding zu machen, hat am Ende dazu geführt, bei mir selbst angekommen zu sein. Und das stimmt mich froh.

Als ich nach dem Mauerfall meine ersten Gastspiele im Osten gab, wurde ich dort immer wieder auf »Freitags Abend« angesprochen. Die Menschen in der DDR hatten sich ja zum großen Teil ein Bild von der BRD durch das Westfernsehen gemacht. Sicher kam da manches ziemlich verklärt an: der schöne Schein, die bunten Bilder, das richtige Geld.

Nun hatte ich mit dieser Sendung aber gerade Kritik an diesem schönen Schein geübt. Mag sein, dass dadurch die Sichtweise der DDR-Bürger auf den Westen etwas geradegerückt wurde. Eine vielleicht kühne These. Jedenfalls wurde »Freitags Abend« von vielen im Osten gesehen, sodass ich von Anbeginn meiner Gastspiele in den neuen Bundesländern ein treues Publikum hatte – und bis heute habe.

1990 gab mir Pro 7 die Möglichkeit, Gastgeber einer Kabarettsendung zu sein. Hier ließ mir der Sender bei der inhaltlichen Gestaltung alle Freiheiten. Drei Jahre sendeten wir aus Konstantin Weckers Münchner »Café Giesing« einmal im Monat einen Mix aus satirischen Nummern. Dabei waren so ziemlich alle Kollegen der damaligen Szene. Von Dieter Nuhr bis Werner Schneyder, von Lisa

Fitz bis Barbara Kuster, Urban Priol und Jan-Gregor Kremp. Viele zu der Zeit noch als Kabarettduo unterwegs. Heute sind einige von ihnen berühmte Solisten. Selbst den alten Haudegen Dietrich Kittner konnten wir für dieses Stelldichein der Lästermäuler gewinnen. Als der Privatsender seine Strukturen entwickelte, wozu man natürlich bekannte Köpfe brauchte, fragte er mich für eine Quizsendung an, was ich dankend ablehnte. Später klopfte auch Rudi Carrell bei mir an. Er wollte mich für das Format »7 Tage, 7 Köpfe« gewinnen.

»Das ist lieb von dir«, sagte ich zu ihm, »aber lass mich bitte da raus, denn ich werde deinen Wünschen hinsichtlich dieser Sendung nicht gerecht werden können. Ich habe einfach kein Talent zum Zotendreher.«

»Ich danke dir für deine ehrliche Antwort«, sagte er. »Andere sagen mir das nicht so klar und halten mich hin.«

Wenn ich ihn später gelegentlich traf, hatte ich nie das Gefühl, dass er mir meine Absage krummgenommen hat. Warum auch? Die Sendung war ja äußerst erfolgreich, und manche Kollegen, die dort mitgewirkt haben, wurden sehr populär.

Viele Wege führen nach Rom.

Auf dem Wasser

Manchmal gibt es im Leben Umstände, die zu einer glücklichen Fügung werden. Meine Sommerferien verbrachte ich mehrere Jahre lang in einem Haus von Freunden, das sich hoch oben an der steilen Westküste Mallorcas befand. Fernab des Massentourismus lag es abgeschirmt fast alleine, umgeben von einem verwunschenen Garten und einer Blumenpracht, die der pralle Sommer in dieser Mittelmeerregion hergibt. Von meiner kleinen Terrasse aus konnte man den Blick weit über das Meer schweifen lassen sowie auf die Halbinsel Llucalcari blicken, die wie ein großer angeschwemmter Fels am Ufer klebt.

Es war ein allerliebster Anblick, von hier oben auf diese alte Anlage zu schauen. Ein in müden Farben aufgetürmtes altes Häusergewirr, wie es in Spanien oft zu sehen ist, bestehend aus großen und kleinen steinernen Gebäuden, anmutend wie ein Dorf, das man auf die Bühne einer italienischen Oper gestellt hat.

Der größte Teil dieses kleinen Örtchens war ein ehemaliger Sommersitz des Bischofs von Palma de Mallorca gewesen, der, mit den Jahren verfallen, eines Tages von meinen Freunden wiederaufgebaut wurde.

Nun stellte er ein Refugium dar, das in seiner Grundsubstanz erhalten und restauriert worden war und das nichts vom Charakter alter spanischer Baukunst eingebüßt hatte. So schien es von Weitem.

Durch eine Einladung seiner Bauherren durfte ich das Kleinod auch von innen kennenlernen. Schon beim Eintritt durch ein altes Holztor umfing mich eine andere Welt. Unversehens stand ich in einem klassischen Patio mit einem alten Brunnen in der Mitte. Überall hingen von den Mauern Pflanzen aus der Region in Töpfen oder standen am Boden. Seitlich führten alte Steintreppen in diverse

Zimmer der ersten Etage. Der eigentliche Hauseingang aber war eine unprätentiöse schmale Tür, durch die man zunächst in eine Küche gelangte. Hier hatte man bis auf die heute erforderlichen Einrichtungen alles beim Alten belassen. Am Boden eine Feuerstelle. Darüber noch der alte Kaminabzug. Auch ein großes steinernes Spülbecken vermittelte den Eindruck, dass hier die Köchin des Bischofs das Regiment geführt hatte.

Ich ging über eine Treppe in die erste Etage und konnte hier durch eine Öffnung im Boden in das Untergeschoss schauen. Dort hatten meine Freunde die alte Ölmühle restauriert, deren Räume sie jetzt als Bildergalerie nutzten.

Ganz oben angekommen, fand ich mich auf einer riesigen Terrasse wieder. Sie lief an der mit wildem Wein bewachsenen Längsseite des Hauses auf das Meer zu. Zu meiner Überraschung war sie so groß, dass ich am Ende noch eine kleine Casita entdeckte. Früher war sie ein Andachtsraum und diente heute als Maleratelier. Ich war überwältigt.

Nun hatten diese Freunde auch ein Boot, das unweit in Port Soller lag. Keine Jacht, sondern ein liebevoll umgebautes, kleines Fischerboot. Wir fuhren damit raus aufs Meer und zum Baden in kleine verwunschene und touristenfreie Buchten.

Was gibt es Schöneres? Ich an der Pinne, Salz in der Luft, Sonne auf der Haut – ein Traum.

Hier vor Mallorca wurde der Grundstein für meine Leidenschaft zur christlichen Seefahrt gelegt. Nur wusste ich das damals noch nicht.

Aber um dieses tolle Gefühl immer wieder zu spüren, war ich natürlich von meinen lieben Freunden und Gastgebern abhängig. Leider waren sie manchmal arge Bedenkenträger. Da war zu viel Wind, zu hohe Wellen, ein anderes Mal konnte ein Wetter aufziehen und, ach, wir haben doch um 18 Uhr im Bens d`Awall den Tisch reserviert. Nee, heute nicht. Ich war zerknirscht.

Zurück in Deutschland, fasste ich den Entschluss, den Bootsführerschein zu machen. Am besten gleich beide: Binnen und See. Dann, so meine Überlegung, würde ich mir künftig auf Mallorca ein Boot mieten können, um so von den Freunden unabhängig zu sein. Ich entschied mich für eine Bootsschule in Köln, wo ich damals ohnehin zu Hause war. Sie befand sich im Schiffsbauch eines alten Ausflugsdampfers, der am Rheinufer festlag. Das allein war schon eine andere Welt. Alles darin wirkte alt und gelebt. Das Holz der Wände, die geriffelten Metallplatten beim Ein- und Abstieg, die Bullaugen unter Deck, alles war schiffig. Und wenn draußen während des Unterrichts auf dem Rhein die Frachter vorbeifuhren, schlugen die Wellen der Schiffsschrauben an die Bordwand und brachten den Kahn zum Wanken.

Als die theoretischen und praktischen Prüfungen anstanden, machte mir mein Agent, Norbert Michulsky, einen guten Vorschlag: »Lass uns doch mal rüber nach Holland fahren, dort ein Boot mieten und alle praktischen Übungen für deine Prüfung machen. Also alles eben, was ein Kapitän so draufhaben muss. Anlegen, Mann-über-Bord-Manöver, allgemeines Verkehrsverhalten und vieles mehr.«

Er selbst war schon seit Jahren Skipper und hatte in den Niederlanden ein Segelboot. Somit wusste er natürlich, dass man dort keinen Führerschein braucht, um ein Boot zu mieten. Sein Segelschiff lag auf der Maas, in einem Hafen zwischen Roermond und Maastricht.

Nach unserer Ankunft dort war ich ziemlich überrascht, was sich in diesem Revier auftat. Die Holländer hatten dort viele Kuhweiden entlang der Maas geflutet, bestens urbanisiert und so für die Sportschifffahrt attraktiv gemacht. Es gab eine Unmenge Häfen voller Schiffe mit einer ausgezeichneten Infrastruktur, und wenn man genau hinsah, war dort halb Nordrhein-Westfalen sportbootmäßig unterwegs.

Bis dahin waren die Niederlande für mich nicht weiter interessant gewesen.

Einmal hatte ich meinen Regisseur Rufus Wagner Anfang der 80er Jahre in seinen Ferien am Meer bei Rotterdam besucht.

Da es schwierig war, den Weg zu seinem Urlaubsdomizil zu finden, musste ich mich mehrfach durchfragen. Ihrer Sprache nicht mächtig, wurde ich von den Einheimischen schnell als Deutscher enttarnt, und sie verweigerten mir ihre Hilfe. Zu tief saß das große Leid, das die Deutschen gerade in diese Region gebracht hatten. So blieb mein Interesse für dieses schöne Land zunächst eher auf der Strecke.

15 Jahre später fühlte sich das schon ganz anders an, zumal die Limburger im südlichsten Teil der Niederlande inzwischen eine wesentlich entspanntere Beziehung zu den Deutschen pflegten, insbesondere zu den Rheinländern.

Wir mieteten uns also ein Boot, und ich machte meine Übungsmanöver – bis zum Erbrechen. Dabei entdeckte ich in den Häfen auch viele große und kleine Schiffe, die zum Verkauf angeboten waren. »Te koop« stand auf den Schildern, die ersten holländischen Worte, die ich in jenen Tagen lernte, und sie machten mich begierig. Mit der Idee, eines Tages ein eigenes Boot zu haben, hatte ich mich bis dahin überhaupt nicht beschäftigt. Auch viel zu teuer! Aber jetzt, da ich wie ein Kind in die große Keksdose einer Bäckerei gefallen schien, passierte etwas mit mir.

»Kuck mal«, sagte ich zu Norbert, »das kleine Schiff dort. 11 000 DM will der dafür haben. Da wird man sicher noch etwas reinstecken müssen, aber es wäre ein kleiner Anfang, oder hier, der will 13 000 DM. Sieht gar nicht schlecht aus.«

Norbert merkte, dass ich Blut geleckt hatte, und versprach mir, sich für mich umzuschauen.

Nachdem ich meine Prüfungen erfolgreich bestanden hatte, dauerte es keine drei Monate und ich konnte ein erstes Boot mein Eigen nennen. Eine kleine Polaris mit über sieben Metern Länge, sicher etwas teurer als die erstgenannten Gebrauchtangebote, aber dafür in einem guten Zustand. Norbert hatte sie im Hafen neben sein Segelschiff gelegt und für die Übergabe an mich mit Luftballons und kleinen Schwimmreifen dekoriert. Es war wie Geburtstag. Und als ich im Hafenbecken meine erste Ehrenrunde mit dem Schiffchen drehte, war ich ähnlich beglückt wie an jenem Weihnachten, als mir meine Eltern eine Eisenbahn geschenkt hatten.

Das musste natürlich mit den anwesenden Freunden und Bekannten begossen werden. Einziger Wermutstropfen an diesem Tag war der Name des Schiffes, der achtern angebracht war: DREAM II. Was sollte das ausdrücken und warum in Englisch? Natürlich spiegelt so eine Errungenschaft für einen Menschen auch einen Traum wieder. Und ein zweites Schiff bedeutet sicher auch immer die Fortsetzung des Traums. Aber wie sähe das aus, wenn man am Lebensende bei DREAM VIII angekommen wäre? Ein Mann stellt seine neue Gattin ja auch nicht als fünfte Ehefrau vor. Die Leidenschaft für Zahlen sollte man Mathematikern überlassen.

»Und wie soll dein Schiff dann heißen?«, fragte mich Norbert erwartungsvoll.

»Na«, sagte ich, »wenn ich jetzt schon auf der Maas liege, dann werde ich es ›Memel‹ nennen. Ist doch klar!«

Alle lachten.

»Ja, die ist ein wunderschöner Fluss in Litauen. Kurische Nehrung und so. Ihre Flusslandschaft soll sehr romantisch sein. Ich bin Jahrgang 1950 und als linker Kabarettist unverdächtig. Außerdem ist ›Memel‹ ein sehr schöner Name.«

In den Wochen danach machte ich mich mit meinem neuen Leben auf dem Wasser vertraut. In der Kabine war alles einfach gehalten. Zwei gepolsterte Sitzbänke, die man mithilfe einer versenkbaren Tischplatte zu einem Schlaflager umbauen konnte. Es gab eine winzige Toilette mit Waschbecken, einen kleinen Gaskochherd, eine Kühltruhe und ein in der Seitenwand eingebautes Radio. Alles roch ein bisschen nach Camping. Auf dem Außenstand, sozusagen auf dem Achterdeck, befand sich das Ruder (heißt im Auto Lenkrad), und wenn man baden wollte, warf man einfach den Anker – natürlich nicht im Fahrwasser der Schiffe! – und sprang ins kühle Nass. Die vielen kleinen Seen an der Maas luden förmlich zum Baden ein.

Mein heimisches Revier hatte ich nach einiger Zeit erkundet. Jetzt stand mir der Sinn nach mehr und später auch nach Meer. Ich rüstete mich für meinen ersten größeren Trip, kaufte Flusskarten und ließ mir eine Funkanlage einbauen. Letztere war wichtig, da ich nun zusammen auf der Maas und den Kanälen mit dem Frachtverkehr reisen wollte und so Kontakt zu den Schleusenwärtern aufnehmen konnte.

Norbert empfahl mir, für die Reise Blei in den Bug zu legen, da die dicken Berufsschiffe sehr viel Schwell verursachen. »Und wenn dich von denen einer überholt, hängst du ganz schnell in der Böschung.« Da sei Schwermetall vor. Aber wo bekam man so etwas her?

Schnell machte meine Bleisuche im Hafen die Runde – wie so vieles, wie ich nach und nach bemerkte. Auch die resolute Stefanie hatte davon Wind bekommen, die mit ihrem Kahn 16 Boote weiter lag. Wie Mutter Courage kam sie schon bald mit einem Karren voller Bleisäckchen undefinierbarer Herkunft zu mir auf den Steg und sagte: »Thomas. Ich habe das Blei für dich besorgt. Größere Stücke und kleinere. Na, die zum Reifenauswuchten an den Radkappen. Du weißt schon. Ist schwer. Kannste haben.«

Ich wollte mich gerade freudig überrascht bedanken und ihr – nachdem wir ausgeladen hatten – einen Obolus für ihre liebe Mühe anbieten, als sie abwehrte und sagte: »Thomas. Du musst dich hier im Hafen mehr einbringen. Das erwartet man. Mal ein nettes Gespräch – hier kennt jeder jeden. Das hilft!«

Ich sah sie einen Moment etwas indigniert an und entgegnete: »Stefanie. Ich bin hier, um Boot zu fahren, und nicht, weil ich Schriftführer in einem Schrebergartenverein werden möchte.«

Mit leicht gequältem Lächeln zog sie von dannen, während ich das Blei im Bug verstaute. Und doch hatte ich ein kleines schlechtes Gewissen. Stefanie hatte es sicher nur gut gemeint. Aber: Wehret den Anfängen! Es gibt im Leben oft Situationen, in denen man mit freundlicher Distanz mehr erreicht als mit platter Verbrüderung.

Welche Richtung sollte ich auf meiner Reise nun einschlagen? Die Maas zu Tal durch die Niederlande oder zu Berg über Belgien nach Frankreich? Als frankophiler Zeitgenosse entschloss ich mich für Letzteres. Das war für mein Schiffchen zwar beschwerlicher, weil ich gegen den Strom fahren musste, aber mich reizten die Wallonie und die französischen Ardennen.

Auf den Karten konnte man sehen, dass viele Flussabschnitte der Maas kanalisiert waren. Dadurch gab es viele Schleusen. Diese hatten bis zu zehn Meter Hub und waren in erster Linie den Berufsschiffern vorbehalten. Gegen diese Riesenpötte war meine kleine »Memel« natürlich eine Nussschale. Und die meisten Schleusen hatten keine Schwimmpoller, an denen man das Boot bequem festmachen konnte. Man musste beim Auf und Ab des Wassers die Leinen fieren und am Ende umlegen. Ein bisschen beängstigte mich der Gedanke, das alleine bewältigen zu müssen.

Also erkundigte ich mich in meinem Freundeskreis, wer denn bereit sei, dieses Abenteuer die nächsten drei Wochen mit mir einzugehen. Mein Freund Peter aus Köln hatte sofort große Lust und heuerte als »1. Offizier« an. Nun war ich besonders gespannt auf die Reise, denn jetzt waren wir zu zweit, und geteilte Freude ist doppelte Freude: Aber geteiltes Leid ist auch halbes Leid …

Zunächst das Leid: In Maastricht lagen wir am Stadtkai vor der alten Steinbrücke – mit einem phänomenalen Ausblick auf die Stadt. Weiter ging es stromaufwärts ins belgische Liège, was schon sehr französisch anmutete. Alles war gut, doch hier wartete eine besondere Schleuse auf uns. Wir dachten, na gut, noch eine weitere Schleuse, was soll schon sein? Es herrschte an diesem Tag großer Andrang, und als wir in die Schleuse einfuhren, lag vor uns schon ein Frachter. Neben ihm hatten an seiner Steuerbordseite schon einige Sportboote an der rechten Schleusenwand festgemacht. Hinter uns fuhren weitere Boote in die Schleuse ein. Als das Schleusentor gerade zugehen wollte, quetschte sich zwischen uns und einem weiteren Schiff noch ein kleines Kunststoff-Speedboot. Seine Besatzung: zwei ältere Herren mit Rennfahrerkappen und den entsprechenden Brillen. Ein seltsamer Anblick.

Der Schleusenvorgang lief, und alle Schiffe stiegen mit dem Wasser langsam nach oben. Noch immer spannend für uns Pioniere. Boot an Boot, Europa zeigte sich vereint: Holländer, Belgier, Franzosen und Deutsche.

Als das vordere Schleusentor aufging, machte mein 1. Offizier allerdings einen großen Fehler. Ohne mein Kommando abzuwarten, löste er an der Backbordseite die Bugleine unseres Bootes, während gleichzeitig der Frachter vor uns seinen Motor anwarf. Der unglaublich starke Schwell seiner Schiffsschrauben erfasste nun unsere »Memel« und drückte sie mit Macht seitwärts gegen das Speedboot, das wie eine Flunder zwischen uns und seinem Nachbarschiff zusammengepresst wurde.

Die beiden Herren mit den Rennfahrerkappen gerieten nun heftigst in Aktion, um nicht zwischen den Schiffen zerquetscht zu werden. Bei aller Gefahr in diesem Moment hatte ihre Abwehrreaktion dennoch etwas Komisches an sich. Jeder der Herren versuchte jetzt eine weitere Kollision zwischen den Schiffen zu verhindern, indem er sich mit aller Kraft gegen irgendeine Bootswand stemmte. Das alles kam so schnell und überraschend, dass uns der Schreck in die Glieder fuhr.

Unnötigerweise wurde dies alles aber von einem unglaublichen Schreien einer Holländerin begleitet, die auf dem Vorderdeck eines Schiffes stand, das in das ganze Tohuwabohu in keiner Weise involviert war. Sie blickte auf das Geschehen, schrie völlig hysterisch, als wolle sie damit böse Geister vertreiben, und hörte damit nicht auf. Trotz des Durcheinanders schienen für einen kurzen Augenblick sämtliche Männer auf ihren Booten, einschließlich aller männlichen Schleusenwärter am Beckenrand, ob dieses infernalischen Gekreisches nur auf diese eine Frau zu starren – und höchstwahrscheinlich dachten auch alle dasselbe. Eine bizarre Situation.

Jetzt hatten es Peter und ich total verschissen. Der Frachter war inzwischen aus der Schleuse gefahren, das Wasser hatte sich wieder einigermaßen beruhigt, Leinen wurden eingeholt, und einer nach dem anderen fuhr aus der Schleuse – nicht ohne uns noch einen bösen Blick zugeworfen zu haben. Diese Deutschen, dachte die »holländische Admiralität«. Ja, als Angehörige einer ehemals großen Seefahrernation schüttelten die holländischen Skipper ihre Köpfe.

Wegen des Schadens, den wir am Speedboot unserer beiden Hobbyrennfahrer verursacht hatten, machten wir uns – mangels Anlegemöglichkeiten – notdürftig an den Dalben gleich hinter der Schleuse fest, um das Schadensprozedere zu regeln. An ihrem Speedboot war die Plastikwindschutzscheibe zerbrochen, was wir zutiefst bedauerten. Zu unserem Erstaunen reagierten die beiden

Belgier aber recht gelassen, und wir regelten den ganzen Versicherungskram. Dann zischten die beiden – nun ohne Windschutzscheibe – von dannen.

Erleichtert köpften wir erst einmal ein Bier und machten uns gemächlich auf die Weiterfahrt in der Hoffnung, dass alle Schiffe aus unserer »Unfallschleuse« bei der nächsten dann schon durch waren. Als wir die schließlich erreichten, sahen wir von Weitem, wie sich gerade die Einfahrtstore schlossen. Gott sei Dank, dachten wir: Die sind also weg.

Nun musste uns aber der Wärter dieser Schleuse, der von dem vorangegangenen Desaster ja nichts wusste, von Weitem wohl gesehen haben – er stoppte den Schließvorgang und öffnete die Tore wieder.

Oh Gott, dachten wir. Jetzt haben die da alle lange gewartet, dürfen endlich schleusen, und jetzt geht das Tor extra für diese doofen Deutschen wieder auf.

Übervorsichtig, bloß jetzt keine Fehler machen, fuhren wir in die Schleuse ein und machten fest. Dabei würdigte man uns keines Blickes – und wir taten so, als ob wir nicht vorhanden wären. Nachdem wir diesen Schleusenvorgang ohne weitere Vorkommnisse heil überstanden hatten, verständigten wir uns erst einmal auf eine Pause.

Bald aber ging es wieder weiter, und nach dem Städtchen Huy erreichten wir Namur und waren somit im Herzen der Wallonie angekommen. Unterwegs überraschten uns herrliche Landschaften und prächtige Bauten. Auch lernten wir, vor den Kräften des Wassers demütig zu sein, und entdeckten den unglaublichen Entschleunigungsprozess, den ein beschauliches Reisen auf einem Fluss bewirken kann. Weg von der Betriebsamkeit des Alltags war das ein verheißungsvoller Ausgleich für mich.

»Learning by doing« war jetzt das Motto, mich mit meiner kleinen »Memel« den Launen des Wassers zu stellen. Alles war nunmehr eine Übung. Konnte man zum Beispiel in einem Hafen nicht seitlich anlegen, weil die Liegeplätze quer zur Strömung verliefen, brauchte man schon einige Anläufe, bis man den richtigen Dreh raushatte.

All das war spannend und aufregend. Aber dann, nach erfolgreichem Ankommen und Festmachen, dem Erkunden der Örtlichkeiten, entspannt mit einem Glas Rotwein und einer Zigarre an Deck zu sitzen und auf eine gewaltige Zitadelle zu blicken – das war Erholung pur! Den Abend bis in die Nacht hinein zu genießen, wenn die Lichter langsam und allmählich Kontur annehmen und der Wein das seine dazutut. Zeit der geteilten Freude.

Weiter ging die Reise durch parkähnliche Landschaften mit alten Schlössern und Herrschaftshäusern, die von einer längst vergangenen Hochkultur zeugten, bis nach Dinant. Dieser Ort überraschte uns wirklich: Links und rechts des Flusses schmiegen sich alte Häuserzeilen an die Berge, und über allem erhebt sich die mächtige Kathedrale »Notre Dame« wie ein Wahrzeichen unweit des Ufers. Dahinter steile Felswände, auf deren Gipfel eine jahrhundertealte Festung thront. Hier wurde Adolphe Sax geboren, der Erfinder des Saxophons, mit dem als Kunstobjekt man immer wieder Straßen und Plätze dieses schönen Städtchens dekoriert. Ein besonderer Ort zum Verweilen.

Danach führte uns der Weg auf dem Wasser nach Frankreich. Nun war die Maas kanalisiert, und wir kamen jetzt auf den alten Maas-Schifffahrtskanal, den heutigen Canal de l'Est, der Ende des 18. Jahrhunderts gebaut wurde, um mit dem Güterverkehr auch das Mittelmeer erreichen zu können. Der Verkehr auf dem Kanal war jetzt wesentlich ruhiger, denn hier konnten nur noch kleinere Frachter, sogenannte »Péniches«, durchfahren. Durch die Höhenunterschiede gab es entsprechend viele Schleusen. Jede davon hatte ihren eigenen Wärter und wurde von diesem noch händisch mit einer Kurbel bedient. Dabei war es üblich, den Wärter bei dieser Arbeit zu entlasten, um ihm die Wege um das Schleusenbecken zu ersparen. Das war oft anstrengend, weil man dafür innerhalb der Schleuse die alten glitschigen und oft verdreckten Eisenleitern hochklettern musste, aber es machte Spaß.

Waren die Tore geschlossen, öffnete der Wärter nach und nach die Klappen, und das Wasser drängte mit Macht ins Becken. Das Boot musste man nun straff fieren, damit es in der Wasserflut nicht hin und her sprang. Allmählich wurde das Becken voll und das anfängliche Rauschen verendete in einem sanften Gurgeln.

Dann wurde es ganz still in der Schleuse. Man blickte auf das kleine beschauliche Schleusenwärterhäuschen und konnte durch seine offen stehenden Fenster nicht selten beobachten, was gerade auf dem Tisch serviert wurde. Alles eingebettet in einen wilden Vorgarten mit allerlei Sommerblumen, dazu das Gezwitscher der Vögel. Eine idyllische Abgeschiedenheit fernab von Straßen und Stadtbetrieb. Und das Kind in mir sagte: »Schleusenwärter könnte ich eigentlich auch machen.«

Amerika

Anfang Januar 1984 flog ich für ein Vierteljahr in die USA, weil ich das Bedürfnis hatte, mich künstlerisch neu zu justieren. Schon bei meinem ersten Besuch 1980 in New York hatte mich diese Stadt, »that doesn't sleep«, herausgefordert. Nicht nur das Imperiale, Monumentale dieser Riesenkapitale hatte es mir angetan. Auch lag es mir fern, dort Karriere machen zu wollen. Aber dem Sog, den dieser Ort mit seinen vielen Theatern für Kunstschaffende ausübte, konnte und wollte ich mich nicht entziehen. Neue Impulse, ein anderer Blick auf künstlerisches Know-how waren mir wichtig.

Mein erstes Musical, das ich 1980 gesehen hatte, war »Evita« mit der hinreißenden Patti LuPone. Aber besonders hatte es mir »Chorus Line« angetan. Diese Geschichte war für mich am authentischsten, denn sie handelte von jener großen Kraftanstrengung, die ein Schauspieler, Sänger und Tänzer an den Tag legen muss, um den Maßstäben des »Broadway« gerecht zu werden.

Als ich später zu Hause in Düsseldorf Lore von meinen Eindrücken berichtete, erzählte sie mir, dass sie in den Sechzigern mit dem »Kom(m)ödchen« einmal 14 Tage in New York gastiert habe. Sie habe sich während dieses Gastspiels damals auch viel angeschaut, gestaunt und demutsvoll zu sich gesagt: »Ich glaub, ich geh zur Post zurück.«

Jetzt saß ich also im Flugzeug. Mein Plan war, einen Monat an der Westküste zu verbringen und anschließend nach New York zu reisen. Die letzten Tage vor der Reise waren ziemlich stressig und aufregend für mich verlaufen, denn natürlich hatte ich mir für das, was ich noch zu erledigen hatte, mal wieder zu wenig Zeit gegeben. Bis in die Nacht vor dem Abflug war noch viel zu regeln. Da meine Wohnung in Köln in der Zeit meiner Abwesenheit umgebaut werden sollte, waren mit dem Architekten noch Absprachen zu tätigen, auch gab's noch reichlich Bürokram, diverse Telefonate, auch über ein neues Bühnenprogramm, das in diesem Jahr anstand, Leute kamen und gingen. Als ich dann endlich um 23 Uhr so weit alles geklärt hatte und es höchste Zeit gewesen wäre, mich jetzt um mein Gepäck zu kümmern und die Reisedokumente zu ordnen, gesellte sich zum Chaoten der Trotzkopf in mir. Aufgedreht und zugleich erschöpft, wie ich war, machte ich mir einen Rotwein auf und setzte mich einfach vor die Glotze, als ginge mein Flug nicht schon am nächsten Vormittag. Wie gelähmt saß ich vor dem Fernseher und ließ mich von irgendeinem Blödsinn berieseln. Um 2 Uhr nachts packte ich dann endlich die Koffer. Mein Agent wollte mich in ein paar Stunden abholen und zum Flieger nach Frankfurt bringen.

Beim Einchecken bat man mich in die erste Klasse. Aus irgendeinem Grund war die Business Class völlig überbucht. Wow, dachte ich, was für ein glückvoller Auftakt für eine solche Reise, und nahm das Angebot dankend an. First Class nach San Francisco, in diese wunderbare Stadt!

Entspannt setzte ich mich in einen Sessel neben einen Herrn, der ebenfalls ein Upgrade erhalten hatte und aus Persien kam, wie sich bald herausstellte.

Nun, hoch über den Wolken, schossen mir viele Gedanken durch den Kopf. Ich dachte an meinen Vater, der am 7. März seinen 70. Geburtstag feiern würde. Ich war lange unschlüssig gewesen, ob ich dafür extra meinen Aufenthalt in den USA unterbrechen sollte, um an der geplanten Feier mit der Familie und all den Freunden teilzunehmen. Ob ich nicht besser da sein müsste – mit einem Geschenk und einer Ansprache? Von meinen Brüdern wusste ich, dass sie Reden bei derartigen Anlässen gerne mir überließen. Andererseits dachte ich an die zusätzlichen Kosten für die Flüge. Wäre es da nicht witziger, diese Flüge zum Geschenk zu machen? Denn meine Eltern konnten sich einen Urlaub in den Staaten nicht leisten.

Mein Vater hatte sich mit 63 frühpensionieren lassen, sich einen Wohnwagen und ein Gummiboot gekauft und war mit meiner Mutter durch ganz Europa kutschiert. Jedes Jahr zogen sie von Mai bis Ende Oktober los und haben vom Nordkap bis Griechenland alles gesehen. Herrlich. Und folgerichtig für eine Generation, die man um ihre Jugend betrogen hatte. Aber Amerika?

So beschloss ich, ihm zu diesem besonderen Geburtstag zwei Flugtickets nach New York zu schenken. Und zwar für den Zeitraum, in dem ich noch dort sein würde, um ihn und meine Mutter in der amerikanischen Fremde an die Hand zu nehmen und mit beiden all die schönen Dinge zu unternehmen, die ich vorher austesten wollte. Jetzt musste nur noch die Übertragung der Geburtstagsrede an meinen Vater organisiert werden. Da ich die Musiker, die zu seinem Jubelfest aufspielen würden, alle kannte, bat ich den Technikfreak unter ihnen, doch bitte dafür zu sorgen, dass man ein Telefongespräch über die Anlage der Band mithören und somit für das anwesende Publikum übertragen könnte. Er versprach mir, die Vorkehrungen dafür zu treffen.

Aber jetzt freute ich mich erst einmal auf Kalifornien. Dort würde mich Felix in Empfang nehmen. Er war der Sohn einer mit Kay und Lore Lorentz befreundeten Familie, die ich auf einer unserer zahlreichen Tourneen in Süddeutschland kennengelernt hatte und die dort einen Kunstbuchverlag betrieb. Felix hatte ebenfalls künstlerische Ambitionen und studierte an der Filmhochschule in San Francisco Zeichentrickfilm. Wir hatten uns ein wenig angefreundet, und als er von meinen Reiseabsichten erfuhr, bot er mir zum Auftakt meines Aufenthalts zunächst Gastfreundschaft in seiner WG an, damit ich mich erst mal orientieren könne. Natürlich hatte ich auch Schiss vor dem Unbekannten in dieser neuen Welt. Und vor der Sprache. Der Amerikaner kennt nur seine Sprache und ist es nicht gewohnt, auf Menschen Rücksicht zu nehmen, die diese nicht perfekt beherrschen. Wer einmal mit einem Operator in einer amerikanischen Telefonzelle zu tun hatte, weiß, wovon ich spreche.

Inzwischen wurde ich an Bord verwöhnt. Es war wie in einem Sternerestaurant, wo einem jeder Wunsch von den Augen abgelesen wird. Ich kam mit meinem Sitznachbarn ins Gespräch und konnte dabei schon einmal meine Englischkenntnisse testen, da er kein Deutsch sprach. Wir unterhielten uns über den Schah, seinen Sturz und über Ajatollah Chomeini, der dabei war, im Iran einen

Gottesstaat zu errichten. Zu jener Zeit wusste ich noch nicht, was da wirklich ablief, gleichwohl mir religiöse Fanatiker schon immer höchst suspekt waren. Mir war nur klar, dass mein Gesprächspartner seine Heimat ganz bewusst verlassen hatte.

Irgendwann war ich auf dem Flug eingeschlafen und wachte erst wieder auf, als die Durchsage für das Frühstück kam. Also konnte es nicht mehr lange dauern, bis wir landeten. Und schon bald schaute ich angestrengt aus dem Bullaugenfenster, ob ich irgendwo die Golden Gate Bridge erkennen würde. Aber das weltbekannte Wahrzeichen war offenbar in Nebel gehüllt.

Nach der Einreiseprozedur nahm mich Felix in der Ankunftshalle in Empfang. Großes Hallo. Dann brachte er mich mit dem Auto in seine Wohngemeinschaft, die in einer kleinen Stichstraße auf einem der unzähligen Hügel dieser Stadt lag, wo die Straßen auf der einen Seite steil hinauf und auf der anderen Seite ebenso steil wieder hinab führten. Beeindruckende Ausblicke taten sich vor mir auf, und obwohl ich jetzt doch in einer großen Stadt war, schien mir alles unaufgeregt im Fluss zu sein.

In der WG stellte mich Felix seinen Mitbewohnern vor. Junge Leute, Studentinnen und Studenten und solche, die schon einem ganz normalen Job nachgingen. Sie alle waren ausgesprochen freundlich und hießen mich willkommen. Jetzt musste ich alle meine Englischkenntnisse aufbieten, denn außer Felix waren alles Amerikaner.

Von meinem damaligen Aufenthalt in San Francisco gibt es so gut wie keine Fotos, es sei denn, andere Personen haben welche von mir gemacht. Ich selbst habe in meinem Leben überhaupt wenig fotografiert. Wenn ich irgendwo längere Zeit verbracht habe, ob in einer anderen Stadt, einem anderen Land, ob ich im Hotel oder bei Freunden gewohnt habe, stets wollte ich mich der Illusion hingeben, dass ich eigentlich hier gleich um die Ecke lebe. Ein Fotoapparat würde mir zwangsläufig immer das Gefühl geben, ich sei hier nur ein Tourist. Er lenkt mich ab und zwingt mich, permanent etwas festzuhalten, was ich erst später zu Hause genauer in Augenschein nehme, um dann festzustellen, wo man eigentlich gewesen ist. Dabei bin ich doch jetzt hier. Und dieses Hiersein will ich entspannt genießen, nicht dokumentieren.

Der Japaner an sich fotografiert ja gern. Ich frage mich, ob die am Ende überhaupt Zeit haben, sich all diese Fotos anzuschauen, die sie überall und immerzu machen. Zwanzig Bilder von ein und demselben Motiv. Als wir einmal auf einer Südafrikareise von Kapstadt nach Robben Island übersetzten, jener Insel, auf der man Nelson Mandela über 30 Jahre lang eingesperrt hatte, fiel uns an Bord eine Gruppe Japaner mit ihren obligatorischen Sonnenhütchen auf, denen vor Müdigkeit ständig der Kopf herabfiel. Gestern noch im Louvre, heute auf Robben Island und morgen auf dem Roten Platz in Moskau, dachte ich. Haben die wirklich die Welt gesehen?

Gut, ich gebe zu, dass die Erinnerung primär von Bildern lebt, die man sich im Kopf hochlädt, um in ihr schwelgen zu können. Und mit zunehmendem Alter kann so ein Foto auch eine Hilfe sein. Das würde erklären, wieso ich mir heute gerne Fotos anschaue, die andere irgendwann von den Ecken der Welt gemacht haben, in denen ich auch schon war. Ebenso Fotos von gesellschaftlichen Ereignissen, wie Premierenfeiern, runden Geburtstagen, Silvesterfesten und Ähnlichem. Ja. Aber irgendwie war mir das Fotografieren immer eher lästig. Besonders das Fotografiertwerden, was ja in meinem Beruf unerlässlich ist.

Und so genoss ich fast zehn Tage lang ohne Fotoapparat jeden sagenhaften Blickwinkel, den mir diese Komposition aus Stein und Holz, Eisen und Stahl an der Frisco Bay anbot, gleichzeitig immer auch die Songs im Kopf, die uns Europäer von dort schon lange vorher erreicht hatten. Die Straßen, Parks und Plätze mit ihren »easy going«-Bewohnern, wobei selbst die zahllosen Jogger anders joggen, als sie es bei uns in Aschaffenburg oder Braunschweig je tun würden.

Damals wusste ich noch nicht, dass ich in den kommenden Jahren noch zwei weitere Male Frisco heimsuchen würde. Und da kannte ich schon den fantastischen Ausblick von den Twin Piks oder vom Nobb Hill, genoss immer wieder neu die Blumenpracht in der Lombard Street, wenn ich ihre Serpentinen herunterfuhr. Und ich wusste, dass die wenigen übriggebliebenen Alt-Hippies aus Haigt-Ashbury, östlich des Golden Gate Parks, immer noch auf Janis Joplin und Jimi Hendrix abfuhren, so wie auch ich es heute noch tue.

Später saß ich auch einmal mit meinem damaligen Pianisten Andreas Puhl in einem Konzert mit dem norwegischen Saxophonisten Jan Garbarek und dem deutschen Bassisten Eberhard Weber, Weltstars in ihrem Fach. Zweite Vorstellung, nachts um 24 Uhr. Rappelvoller, rot ausgelegter Club – und die vielen Joints von der ersten Vorstellung taten ihr Übriges. Da brauchte man sich nichts mehr reinzuziehen. Ich liebte diese Atmosphäre. Oder wir fuhren irgendwann einmal nach Oakland hinüber. Über die große Bay Bridge in ein Kino, in dem um Mitternacht der Kultfilm »Die Rocky Horror Picture Show« gezeigt wurde. Die Vorstellung war unglaublich. Der helle Wahnsinn. Übervolles Kino mit Ordnungskräften in Uniform links und rechts in den Gängen. Die jungen Zuschauer, alle mit Eimern voll Popcorn bewaffnet, und wenn die Songs kamen, rannten einer oder mehre aus dem Publikum auf die Bühne und sangen vor laufender Leinwand synchron die Hits. Das Publikum johlte. Ein tolles Erlebnis – und doch waren Andreas und ich damals den Hilfssheriffs insgeheim dankbar, dass sie aufpassten, dass das Kino nicht auseinanderflog.

Allmählich aber musste ich weiterzuziehen, wenn ich den Monat in Kalifornien optimal nutzen wollte. Ich hatte mir vor meiner Reise in Deutschland noch ein günstiges Rundflugticket einer kleineren amerikanischen Airline gekauft, das für vier Wochen galt und mit dem ich überall hinfliegen konnte. Natürlich nur Standby. Zunächst wollte ich unbedingt nach Las Vegas. Rodrigo, Amerikaner mit mexikanischen Wurzeln, den ich als äußerst zuvorkommenden Mitbewohner der WG von Felix in Erinnerung hatte, kannte dort einen »Gambler«, einen Profispieler. An den sollte ich mich wenden. Er lebe dort in einem Hilton-Hotel, habe Zugriff auf günstige Zimmer und könne mir sogar Essensmarken für das Büffet besorgen. Ich solle ihn ansprechen und von ihm, Rodrigo, grüßen. Allerdings bitte nicht, wenn er in ein Pokerspiel involviert sei. Ihn beim Spiel zu stören, sei nicht ungefährlich.

Las Vegas kann also spannend werden, dachte ich mir. Aber das wurde es schon vorher, als ich am Flughafen in San Francisco erfuhr, dass man mit meinem Rundumticket keineswegs direkt nach Vegas fliegen konnte. Auch nicht nach Los Angeles, was ja nicht sehr weit entfernt von dieser Spielerstadt lag. So flog ich erst mal in eine andere Stadt, um dann von dort an mein Ziel zu gelangen. So verbrachte ich die nächsten Wochen viel Zeit in der Luft und lernte dabei Menschen kennen, die nach Salt Lake City, Minneapolis-Saint Paul, Phönix und Denver oder sonst wohin wollten. Endlich aber erreichte ich Las Vegas.

Las Vegas lag in einer Wüste und kam mir im ersten Moment wie ein riesiger Kirmesplatz vor, bei man nicht genau wusste, ob hier gerade alles auf- oder schon wieder abgebaut wurde. Überdimensionierte bunte Plakatwände vor Hotels und Spielhallen, versehen mit grellbunten Plastikschriftzügen, die zum schnellen Amüsement einluden. Dazwischen vor Hotelhochhäusern ein paar schlechte Imitationen berühmter venezianischer Wahrzeichen, bei deren Anblick auch noch der unbedeutendste Baumeister der italienischen Renaissance zerbrochen wäre. Dazwischen immer wieder Baukräne als mahnende Vorboten für spätere Untaten an europäischen und ägyptischen Kulturdenkmälern.

Ein Taxi brachte mich über die Hauptmeile, den Las Vegas Strip, zu meinem Hotel, das in einer Seitenstraße lag. Fette Straßenkreuzer zogen behäbig ihre Bahn. Die Bürgersteige waren seltsam leer. Hier fährt man alles mit dem Auto, dachte ich. In der Hotelhalle hatte ich Mühe, die Rezeption zu finden, da alles hier eher einer Spielhalle glich. Überall Spielautomaten, die Slotmaschinen, die man bei uns auch als »einarmige Banditen« kennt und an denen sich bereits viele Spieltouristen gütlich taten. Dazwischen uniformierte Hostessen, die mit Tabletts voller Softdrinks herumwuselten.

Endlich hatte ich die Rezeption gefunden. Ich erkundigte mich nach meinem Profispieler, an dessen Namen ich mich heute leider nicht mehr erinnern kann. Ein Hotelangestellter brachte mich schließlich zu ihm in einen Bar-Raum, wo er, in einem Sessel sitzend, in einem Magazin blätterte. Er hatte so gar nichts von einem Pokerspieler. Ich schätzte ihn auf Mitte 30, und nachdem ich mich ihm vorgestellt hatte, natürlich mit den besten Grüßen von Rodrigo aus San Francisco, begrüßte er mich freundlich, drückte mir irgendwelche Marken in die Hände, das waren wahrscheinlich die Vergünstigungen für das Essen, und schickte mich an den Empfang zurück. Dort würde ich den Schlüssel für das Zimmer bekommen. Zwanzig Dollar die Nacht. Sprach's und ließ mich stehen. Okay, dachte ich. Diese Hürde wäre genommen.

Ich hatte vor, mir einige Shows anzuschauen und selbstverständlich auch ein bisschen zu spielen, wenn man schon mal hier war. Natürlich nur an den Slotmaschinen, wo man verschiedene Coins im Wert von 50 Cent und einem Dollar einwerfen konnte. Bevor ich in eine Show am Abend gehen wollte, streifte ich durch die Lobbys verschiedener Hotels auf dem Strip, die alle irgendwie gleich aussahen. Menschenmassen an Spielautomaten. Separierte Räume, in denen Spieler an Blackjack- und Baccaratischen saßen. Nachdem ich 100 Dollar in Coins umgetauscht hatte, setzte ich mich an einen Automaten und spielte. Um mich herum kreischten Frauen auf, wenn sie gewonnen hatten und die Münzen aus den Automaten ratterten. Es fing an, Spaß zu machen, gleichwohl ich verlor.

Dann kaufte ich mir ein Ticket für eine Westernrevue. Shows mit großen Stars, die ich kannte, wurden an diesem Abend nicht gezeigt. Aber am nächsten Tag sollte Paul Anka hier auftreten. Den wollte ich unbedingt sehen, auch um später meinem ältesten Bruder Klaus davon erzählen können, der ein Fan von Paul Anka war und immer noch ist. Zumindest hatte er alle seine Platten. Aber auch Platten von den anderen Großen seinerzeit. Jonny Cash, Fats Domino, Elvis Presley, Pat Boone, Chubby Checker und wie sie alle hießen.

Noch heute hören wir diese Aufnahmen, wenn ich ihn in Paderborn besuche. Klaus hat seine Plattensammlung immer sehr gepflegt und sich vor ein paar Jahren noch mal einen neuen Plattenspieler gekauft. Und wenn ich dann mit ihm beim Abspielen der alten Aufnahmen das leichte Knarzen unter der Musik vernehme, sitzen wir beide wieder, ich als 12jähriger und er als 18jähriger, im Wohnzimmer unserer Eltern und hören meinen Vater schimpfen: »Nicht so laut, das kann ja kein Mensch mit anhören!« Kindheit. Nichts bringt einen schneller in das Reich der Erinnerungen zurück als Musik.

Die Westernrevue am Abend war ziemlich schrecklich. Komödienstadel auf Amerikanisch und für die pietistische Grundeinstellung der Amerikaner sogar ziemlich obszön. Über diese Show möchte ich nicht schreiben, es schüttelt mich noch heute, wenn ich sie mir vergegenwärtige.

Bevor ich am nächsten Tag Paul Anka erleben würde, wollte ich aber doch noch meinen Spielverlust vom Vortag wettmachen und mischte mich wieder unter die dollarsüchtigen Menschen. An diesem Tag erwischte es mich, und ich wurde abhängig wie sie und wollte es doch nicht wahrhaben. Immer wieder wechselte ich meine Dollars in Coins und starrte auf die Zahlen im Display meiner Slotmaschine. »Nun mach schon!«, sprach ich zu meinem Spielapparat, der meinen Eifer mit einem permanente Blubblub und Dingdong und anderen künstlichen Lauten quittierte und sein Zahlenkarussell drehte. Ich hatte schon über 300 Dollar auf den Kopf gehauen, aber der große Gewinn blieb aus. Je nach Einsatz konnte man an diesen Verführungsgeräten bis zu 3 000 Dollar rausholen, und die Aufschreie, besonders die der weiblichen Spieler (»Ohh, myyy gaaawwd! Two Thousand Dollar!!!«), wenn an den Nachbargeräten der Gewinn ausgespuckt wurde, beförderten diese Illusion. Dann ratterten die Coins unter der Maschine so vehement heraus, dass man einen Eimer darunter halten musste, um sie aufzufangen. Allmählich kam ich ins Schwitzen, und mein trockener Mund sog das amerikanische Bier in sich hinein, mit dem mich die umherlaufenden Servicegirls, die mich jetzt alle an Cheerleader erinnerten, versorgten. War es nur die Geldmaschine, die mich so in Wallung brachte, war es das Bier, das mich mehr an Kölsch erinnerte als an ein gutes deutsches Pils? Oder war es alles zusammen an diesem unwirklichen Ort mit seinen spielgetriebenen, schlecht angezogenen Menschen, den Amerikanerinnen, die alle irgendwie aussahen wie Peg Bundy mit ihren hochtoupierten Haaren, nur dass sie überwiegend alle blond waren, oder lag es an den möglichen Gewinnchancen und dem Aufgejohle, wenn man einen Volltreffer landete?

Das alles interessierte mich nicht mehr, auch nicht Paul Anka, in dessen Konzert ich doch heute Abend gehen wollte. Ich hatte einen Bund mit meinem Automaten geschlossen und wollte das Spiel erst beenden, wenn er mich endlich erhörte. Aber er dachte nicht daran, und so gab ich nach Stunden schließlich resigniert auf, wälzte mich von meinem Hocker und ging. Nach ein paar Schritten drehte ich mich noch mal zu meinem Spielkameraden um und blieb kurz stehen. Ich kramte meine beiden letzten Münzen hervor, die ich noch hatte, ging zu ihm hin, steckte sie in seinen Schlitzschlund, drückte zum letzten Mal auf den Glücksknopf, sagte zu meinem vermeintlichen Goldesel: »Hier, Trinkgeld!«, und wandte mich endgültig ab.

Kaum hatte ich mich in Bewegung gesetzt, vernahm ich hinter mir eine Gewinnfanfare. Überrascht drehte ich mich um und rannte los, packte einen Eimer und fing alle Coins auf, die der Kamerad nun mit lautem Getöse ausspuckte. Es war der Gegenwert von 1 000 Dollar. Die Spieler um mich herum nickten anerkennend, als hätte ich jemanden vor dem Ertrinken gerettet. Jetzt bloß keinen Fehler machen, dachte ich. Stante pede ging ich an einen Wechselschalter. »Wollen Sie wirklich schon aufhören?«, fragte mich der Typ hinter dem Desk. »Ja«, entgegnete ich bestimmt und dachte doch gleichzeitig: Wenn ich drei Münzen eingeworfen hätte, würde er 2 000 Dollar ausgespuckt haben.

Ich musste hier weg. Und zwar sofort. Als ich wieder in meinem Hotelzimmer war, bestellte ich mir beim Room Service eine Flasche Champagner und rief meine Eltern zu Hause in Deutschland an.

Nach diesem verrückten Erlebnis wollte ich Las Vegas hinter mir lassen und flog am nächsten Tag via Phönix nach Flagstaff. Diese Stadt, in über 2 000 Meter Höhe auf dem Colorado-Plateau gelegen, ist ein bekannter Ausgangspunkt, um an den Grand Canyon zu gelangen.

Ab hier mit dem Bus. Ein Ausflug in die Zeitgeschichte Amerikas, die ich nun von einer anderen Seite kennenlernen sollte. Diese grandiose Naturlandschaft, einst Heimat der Ureinwohner Amerikas, ist mehr als nur »great«. Sie ist ein heftiger Hinweis auf den heutigen Irrsinn menschlichen Tuns. Nicht umsonst sind große Regionen dieser ungewöhnlichen Gegend von vermeintlich klugen amerikanischen Politikern zum Nationalpark erklärt worden. Aber das Nationale in diesem Wort leiten sie aus *ihrer* Geschichte ab – der Geschichte der Amerikaner und nicht der seiner Ureinwohner, der sogenannten Indianer, die in den Ghettos, die man ihnen gelassen hat, heute ein armseliges Leben führen. Stanislaw Lec hat diesen Widerspruch mit einem Aphorismus einmal auf den Punkt gebracht: »Die Entdeckung Amerikas ist nicht das Verdienst der Amerikaner. Schande!«

Meine Weiterreise nach Los Angeles geriet ins Stottern. Inzwischen hatte es auf dem Canyon-Plateau kräftig geschneit, sodass der Flugplatz dort gesperrt war und ich mit dem Bus die lange Fahrt nach Phönix antreten musste. Von dort ging für mich an diesem Abend auch kein Flieger mehr nach Los Angeles. Es war ein Samstag, und weil ich es hier alleine jetzt nicht so prickelnd fand, kam ich auf die nicht so gute Idee, nochmals nach Las Vegas zu fliegen.

Zurück in Las Vegas: »Gambler« wiedergefunden, leider auf dem falschen Fuß erwischt. Hotel und Verpflegung gab es daher ab jetzt für mich nur noch zu regulären Preisen. Nun ja, also ab zum Spielautomaten meines Vertrauens. Vier Stunden später war mein ganzer Gewinn von vor zwei Tagen futsch. Halsschmerzen, nicht nur wegen der Klimaanlage. Ich wollte nur noch weg. Nächstes Desaster: Am Sonntagabend waren alle Maschinen voll, und als Standby-Passagier war es unmöglich, einen Platz zu ergattern. Noch mal ab ins teure Hotel und in die Kissen geweint.

In Los Angeles erfüllte ich mir endlich den Traum, einmal mit dem Straßenkreuzer durch die Sonne Kaliforniens zu fahren. Den ganzen Sunset Boulevard entlang bis runter nach Santa Monica. Gemächliches Dahingleiten bei Tempo 90 auf den Free- und Highways. Einfach nur herrlich.

Ich quartierte mich in Venice ein und genoss das lässige Treiben am Strand. Da wurde gejogged, was das Zeug hielt, Kraftsportler stellten ihre Muskeln zur Schau, und die Jungs auf den Skateboards trugen ihr Basecap verkehrt herum auf dem Kopf und hatten Jeans an, bei denen der Hintern in den Kniekehlen hing. Das war cool, und zehn Jahre später beherrschte dieses Uniforme auch das junge Publikum in Deutschland.

Wenn der Ami Wert auf Etikette legt, kann es bisweilen drollig werden. Jedenfalls servierte mir in einem Restaurant ein Kellner, im Smoking wohlgemerkt, eine Vorspeise, die ich in dieser Kombination so nicht kannte. Neben einer Scheibe geräuchertem Lachs lag gemächlich in gleicher Größe eine Scheibe Käse. Auch gut, dachte ich. Wenn es weiter nichts ist. Hauptsache, die Leute sind gut drauf. Und das waren sie.

Bevor ich in New York endgültig mein Quartier aufschlagen sollte, wollte ich in Ithaka, etwa eine Flugstunde von New York entfernt, noch meinen ältesten Freund Klaus besuchen, der dort als Doktor der Biologie wissenschaftliche Untersuchungen an Moskitos in Sachen Malaria vornahm. Als ich am JFK-Airport ankam, hatte ich zu viele Gepäckstücke dabei, weil ich mir in der Zwischenzeit so einiges gekauft hatte. Ich konnte nicht alles auf einmal tragen und winkte einem der vielen Gepäckträger, die einem das Gepäck an die jeweiligen Gates zum Weiterflug bringen. Als er mich knapp fragte: »Which Airline?«, sagte ich: »I want to go to Ithaka.«

»Which airline?«, fragte er erneut, jetzt einen Zacken ungeduldiger.

Ich, leicht irritiert: »I want to fly to Ithaka.«

Da ließ er mich wortlos stehen und suchte sich mit seiner Karre einen anderen Kunden. Irritiert winkte ich einen anderen Waiter heran. Dasselbe Spiel.

Mir fiel auf, dass es hier an der Ostküste offenbar wesentlich ruppiger zuging als an der Westküste. Alles lief schneller, lauter und aggressiver ab. Später wurde mir von Amerikanern selbst bestätigt, dass die Menschen hier an der Ostküste die Bewohner der Westküste für eher lahmarschig, ja verschnarcht halten. Und die Meinung der Westküstler über die Ostküstler, insbesondere über die New Yorker, war entsprechend geringschätzig.

In meiner Not winkte ich erneut einem Gepäckträger und sagte: »Delta Airlines« – und es klappte. Er brachte mich jetzt mit meinem Gepäck zu einem Delta-Schalter, kassierte sein Trinkgeld und zog wieder ab. Um mich wuselte es von Menschen, die zu ihren Gates hasteten, und ich bat die Person hinter dem Delta-Schalter, ob ich für einen Moment mein Gepäck bei ihr lassen könne, um mich um meinen Weiterflug zu kümmern. Gottlob erkannte sie mein Problem und willigte ein. Hier ist sich jeder selbst der Nächste – das spürte ich sofort und zog los.

Als ich endlich wieder im Flieger saß, wurde mir klar, dass es nun mit der Gemütlichkeit, die ich an der Westküste erlebt hatte, wohl zu Ende war, und so kam mir der Aufschub mit Ithaka sehr gelegen.

Das passte ja auch zu mir. Immer, wenn ich mir etwas vornehme, vor einer neuen Herausforderung stehe, von der ich sehr wohl weiß, dass sie mich weiterbringt, fallen mir unzählige Dinge ein, die im Moment scheinbar wichtiger sind. Vor dem Erstellen der Steuererklärung, dem Lernen oder Schreiben eines neuen Textes, dem Beantworten eines wichtigen Briefes oder auch dem Kofferpacken vor einer großen Reise müssen ganz dringend jetzt diese drei kurzärmeligen Hemden gebügelt werden (obwohl es Winter ist), das CD-Regal neu sortiert und auch die Fenster müssten mal wieder … Auf diese Art und Weise ist übrigens auch dieses Buch entstanden, wobei die Fenster könnten man ja auch mal wieder … Aber lassen wir das.

Meinem günstigen Rundflugticket wurde ich an einem kalten Januarmorgen untreu. Ich stand vor den Abfertigungsgebäuden auf einem kleinen Flugplatz bei Ithaka und beobachtete mit Interesse, wie »der Professor« an einer Eisenstange seine Ein-Propeller-Maschine aus dem Hangar zog. Diese würde mich nach New York Newark bringen. Der Professor war ein Vorgesetzter von Klaus, der diesen Deal auch eingetütet hatte, und flog aus beruflichen Gründen mehrmals in der Woche nach New York. Lediglich 40 Dollar kostete mich dieser Spaß. Und das war es dann auch. Ein aufregender Spaß.

Nachdem mein Gepäck verstaut war, kletterte ich auf den Beifliegersitz und schnallte mich an. Das Cockpit solcher Maschinen ist winzig, und als Mitflieger muss man aufpassen, dass man sich nicht ständig am Ruder festhält, das sich synchron zu den Bewegungen des Pilotenruders verhält. Der Professor zog den Schock und startete den Motor. Der Propeller vor mir fing laut zu rotieren an. Der Eisenvogel begann zu rennen und schwang sich unter Getöse in die Luft. Mein Freund Klaus am Boden wurde immer kleiner und verschwand schließlich als schwarzer Punkt. New York, ich komme!

Rasch gewöhnte ich mich an das Surren des Propellers und die gelegentlichen ruckartigen Bewegungen, wenn der Wind mit dem kleinen Flugzeug spielte. Ich genoss den Ausblick und lauschte dem Kauderwelsch des Funkverkehrs. Nach etwa einer Stunde sah ich in der Ferne etwas in der Sonne blitzen, und als wir näher kamen, glaubte ich zwei riesengroße Spiegel zu erkennen. »What's that?«, fragte ich meinen Piloten, den Professor.

»This is the World Trade Center. Welcome to Manhattan!«, antwortete er.

Als wir über der Stadt waren, tauchte rechts von mir plötzlich ein riesiger Reifen auf. Er gehörte zum Fahrwerk einer Boeing, die meiner Meinung nach viel zu dicht an uns vorbeizog. Unverschämtheit. Hatte die uns überhaupt gesehen? Und es blieb nicht nur bei dieser Maschine. Überall um uns herum Flugzeuge in der Luft und in meinem Bauch ein mulmiges Gefühl. Aber mein Pilot blieb ruhig und meinte nur: »That's normal. Twelve million people live in this area.« Als wir in Newark endlich wieder festen Boden unter den Füßen hatten, war ich erleichtert und dennoch sehr dankbar für ein elementares Erlebnis.

Nachdem uns ein Shuttlebus zur Central Station nach Manhattan gebracht hatte, dankte ich meinem Flugprofessor für seine freundliche Hilfestellung beim Ankommen in dieser für mich neuen Welt. Dann trennten sich unsere Wege. Ich war auf mich alleine gestellt.

Natürlich hatte ich mich nicht unvorbereitet in dieses Abenteuer gestürzt.

Alfred Biolek, der wie ich damals ebenfalls in Köln wohnte und mit dem ich locker befreundet war – ich war auch mehrfach in seinen Sendungen aufgetreten – hatte mir einige Tipps für New York gegeben. Er kannte eine Menge Leute dort. Da ich das Telefonieren an öffentlichen Fernsprechern schon mehrfach erprobt hatte, fand ich über eine Kontaktperson schnell die Adresse meines künftigen Wohnquartiers heraus. Es befand sich in der 105. Straße in der Upper West Side von Manhattan. Dort würde der Mieter dieser kleinen Wohnung auf mich warten, um mich einzuweisen. Er selbst war gerade dabei, die Stadt für zwei Monate zu verlassen. Also verstaute ich mein Gepäck in einem der berühmten gelben New Yorker Taxis, setzte mich in den Fond und sagte mit gespielter Beiläufigkeit zum Driver: »Broadway 105th Street Riverside Drive.« Und er brachte mich in mein neues Zuhause.

Eines Tages fiel mir in der New York Times ein Foto auf, das eine mehrere Hundert Meter lange Menschenschlange vor einem Theater zeigte. Zuerst dachte ich, hier würden sich Leute um Karten für eine spektakuläre Inszenierung bemühen. Aber die Bildlegende klärte mich rasch darüber auf, dass es sich hier um ein Casting für eine Broadwayshow handelte. Hunderte junger Männer und Frauen, die sich für eine neue Produktion bewarben. Das zeigte mir anschaulich etwas von dem unbändigen Ehrgeiz, dem sich aufstrebende Künstler in Amerika aussetzen. Einige von ihnen lernte ich in diversen Clubs, die mir Alfred Biolek genannt hatte, kennen. Diese eher kneipenmäßigen Clubs und Bars zwischen Times Square und Downtown waren abendliche Treffpunkte für all jene, die irgendwann einmal ein Broadwaystar werden wollten, sei es als Musiker, Schauspieler, Tänzer oder Sänger.

Die Atmosphäre in diesen Etablissements war für mich äußerst ansprechend, denn diese hoch ambitionierten jungen Menschen waren ihr eigenes Publikum, das sich selbst durch spontane Darbietungen unterhielt. Musiker setzten sich ans Klavier und spielten irgendeinen aktuellen Song aus einem der unzähligen Musicals, und abwechselnd kamen junge Akteure aufs Podium und sangen dazu. Oder spielten kleine Rollen vor, machten Steppeinlagen – und ich dachte, mein Gott, da könnte man doch jeden gleich wegengagieren. Die sind hier ja alle so begabt. Der Aufenthalt in diesen Clubs war meistens die letzte Station meines Tagesablaufs, den ich mir für meine New Yorker Zeit zurechtgelegt hatte. Das ging oft bis spät in die Nacht, und ich machte mich, gelegentlich frustriert ob dieser vielen Talente, auf den Nachhauseweg.

Anfänglich fuhr ich noch mit dem Taxi in meine kleine Wohnung, weil es mir nach Mitternacht mit der Subway nicht ganz geheuer war. Allmählich wurde mir das aber zu kostspielig, und ich nahm doch die Untergrundbahn. Ich setzte mich dann immer in den Wagen, in dem ein Sicherheitsmann mitfuhr. Ich hatte ja auch inzwischen ein paar Subway-Regeln gelernt: Starre keine Leute an und schon gar keine Farbigen, denn meine Bahn fuhr bis weit nach Harlem hoch, das ab der 120. Straße beginnt. Meine Station war an der 103. Straße und ich musste den Broadway noch zwei Blocks hochlaufen bis zur 105., dann links ab, und nach etwa 100 Metern stand ich vor dem Haus, in dem ich mich eingemietet hatte.

Kein Lift, und das Treppenhaus hatte schon bessere Tage gesehen. Die Türen der Wohnungen waren alle mit mehreren Schlössern nachgerüstet. Leicht muffiger Geruch. Mein Appartement lag im vierten Stock. Ich öffnete die drei Sicherheitsschlösser an meiner Tür und verschloss sie gleich wieder. Dann machte ich Licht. Inzwischen hatte ich mich an mein Quartier gewöhnt. Ein kleiner Vorraum für die Garderobe, ein größeres Zimmer mit einem Bett, einem Schrank und einem völlig abgeratzten Sideboard. Ein wackliger Schreibtisch mit Telefon. Beim Blick aus dem Fenster starrten mich vollgemüllte Balkone an. Neben dem Fenster eine kleine Kochnische mit Geschirrschrank, Herd und einem Kühlschrank sowie ein winziges Bad. Die Wände alle schwarz. Das hatte mich schon beim Einzug schockiert. Wer kommt bloß auf die Idee, die Tapeten seiner Wohnung schwarz anzumalen, dachte ich. In einer Zimmerecke eilig zusammengetragene Utensilien meines Vermieters auf einem

Haufen. Das einzig Wertvolle in dieser Behausung war seine Stereoanlage mit zwei großen Boxen.

Ich kam mir in meiner selbstgewählten Anonymität jetzt doch recht einsam vor. In dieser dunklen Wohnung, diesem alten Haus, dieser riesigen fremden Stadt – in diesem großen Amerika. So ließ ich Tag und Nacht das Radio laufen. In dem Musiksender, den ich eingestellt hatte, liefen pausenlos all die Titel, die gerade in den Charts waren. »Thriller« von Michael Jackson, »Jump« von Van Halen, »Joanna« von Kool & The Gang und: »99 Luftballons« von Nena. Die deutsch-englische Version. Ich war schon ein wenig stolz, dass es unsere kleine Nena bis in die Hitlisten der USA geschafft hatte.

Aber in Wirklichkeit war ich ja gar nicht allein in dieser merkwürdigen Wohnung. Eigentlich war es eine WG – mit Kakerlaken! Oh Gott, wo kamen denn diese Mitbewohner her? Und so machte ich mich kurz nach dem Einzug erst einmal daran, die Wohnung gründlich zu putzen – denn, wenn überhaupt, lebt es sich im eigenen Dreck besser. Als die Küche an der Reihe war, versuchte ich es sogar mit einem Vernichtungsspray gegen dieses Ungeziefer. So beging ich einen großen strategischen Fehler, als ich dabei auch hinter den Herd und den Kühlschrank sprühte. Ein Heer von Millionen dieser ekelhaften Viecher kam hinter den Geräten hervor, lief über den Fußboden und die Wände hoch. Ich war umzingelt. Weitere hilflose Versuche mit meiner V-Waffe beeindruckten die Kakerlaken nicht. Tagsüber konnte ich ja die Flucht ergreifen, aber wo sollte ich nachts hin? Und: Was machen die wohl, wenn ich schlafe? In meiner Verzweiflung blieb mir nur die Kapitulation.

Mein Arrangement mit meinen Mitbewohnern sah nun wie folgt aus: die ganze Nacht das Licht anlassen, denn Kakerlaken scheuen das Licht. Und: Musik! Die sollte mich von eventuell auftretenden Geräuschen ablenken. Aber mit diesem Problem war ich in New York nicht allein. Bei einem Besuch der Metropolitan Opera spazierte neben mir auf dem schweren Messingtreppengeländer der Treppen, die in die oberen Ränge führten, eine ebenfalls operninteressierte Kakerlake hinauf. Dort schien die Akustik wohl am besten zu sein.

Inzwischen hatte ich mich in einem Studio für Stepptanz angemeldet. Davon gibt es unzählige in New York. Zwar war mir damals schon klar, dass ich im Alter von knapp 34 Jahren für dieses Unterfangen eigentlich schon viel zu alt war, wenn ich es denn professionell für die Bühne umsetzen wollte. Aber als Erfahrungstherapie schien es mir doch hilfreich zu sein, meinen Respekt vor künstlerischem Können zu erhöhen. Wenn man einem professionellen Stepptänzer oder einer Stepptänzerin auf der Bühne zuschaut, sieht alles ganz leicht aus. Und genau das ist die Kunst. Wenn es schwer aussehen würde, könnte man ja die Kraftanstrengung des Protagonisten bemerken, und man bekäme Mitleid mit ihm. Deshalb lächeln die Tänzer auch alle bei ihren Darbietungen. Dieses Lächeln erhöht noch den Erfolg ihres Auftritts.

Ich habe während meiner Übungsstunden im Steppkurs nie gelächelt. Dazu hatte ich auch keine Zeit und schon gar keine Veranlassung. Ich habe auf meine Füße gestarrt, um zu gucken, ob ich alles richtig mache. Die Tanzlehrerin gab die Schritte vor, und wir, die Anfänger, eine Gruppe von fünf, sechs Leuten unterschiedlichen Alters, versuchten im Takt mitzumachen. Das war alles unglaublich anstrengend, und im Vergleich mit den anderen Kursteilnehmern hinkte ich immer hinterher. Dieses Tempo. Alle hier hatten irgendwie ein anderes Tempo drauf. Es war wohl der Drive dieser Stadt, der auf die Menschen abfärbte.

Und so hatte ich nach drei Wochen Steppunterricht allmählich eingesehen, dass jede New Yorker Hausfrau mehr Power im Arsch hatte als ich und dass ich bei meiner Rückkehr nach Deutschland wahrscheinlich nicht die Gangway runtersteppen würde.

Also stürzte ich mich auf das, wovon ich mehr zu verstehen glaubte: Ausgehen.

Und zwar das volle Programm. Zum späten Frühstück ging ich immer an den Broadway, wo ich mir ein kleines Café ausgeguckt hatte. Danach tat ich erst einmal was für den Körper. Nach dem Stepptraining, das ich aufgegeben hatte, weil ich zu der Einsicht gelangt war, dass hier die *Kunst* im Weglassen liegt, sattelte ich kurzerhand um auf Aerobic.

Normalerweise kann ich diesen Modeerscheinungen in Sachen Bewegung als Massenphänomen nicht viel abgewinnen. Aber ich wollte und musste körperlich etwas für mich tun. Und bevor ich alleine durch den Central Park jogge und das dann doch immer wieder verschiebe, war für mich der Gruppenzwang besser. Désirée Nosbusch, die zu dieser Zeit ebenfalls in New York weilte und im Lee Strasberg Institut Schauspielunterricht nahm, war mir dafür eine willkommene Begleiterin. Das Training war nicht nur anstrengend, sondern machte auch viel Spaß, wenn sich dann bei Einbruch der Dunkelheit im 70. Stock eines vollverglasten Hochhauses bei lauter Musik um uns herum das imposante Lichtermeer Manhattans entzündete.

Ich gab mir das volle Programm. Am Abend zunächst ins Theater, danach ins Kino, wo mein Nachholbedarf besonders groß war. Vor allem die Woody-Allen-Filme hatten es mir angetan, und wenn ich lustig war, ging es dann noch in die kleinen Theaterclubs. Ein Highlight, an das ich mich gut erinnere, war das Drama »Tod eines Handlungsreisenden« von Arthur Miller – für mich besonders aufregend, nicht nur weil ich darin am Stadttheater Gießen meine erste kleine Anfängerrolle gespielt hatte. Die Titelrolle, »Willy Loman«, wurde hier in New York jetzt von dem großartigen Jack Lemmon verkörpert. Dieses Stück spiegelt fulminant das Trugbild des »American Dream« als fehlgeschlagener Gesellschaftsordnung wider, die nur dem materiellen Erfolg verhaftet ist. 1984 wie heute. Lemmon spielte diesen gescheiterten Familienvater so überzeugend, dass er mich trotz meiner mangelnden Englischkenntnisse anrührte. Ein wunderbares Erlebnis.

Oder »True West« von Sam Shepard im »Cherry Lane Theater«, dem ältesten Theater der Stadt. Ebenfalls ein Drama. Zwei charakterlich völlig unterschiedliche Brüder geraten hier ob ihrer individuellen Lebensentwürfe derart aneinander, dass man nur noch fasziniert auf die Bühne starrt. Das waren großartige schauspielerische Meisterleistungen! Und selbstverständlich ging ich in »Alexis Sorbas« mit Anthony Quinn. Ich hatte ihn zwar schon vor Jahren damit auf der Leinwand gesehen, aber nun auf der Bühne bekam ich

Gänsehaut, als sich der fast 70-Jährige mit seiner verzaubernden archaischen Ausstrahlung zum Schlussapplaus verneigte. Standing Ovations.

Natürlich wollte ich auch einmal Liza Minnelli live erleben, die man am Times Square in dem Musical »The Rink« bewundern konnte. Sie spielte dort die Rolle der »Angel«, die heimkehrende Tochter ihrer Mutter »Ana«, die in einem Badeort eine heruntergekommene Rollschuhbahn besitzt und diese nun verkaufen will. Die Minnelli trat schon im Prolog des Stückes auf, und ich blickte gebannt auf all ihre Regungen. Nach etwa einer Viertelstunde trat dann ihre Mutter auf. Ich kannte diese Schauspielerin und Sängerin nicht, aber nach wenigen Minuten war ich so hingerissen von ihr, dass ich dachte, die Minnelli kriegt keinen Stich mehr. Die Darstellerin der Mutter hieß Chita Rivera. Wer war diese ungewöhnliche Frau? Als ich später in den Clubs, wo sich allnächtlich der Nachwuchs traf, von ihr erzählte, bekamen die jungen Künstler leuchtende Augen. »She is our real Broadwaystar«, schwärmten sie. Natürlich hatte sich die Minnelli im Laufe des Abends mehr als ebenbürtig erwiesen. Aber die Überraschung war für mich Chita Rivera. Leider hat sie es nie nach Hollywood geschafft. Es sind auch hier die Zufälle, die das Leben für einen bereithält. In unserem Beruf spielt das Glück eine nicht zu unterschätzende Rolle, egal wie gut du bist.

Die Tage und Wochen vergingen wie im Fluge, und es war mir schier unmöglich, all die Eindrücke zu verdauen. Aber dafür würde ich ja zu Hause in Deutschland noch genug Zeit haben. Als ich an einem Spätnachmittag mal wieder von meinem Aerobic-Training kam und keine Lust hatte, mit der Subway in mein dunkles Loft zu fahren, stieg ich am Lincoln Center aus. Ich bummelte über die Plaza hinüber zur wohl bekanntesten Kulturstätte von New York City. In diesem prächtigen Gebäudeareal befinden sich unter anderem das New York City Ballett, die Philharmoniker, diverse Theater und Jazzschulen und natürlich die Metropolitan Opera. Ich schlenderte an dem großen Springbrunnen vorbei, der den Platz vor der Oper ziert, und blickte auf ein Gebäude, das mir mächtig und filigran zugleich vorkam: eine überdimensionale Fensterfassade, durch die man ins Innere schauen konnte. Mehr als einmal während meiner Zeit in New York stand ich vor diesen Fenstern. Besonders hatten es mir die Wandgemälde von Marc Chagall angetan. Wenn bei aufkommender Dunkelheit in den Foyers der Oper die Lichter angingen, dann fingen die Farben Chagalls – dieses unverwechselbare Blau und Rot – zu leuchten an. Je mehr es draußen dunkel und drinnen heller wurde. Ein prächtiges Bild.

Neben den Touristen fanden sich auf dem Vorplatz die Opernbesucher ein, dazwischen tummelten sich alle möglichen Personen, gelegentlich auch halbseidene Typen, die noch gute Tickets feilboten. Ein eigener kleiner Dealer-Markt, der sich etabliert hatte, denn es gab immer Leute, die keine Karten mehr bekommen hatten und sich auf dem Schwarzmarkt bedienen mussten.

Plötzlich stand ein dürrer Asiate mit einem Geigenkasten vor mir und fragte, was ich für ein Ticket zahlen würde: fünfter Rang, rechte Seite, sichtbehindert, 7 Dollar. Ich bot ihm 15 Dollar an. Er schüttelte den Kopf und verschwand wieder in der Menge. Inzwischen war es 19 Uhr. Ich war unschlüssig, ob ich überhaupt an diesem Abend in die Oper gehen sollte, zumal ich auch nicht passend gekleidet war. Vielleicht lieber doch ein anderes Mal? War das jetzt wichtig? Inzwischen hatte ich mich sachkundig gemacht. Es wurde »La forza del destino« von Verdi gespielt. Mit Leontyne Price, der ersten afroamerikanischen Primadonna an der Met. Das reizte mich jetzt doch. Inzwischen tauchte wieder mein Mann mit dem Geigenkasten auf und fragte mich erneut, was ich für das 7-Dollar-Ticket bezahlen würde. 15 Dollar war mein Gebot. Er schüttelte wieder den Kopf und versuchte woanders sein Glück. Während ich noch darüber nachdachte, ob dieser Asiate jetzt ein Chinese oder Japaner war und womöglich ein Geiger aus dem Orchestergraben, kam er abermals auf mich zu. Es waren nur noch zehn Minuten vor Vorstellungsbeginn. Jetzt wurde es eng – für uns beide. Er akzeptierte schließlich meine 15 Dollar.

Kurz darauf saß ich auf meinem Platz im fünften Rang. Der Blick von hier oben in das volle Opernhaus war erhebend. Knapp 4000

Zuschauer. Neben mir nahm ein junger Mann Platz. Wohl ein Musikstudent, denn er breitete eine Partitur vor sich aus. Sämtliche Leuchter wurden nun wie von Geisterhand hochgezogen und gaben die Sicht auf die Bühne frei. Der Zuschauerraum verdunkelte sich – und die Musik Verdis erfüllte den Raum.

An diesem Abend fuhr ich frohgestimmt nach Hause. Ich hatte eine der letzten Vorstellungen von Leontyne Price an der Met miterlebt. Und sie hatte mich gepackt.

Die Amerikaner zeigten der Primadonna ihre Liebe und Verehrung mit frenetischem Beifall, und alle, die auf den Rängen saßen und zu denen auch ich gehörte, zerstückelten ihre Tickets zu Konfetti und warfen es in Richtung Bühne, wo die Diva mit ihrer unglaublichen Ausstrahlung die Arme ausbreitete.

Solche Emotionen, wissen wir Schauspieler, kann man nur in der Oper erleben.

Es ist die Musik, die uns berührt und oft direkt nach dem Herzen greift. Da hat es das Wort, das erst über den Verstand dorthin gelangt, schon schwerer.

Jetzt hatte ich den längsten Teil meines Amerikaaufenthaltes hinter mir. Mein Jugendfreund Klaus hatte sich aus Ithaka zu Besuch angemeldet. Es war der 7. März 1984. An diesem Tag wurde mein Vater 70 Jahre alt. Am Abend war ein Fest mit allen Familienangehörigen und einem großen Freundeskreis angesagt. Um 16 Uhr New Yorker Zeit wollte ich in meiner kleinen Wohnung in der 105. Straße meine Geburtstagsrede an ihn halten.

»Da, lies mal«, sagte ich zu Klaus und gab ihm das Redemanuskript.

»Sag mir, wie du es findest.«

Klaus dreht sich eine Zigarette und studierte die Rede.

»Und?« fragte ich.

»Das ist ja eine schallende Ohrfeige mit einer Liebeserklärung«, meinte er und legte die Rede beiseite. »Bin gespannt, wie dein Vater reagiert.«

»Ja, so ein Geburtstag ist doch auch eine Gelegenheit, mal ein paar unbequeme Wahrheiten loszuwerden«, entgegnete ich, »und der räumliche Abstand hilft mir dabei. Außerdem schließe ich meine beiden Brüder in die Kritik ganz bewusst mit ein. Ich lobe ihn doch auch sehr, aber wir haben in der Familie nie groß rumgeschleimt. Das Unangenehme muss auch auf den Tisch.«

In dieser Rede warf ich meinem Vater vor, dass er sich aus Kleinkindern, und damit meinte ich meine Brüder und mich, grundsätzlich nicht viel gemacht hat. Er hatte damals keinen rechten Zugang zu uns. Und das hatte nichts damit zu tun, dass er in den Zeiten, wo wir ihn gebraucht hätten, beruflich viel weg war, oft erst spät abends nach Hause kam. Es war also die mangelnde Nähe zu uns Buben, die ich ihm vorwarf. Und dass so etwas zwangsläufig zu einer engeren Koalition mit der Mutter führt, was ja durchaus schön ist. Aber er dürfe sich jetzt, wo wir alle erwachsen geworden sind, nicht wundern, wenn sich in unseren Beziehungen gelegentlich Sprachlosigkeit breitmachte. Dabei warf ich ihm auch vor, natürlich witzig verpackt, dass er meinen ältesten Bruder Klaus äußerst streng erzogen hatte. Peter halbstreng – und ich, der Benjamin, durfte letztendlich machen, was ich wollte. Diese Ungerechtigkeit hat meinen ältesten Bruder Klaus oft wahnsinnig gefuchst.

Natürlich war mein Vater ein stets fürsorgliches Familienoberhaupt. Ja, meine Eltern haben uns gut erzogen. Gerade in unserer Zeit des Heranwachsens wurde von ihnen sehr darauf geachtet, dass wir in eine Struktur eingebettet waren, die uns jenen Halt gab, um später anständig durchs Leben zu kommen. Meine Eltern kauften sich niemals frei von Erziehung, wie das heutzutage oft der Fall zu sein scheint, wo ein gefräßiger Markt schon die Kleinstkinder erfasst, mit Dingen, von denen wir damals keine Ahnung hatten, weil es sie schlichtweg nicht gab. Meine Eltern waren nicht vermögend und schon gar nicht, als wir Kinder klein waren. So hat mich auch mein Vater eines Tages einmal furchtbar verprügelt, weil ich als Zehnjähriger die drei Mark Taschengeld, die ich in der Woche bekam, auf dem Rummelplatz mit Boxauto-Fahren auf den Kopf gehauen hatte. Zur Wahrheit gehört aber auch, dass er sich dafür bei einem gemeinsamen Spaziergang über fünfundzwanzig Jahre später bei mir entschuldigte. Hut ab, dachte ich damals. Ich war beeindruckt.

Natürlich erzählte ich in dieser Rede auch von den bevorstehenden Höhepunkten, die auf meine Eltern in New York warteten. Ich schmückte, so gut ich es konnte, alles aus, um ihnen den Mund wässrig zu machen. Als ich mit meiner Ansprache fertig war, ergriff mein Vater den Telefonhörer, bedankte sich launig für die Rede und ging sogar auf meine kritischen Anwürfe ein. Erst jetzt begriffen die Anwesenden, dass da kein Band lief, auf das ich vermeintlich gesprochen hatte, sondern dass meine Rede live war.

Drei Wochen danach, am 30. März 1984, saßen meine Eltern und ich im legendären Restaurant »Rainbow Room« in der 62. Etage des RCA Buildings an der Rockefeller Plaza. An diesem exponierten Ort wollten wir unseren letzten Abend verbringen, bevor wir am nächsten Tag unsere Heimreisen antreten würden.

Ich hatte diese Location gewählt, weil man von hier oben einen fantastischen Blick auf das beleuchtete Manhattan genießen konnte. Das Empire State Building lag da in seiner ganzen imposanten Pracht vor einem, und in der Ferne sah man auf die Twin Towers des World Trade Centers. Heute bin ich froh, damals noch mit meinen Eltern auf einem der Türme den irren Gegenblick auf Manhattan genossen zu haben.

Nun aßen wir in diesem besonderen Etablissement mit seinem eleganten Art-déco-Interieur zu Abend, und meine Eltern ließen die letzten 14 Tage Revue passieren. Ich hatte ihnen die Karten für die selbst erlebten Theaterbesuche besorgt, und sie waren nur noch am Schwärmen. Ich freue mich heute noch darüber, ihnen so etwas ermöglicht zu haben.

Der »Rainbow Room« war damals ein begehrtes Restaurant mit Live-Musik. Die Tische standen alle um eine Tanzfläche herum, und im hinteren Teil des Raumes war eine Band positioniert. Fast eine kleine Bigband, bei der kein Musiker unter sechzig Jahre alt war. Sie spielte so groovy, dass es einen nicht auf dem Stuhl hielt. Meine Eltern, besonders meine Mutter, tanzten von jeher gerne, und ich legte mit ihr eine kesse Sohle aufs Parkett. Es war alles ein bisschen wie im Film, wo sich in der Erinnerung das Leben zu einer heilen

Welt verklärt. Derselbe Film, der in meinem Kopf beginnt, wenn ich heute, im Jahre 2020, die Eagles vom »Hotel California« singen höre und meine Gedanken im Sound eines nicht enden wollenden Gitarren-Solos davonfliegen.

Deutsche Kapitel

I. Durch die Mauer

Es ist spät nachts, Berlin. Ich fahre die Straße des 17. Juni hoch, vorbei an den Panzern des Sowjetischen Ehrenmals im Tiergarten bis zum Brandenburger Tor.

Nachdem ich mein Auto geparkt habe, steige ich auf eine der Aussichtsplattformen hoch, die dort am sogenannten Todesstreifen aufgestellt sind, um besser »rüber« schauen zu können. Die drüben nennen diese Grenze offiziell den »antifaschistischen Schutzwall«. Eine Lachnummer und ein Armutszeugnis zugleich. Vor wem und vor was soll da etwas geschützt werden? Um diese Zeit ist es fast menschenleer hier. Man sieht keine Grenzsoldaten auf der anderen Seite und spürt doch, dass sie da sind. Die Durchlässe des Brandenburger Tors sind mit schweren Stoffbahnen verhängt, damit man nicht auf die andere Seite schauen kann. Die Quadriga auf dem First reitet gen Osten. Das Pferdegespann lenkt die römische Siegesgöttin Victoria. Oder ist es die griechische Friedensgöttin Eirene?

Ich habe keine Verwandten im Osten und komme nach Westberlin immer nur, wenn ich dort ein Gastspiel habe. Auch wenn ich die Menschen nicht kenne, die diese Grenze trennt, macht mich dieser Ort hier immer wütend und traurig zugleich, ja ich empfinde ihn als Hohn.

Im April 1986, als der Reaktorunfall von Tschernobyl seinen zerstörerischen Lauf nimmt, spiele ich mit meinen Musikern mehrere Wochen mein »Nadelöhr«-Programm bei den »Wühlmäusen« in Westberlin. Eines Tages sitzt ein Gewerkschaftsfunktionär bei mir im Programm. Er hat zwei Leute mitgebracht, die aus Ostberlin gekommen waren. Diese hatten einen Ausreiseantrag gestellt und wohnten nun in Westberlin-Moabit in einer Wohnung, die diesem Gewerkschaftler wohl auch gehörte. Nach der Vorstellung sprach ich mit den beiden und fing an, mich für ihre Geschichte zu interessieren. Willy, ein Gitarrist, und seine Freundin Jutta. Meine Neugier wurde auch von den Mitgliedern meines Begleittrios, Norbert Gottschalk, Andreas Puhl und Jochen Schaal, geteilt, und wir verabredeten uns zu einem weiteren Treffen in der Wohnung der beiden »Ossis«.

Ja, wir Wessis wussten damals überraschend wenig von den Menschen jenseits der Mauer, von ihrem realen Leben dort. Eigentlich nichts. Jedenfalls nichts Genaues. Warum wollten sie unbedingt weg, raus aus der »sogenannten DDR«, wie einige diesen Staat bei uns in der BRD zu nennen pflegten? Heute frage ich mich, warum es uns Westdeutsche über die bekannten Klischees hinaus so wenig interessiert hat, wie das Leben im anderen Deutschland wirklich war. Wie tickten die Menschen hinter dem »Eisernen Vorhang«?

Die Gespräche bei unserer zweiten Begegnung in der Wohnung von Jutta und Willy waren dann, besonders unter den Musikern, locker und unbeschwert. Das Band ihrer Berufe erleichterte wohl das gegenseitige Kennenlernen. Neben dem üblichen Fachsimpeln wurden dabei auch die Schwierigkeiten des Alltags thematisiert: Vage Andeutungen über die Mangelwirtschaft, das Eingesperrtsein, die extremen Reisebehinderungen, das Drangsalieren aufmüpfiger Zeitgenossen, der allgegenwärtige Überwachungsstaat. Noch gaben sich die beiden vorsichtig.

Von diesem Zusammentreffen ermuntert, fasse ich in diesen Tagen den spontanen Entschluss, mit meinem Auto nach Ostberlin zu fahren. Für mich zum ersten Mal. Ich frage Willy, ob er jemanden wisse, der mich dort in Empfang, sozusagen an die Hand nehmen könne.

»Ja«, meinte er, »der Roland ruft hier öfters an. Bei dem werde ich mal anklopfen.«

»Wer ist der Roland?«, fragte ich.

»Ein Kollege. Auch ein Gitarrist, wir haben drüben in mehreren Bands zusammen gespielt.«

»Und der würde da an der Grenze auf mich warten?«

»Bestimmt. Wenn er hier anrufen will, geht er natürlich erst zu irgendeiner Telefonzelle. Er hat kein Telefon. Muss es halt ein paar Mal versuchen, bis er durchkommt. Das ist oft schwierig durch die Mauer…«

»Das geht? Was wählt er denn da?«

»Er wählt 0849 und dann die Nummer im Westen. Aber nach der Null hört's meistens schon auf. Belegt. Kann auch schon mal zum Geduldsspiel werden.«

»Gut«, sagte ich, »wenn er anruft, sag ihm, dass ich dann am nächsten Tag um elf Uhr über den entsprechenden Grenzübergang komme. Er soll auf einen schwarzen Lancia achten.«

Mitte der 70er Jahre bin ich zusammen mit meinen Eltern und meinem Bruder Peter das erste Mal mit dem Auto nach Berlin gefahren. Von Süden kommend, nahmen wir damals den Grenzübergang Hirschberg bei Hof. Die Hinweisschilder schon Kilometer vor der Grenze brachten uns in eine gewisse Habachtstimmung. Entsprechend angespannt verliefen dann die Kontrollen. Auf westdeutscher Seite sahen unsere eigenen Grenzposten nur die Pässe an. Dann fuhr man durch ein Niemandsland auf die DDR-Grenzposten zu.

Niemandsland! Welch merkwürdiges Wort. Heute frage ich mich, was passiert wäre, wenn wir dort angehalten und ein Picknick veranstaltet hätten. Eine absurde Idee zwar, aber nicht weniger absurd als die Situation an dieser innerdeutschen Grenze.

Wir fuhren langsam auf die uniformierten Grenzer zu. Sie verlassen jetzt die BRD! Staatsgebiet der DDR. Anhalten! Aussteigen! Der Ton anmaßend, unfreundlich. Hinweisschilder, wohin man blickte. Ich hatte Schiss, weil in meinem Pass noch ein Foto war, das mich mit langen Haaren zeigte.

Nun hatte ich jetzt aber kurze Haare! Würde das ein Problem geben? Unaufgefordert setzte ich den Grenzbeamten davon in Kenntnis. Er musterte stumm abwechselnd das Foto und mich. Dann wurde unser Auto untersucht. Ebenso das Gepäck. Sogar mein Vater, der gerne mal zu kumpelhaften, witzigen Bemerkungen neigte, beugte sich der omnipotenten Präsenz der real existierenden Staatsgewalt. Man verschwand mit unseren Papieren in irgendeiner Grenzbude.

Nach einer Stunde konnten wir endlich weiterfahren. Aber die eigentliche Tortur begann erst jetzt. Die Autobahnen im Arbeiter- und Bauernstaat waren vom Feinsten. Es wurde holprig, viele Schlaglöcher gaben sich nun ein Stelldichein. Ständig irgendein Tempolimit. Die Fahrbahnen waren unbefestigt, und man konnte hie und da, wenig versteckt in einem angrenzenden Wald, Volkspolizisten in ihren Ladas sitzen sehen. Vorsichtiges Fahren auf über 350 Kilometern. Geschwindigkeitsüberschreitungen der westlichen Transit-Reisenden sollten in den kommenden Jahren noch viel Westgeld in die DDR-Kassen spülen.

Roland hatte sich schneller bei Willy gemeldet, als ich dachte, und es kam der Tag, an dem er am Grenzübergang Heinrich-Heine-Straße auf mich wartete. Dieser Durchlass war den Westdeutschen vorbehalten, wenn sie mit dem Auto in den Osten fahren wollten.

Jetzt, auf meinem Weg von West- nach Ostberlin, ging es vorbei an den obligatorischen großen Tafeln mit dem Hinweis SIE VERLASSEN DEN AMERIKANISCHEN SEKTOR, dann kam man zu einer Schranke, vor der noch andere PKWs standen. Ein Auto nach dem anderen wurde durchgelassen. Die Grenzer öffneten die erste Schranke, und man fuhr wieder in jene kleine unwirkliche Welt zwischen West und Ost, auf Slalomwegen zwischen Betonblöcken, den obligatorischen Abfertigungsbuden, Schranken, Leit- und Stoppschildern, gesäumt von Grenz-, Zoll- und Sicherheitsbeamten, Soldaten, Staatsschutzleuten und was da sonst noch aufgeboten wurde, um den Reisenden einen Vorgeschmack auf das Friedensparadies DDR zu geben.

»Ihre Autopapiere und Pass! Darf ich die Gründe Ihrer Einreise erfahren?«, fragte mich ein Uniformierter streng, während er durch die Scheiben das Innere meines Wagens in Augenschein nahm.

»Ich bin Tourist und möchte mir einmal Ostberlin anschauen«, gab ich zur Antwort.

»Haben Sie Verwandte in der DDR?«

»Nein«, war meine knappe Antwort.

»Dann fahren Sie vor bis zur nächsten Schranke und holen Sie sich ein Tagesvisum!«

Er ging mit meinen Papieren in eine der Abfertigungsbuden, und ich fuhr vor.

Ein Tagesvisum bedeutete, dass man 25 Westmark eins zu eins in Ostmark umtauschen musste. Dann gab es noch eine Bearbeitungsgebühr von weiteren 5 DM. Die Schalter in diesen Grenzbuden waren ungewöhnlich hoch auf der Seite des Bittstellers, als der ich mich empfand, damit man wohl nicht sehen konnte, was die wenig charmanten Staatsdiener hier alles »bearbeiteten«. Grenzbeamte sind wahrscheinlich auf der ganzen Welt gehalten, ein Höchstmaß an Sachlichkeit und Humorlosigkeit zu demonstrieren. Alles wirkte aufgesetzt, geschäftlich und kalt. Menscheln war tabu. Aber all das kannte ich ja schon von meiner Einreise am Grenzübergang Marienborn, wo mir auf die Frage, ob ich Waffen mitführen würde, immer die Antwort auf der Zunge lag: »Nein, braucht man die jetzt?«

»Fahren Sie mal rechts ran und steigen Sie aus«, wäre mit Sicherheit die Antwort gewesen. In den nächsten zwei Stunden hätten sie dann das Auto, das Gepäck und mich selbst ordentlich gefilzt.

Der Mensch ist anpassungsfähig. Zwei Stunden für einen Witz. Das lohnt nicht. Die Gewalt, die ein Staat durch die Unterordnung seiner Bürger erzwingt, indem er sie durch Gehirnwäsche zu gewaltbereiten Instrumenten erzieht, verhindert eine Friedenswelt. Ohne diese Gehirnwäsche hätte mir der Grenzbeamte vielleicht auch einen Witz erzählt. Etwa so: »Ja, wir wollen jetzt auch hier Schilder an den Grenzübergängen zur BRD aufstellen. Da steht dann drauf: SIE VERLASSEN JETZT DIE DDR. WIR WÜNSCHEN IHNEN AUCH IN DER BRD EINEN ANGENEHMEN AUFENTHALT!«

Wir hätten dann beide gelacht und anschließend zusammen noch eine Zigarette geraucht. Denkbar ist alles. Also muss ich doch relativieren. Im Dritten Reich konnte man für einen Witz hingerichtet werden. So weit ging man in der DDR dann doch nicht, weshalb ich plumpe Vergleiche mit der Nazi-Diktatur auch inakzeptabel finde. Aber nicht nur deshalb.

Endlich lasse ich die letzte Schranke erleichtert hinter mir und fahre in den Ostteil Berlins. Da in unmittelbarer Grenznähe sich nur wenige Leute auf der Straße aufhalten, finde ich auch meinen Roland. Er steht allein am Straßenrand und winkt kurz.

Das muss er sein, denke ich und halte an. »Bist du der Roland?«

»Na endlich«, meint er, »die Volkspolizei hat mich schon zweimal gefragt, was ich hier mache. Es ist blöd, hier zu warten. Man wird schnell zu einer verdächtigen Person im Grenzbereich, wie es heißt.«

»Steig ein«, sage ich, »wartest du schon lange?«

»Etwa anderthalb Stunden«, meint er, »ich wusste ja nicht genau, wann du kommst.«

»Du musst mich jetzt lotsen. Ich kenne mich hier überhaupt nicht aus. Bin zum ersten Mal in Ostberlin.«

»Na, dann fahr mal«, brummt Roland und macht es sich auf dem Beifahrersitz bequem.

Roland war ein paar Jahre jünger als ich. Wie viele Musiker trug er sein Haar ziemlich lang. Er kannte mich aus dem Fernsehen, sodass ich mich nicht groß vorstellen musste. Aber für mich war er ein unbekannter Ostmensch, auf den ich jetzt neugierig war. »Du musst mir jetzt nicht die Stadt zeigen«, sagte ich zu ihm, »lass uns deutsch-deutsch reden. Vielleicht können wir irgendwo erst mal einen Kaffee trinken und quatschen.«

Wenn ich jetzt aus der Erinnerung dieses erste Treffen beschreibe, so war es aus meiner Sicht geprägt von einer totalen Offenheit meinerseits einem Menschen gegenüber, den ich nicht kannte und dessen Heimat ich nur mit meinem Westblick begriff. Diese Offenheit war genährt von dem Glauben, dass wir in Westdeutschland – von allen Mängeln im eigenen Lager mal abgesehen – doch ganz offensichtlich auf der richtigen Seite zu stehen schienen. Eine freie BRD mit ihrem Wohlstand und ihrer Rechtsstaatlichkeit. Diese Gewissheit, mit der ich groß wurde, erzeugte wohl jenes lockere unterbewusste Überlegenheitsgefühl, das bei dieser Begegnung mein Verhalten begleitete. Souverän und angstfrei. Damals hatte ich noch keine Zweifel. Erst der spätere Mauerfall und die damit verbundenen politischen Turbulenzen und gesellschaftspolitischen Auseinandersetzungen sollten bei mir die Frage aufwerfen, ob die amerikanisierte BRD wirklich das Nonplusultra sei.

Ich wusste damals auch nicht, dass es in Ostberlin gar nicht so einfach war, sich in einem Lokal zu verabreden, weil es schlicht an solchen Etablissements haperte. Selbst irgendwo nur einen Kaffee zu trinken, war schwierig. Man musste sich auskennen. Roland schlug das »Café Moll«, Ecke Moll- und Greifswalder Straße, vor. Dabei lotste er mich dann doch über einen Umweg zu einer Sightseeing-Tour über die Vorzeigemeile Unter den Linden.

Ich war perplex, wurde mir doch angesichts der Prachtbauten, die sich hier aneinanderreihten, schlagartig klar, dass ich mich nun in der eigentlichen Mitte Berlins befand. Nicht der Ku'damm mit der Ruine der Kaiser-Wilhelm-Gedächtniskirche an seinem Ende war also das Zentrum dieser Stadt, wie ich es bisher naiv angenommen hatte. Nein, jetzt wurde für mich der Rückgriff auf die Geschichte dieser Metropole zwingend, denn auch hier zeigte sich das bisher gepflegte Desinteresse des Westdeutschen, der ich bis dahin war. Natürlich hatte ich von diesem viel besungenen Boulevard schon von meinen Eltern gehört, die ja aus Berlin kamen, aber das war irgendwie alles »Drittes Reich« für mich gewesen, das in unseren Köpfen jeden Blick auf die Geschichte davor verstellt hatte.

Während ich noch mit großen Augen die altertümliche Gebäudekulisse bestaunte, war plötzlich Schluss. Sperrzone. Von Weitem konnte man jetzt das Brandenburger Tor erkennen, eingemauert in jene Grenzanlagen, über die ich mich schon bei meinen nächtlichen Stippvisiten auf der anderen Seite geärgert hatte.

Alles auf dieser Fahrt durch Ostberlin war eingetrübt mit jenem typischen Grauschleier, der mir überall in diesem Teil der Stadt begegnen sollte. Verwoben mit einem eigentümlichen Geruch, der klassischen Ostmelange aus Düften von Kohleheizung und Abgasen röhrender Trabis und Wartburgs. Das Fahren durch den recht flotten Stadtverkehr erforderte meine volle Aufmerksamkeit. Denn auch hier galt: bloß keine Ordnungswidrigkeit begehen! Das Auge der Volkspolizei wachte überall.

Als wir endlich am »Café Moll« ankamen, sah ich, dass man dort schon draußen sitzen konnte. Allerdings waren etwa zwei Drittel der Tische mit einem rot-weißen Farbband abgesperrt.

»Für wen ist das denn hier abgesperrt?«, fragte ich Roland, »kommt da noch ein Bus oder ist das für die Bonzen reserviert?«

»Die haben keine Leute zum Bedienen.«

»Ach«, sagte ich und setzte mich auf einen der freien Plätze.

»Ja, dann sperren die hier bei uns einfach die Tische ab«, sagte Roland.

Ich sah mich um und bemerkte eine Kellnerin mit einem Tablett. »Zwei Kaffee, bitte!«, rief ich ihr zu und wandte mich wieder an Roland.

»Kaffee ist jetzt nicht«, tönte es in meinem Rücken. Irritiert schaute ich zur Kellnerin, dann fragend zu Roland und wieder zu ihr. »Ach so, ja… und was ist jetzt?«

»Eisausgabe«, war die fast unwirsche Antwort.

»Und wann gibt's wieder Kaffee?«, hakte ich etwas verdutzt nach.

»Wenn Eisausgabe fertig ist.« Und weg war sie.

Roland grinste mich an. Offenbar freute er sich, dass ich in der Ostrealität angekommen war. Im Innenraum des Cafés standen ein Dutzend Sprelacart-Tische, von denen offensichtlich keiner auf seinen vier Beinen gerade stehen konnte. Mindestens unter einem Tischbein klemmte jeweils ein Bierdeckel, um ihm einigermaßen Halt zu geben. Drumherum wenig einladende Stühle. An den Wänden hingen leicht vergilbte Fotos, die die architektonischen Errungenschaften des sozialistischen Berlins widerspiegeln sollten. Ich erkannte den Fernsehturm und eine Allee mit markanten Bauten aus der Stalinzeit. Um dem Café ein wenig Heimeligkeit zu geben, standen auf der profanen Theke zwei kleine Vasen mit künstlichen Blumen. Überrascht stellte ich jetzt fest, dass es hier gar nicht nach Kaffee roch, vielmehr nach einer seltsamen Mischung aus harten

Putzmitteln und billigem Parfüm. Hinter einem Raumteiler, der als Garderobe diente, verbarg sich diskret die Tür zur Toilette.

Als wir nach einer Stunde mit guten Gesprächen bei dünnem Kaffee merkten, dass wir Hunger bekamen, fragte ich Roland: »Wollen wir nicht irgendwo einen Happen essen gehen?«

Roland kuckte mich an und sagte: »Irgendwo ist gut. Das ist gar nicht so einfach.«

»Aber ihr müsst doch Restaurants haben.«

»Gaststätten. Bei uns heißt das: Gaststätten. Gibt's schon. Aber um diese Zeit und ohne Reservierung? Da muss ich nachdenken.«

Wir fuhren Richtung Fischerinsel zum Ermelerhaus. Roland hatte uns beiden ein wenig Hoffnung gemacht. »Dort könnten wir eine Chance haben.«

Das Ermelerhaus war ein etwas heruntergekommenes Patrizierhaus. Über eine geschwungene Treppe gelangten wir in die erste Etage, wo uns ein Kellner im Frack empfing. Über ihn und das mondäne Ambiente war ich doch einigermaßen überrascht. An den Decken Stuck, an den Wänden alte Gemälde, auf dem Boden dicke Teppiche. Auf den Tischen lag feines weißes Tuch und schönes Besteck. Außer uns waren nur vier weitere Gäste im Raum.

Nachdem der Kellner uns platziert hatte, überreichte er uns die Speisekarte und fragte mich nach meinen Wünschen. Offensichtlich hatte er mich erkannt und als Wessi identifiziert. Roland schenkte er keinerlei Beachtung.

Während wir die Speisekarte studierten, fragte ich Roland: »Ist das hier normal? Dieses Großbürgerliche hier, der befrackte Kellner. Ich denke, ich bin hier im Sozialismus?«

»Normal ist das nicht. Aber das gibt es eben auch bei uns«, klärte mich Roland auf.

Zu meiner Überraschung aßen wir sehr gut, was sicherlich auch nicht Standard im Paradies der Werktätigen war. Kurz vorm Bezahlen fragte ich Roland: »Ist dir aufgefallen, dass der Kellner dich überhaupt nicht beachtet und sich immer nur an mich wendet?«

Darauf Roland: »Logisch, von mir ist ja auch kein Westgeld zu erwarten.«

Da mein Zwangsumtausch in Höhe von 25 Ostmark nicht ausreichte, um die Rechnung zu begleichen, bezahlte ich den Rest plus Trinkgeld in Westmark. Komischerweise schien das für den Kellner eine Selbstverständlichkeit zu sein. Als wir das gastliche Haus verließen, sagte ich zu ihm: »Beim nächsten Mal behandeln Sie meinen Gast aber bitte etwas freundlicher.«

In den Folgejahren bis zum Mauerfall nahm ich immer wieder die Gelegenheit wahr, meine neue Ostbekanntschaft zu vertiefen. Dazu benutzte ich die S-Bahn ab Bahnhof Zoo bis zum Übergang Bahnhof Friedrichstraße. Dort ging's treppab in die Grenzkatakomben, in ein Labyrinth von Gängen, Umwegen, Absperrungen, wieder versehen mit allen möglichen Hinweisschildern, die den Besuchs- und Reiseverkehr von West nach Ost und umgekehrt kanalisierten. Nachdem ich dann endlich mein Westgeld in Ostgeld eingetauscht und den Pass mit einem neuerlichen DDR-Einreise-Stempel verschönt bekam, befand ich mich treppaufwärts in einer Art Bahnhofshalle. Diese Halle nannten die Berliner den »Tränenpalast«. Ein Ort der Gefühle. Hier begrüßte man sich freudig und umarmte sich, wenn vertraute Menschen ankamen, und nicht selten wurde geweint, wenn man wieder ging. Auch Roland, mit dem ich mich im Laufe der Zeit angefreundet hatte, war vor Tränen nicht gefeit. Mich hat das immer sehr berührt, aber ich wusste ja, dass ich die Freiheit hatte, jederzeit wiederkommen zu können. Aber es war eben eine einseitige Freiheit.

Ende der 80er Jahre spielte ich mit meinem Regisseur Rufus Wagner ein Duo-Programm, mit dem wir auch im Berliner »Mehringhof-Theater« Station machten. Kurz vor Beginn der Vorstellung kam der Chef des Hauses in unsere Garderobe und teilte uns mit, dass zwei Kollegen aus Ostberlin an der Kasse stünden und gerne in die Vorstellung kämen. Sie hätten aber kein Westgeld für die Eintrittskarten.

»Soll'n natürlich reinkommen«, war unsere Antwort.

Es waren Lutz Stückrath und Lothar Wolf, keine Unbekannten im

Ostberliner Unterhaltungs- und Fernsehbetrieb und natürlich auch dem Kabarett verbunden.

Mit unserem spontanen Kollegenbesuch aus dem Osten unterhielten wir uns nach der Vorstellung noch angeregt, bis die beiden wieder aufbrechen mussten, denn ihr Besuchervisum nach Westberlin lief um Mitternacht ab. Ihre Gegeneinladung in die »Distel«, das bekannteste Kabarett der DDR, nahmen Rufus und ich an unserem spielfreien Tag selbstverständlich gerne an.

So ging's mit dem nervigen Papierkram und dem dazugehörigen Obolus wieder durch die Mauer in den Osten. Als Rufus und ich den Zuschauerraum betraten, war das Theater in der Friedrichstraße schon rappelvoll. Wie ich später erfuhr, waren Karten für die »Distel« äußerst begehrt.

Kabarett als Ablachventil gegen die Nöte des Alltags im Honecker-Staat. So gesehen waren wir zwei Ostbesucher aus dem Westen jetzt absolut Privilegierte. Auf dem Weg zu unseren Sitzplätzen stellte sich mir ein Mann in Uniform in den Weg. Der Volkspolizist hatte mich erkannt und wollte ein Autogramm.

»Sie dürfen mich doch gar nicht kennen«, kommentierte ich sein Begehren verschmitzt, »oder schauen Sie womöglich Westfernsehen?«, hakte ich weiter nach.

Aber er blieb locker und hielt mir einen Stift hin. Das Publikum um mich herum reagierte ebenfalls entspannt, und ich hatte das Gefühl, man freute sich, dass wir da waren. Nach der Vorstellung wurden wir noch in den »Internationalen Presseclub« gebeten, in den, wie wir erfuhren, nicht jeder reindurfte. Warum ausgerechnet wir?

An diesem Abend begegnete ich zum ersten Mal Peter Ensikat. Er war der meistgespielte Kabarettautor der DDR. Nach der Wende trafen wir uns des Öfteren bei Radio- und Fernsehdiskussionen, wenn es um das Thema »Deutsche Einheit« ging. Ich fühlte mich ihm bis zu seinem Tod verbunden, litten wir doch beide an den vertanen Chancen der Wendezeit mit ihrer Wiedervereinigung.

Am Donnerstag, dem 9. November 1989, gaben Rufus und ich eine Vorstellung in Bremen. Während wir uns dort in einem kleinen Theater auf unser Gastspiel vorbereiteten, ahnten wir nicht, was sich am Grenzübergang Bornholmer Straße in Ostberlin zusammenbrauen sollte. Auch mein Freund Roland, der mit Frau und Kind zufällig in dieser Straße wohnte, wusste es nicht, denn an diesem Abend hatte er eine »Mugge«. So nennt man das unter Musikern, wenn man irgendwo gegen Geld für ein Publikum musizieren soll: ein musikalisches Gelegenheitsgeschäft. In diesem Fall Tanzmusik – fast passend zum historischen Anlass. Als er spät abends zurückkam, war in seiner Straße die Hölle los. Inzwischen hatten wir auch in Bremen von diesen Ereignissen erfahren und starrten nach der Vorstellung im Hotel nun ungläubig in den Fernseher.

Die Mauer war gefallen!

II. Utopien einer Wiedervereinigung

Meinen großen österreichischen Kollegen Werner Schneyder bat ich 1984, mir einen Liedtext für mein Bühnenprogramm zu schreiben. Es sollte dabei um die Fiktion einer Wiedervereinigung Deutschlands gehen, an die zu dieser Zeit niemand mehr glaubte. Zwar hielt man, besonders in der CDU, in Sonntagsreden an der Vereinigung fest. Andererseits hatte man aber dort die Entspannungspolitik der sozialliberalen Koalition unter Willy Brandt hinlänglich torpediert bis hin zum Misstrauensvotum 1972. Nach der durch Konrad Adenauer betriebenen Westintegration waren große Teile der SPD bestrebt, sich einer Aussöhnung mit den östlichen Nachbarstaaten der Bundesrepublik zu stellen.

In dieser Gemengelage zwischen dem Anerkennen und Leugnen von Realitäten, dass nämlich wir Deutschen es gewesen waren, die diesen Zustand der Teilung herbeigebombt hatten, und einer Utopie, es könnte alles wieder so werden, wie es einmal war, entwickelte sich diese Auseinandersetzung für mich letztlich zu einer Machtfrage. Am Ende geht es immer nur um Macht und natürlich auch ums Verdrängen. So auch bei diesem Liedtext:

Werner Schneyder
WIEDERVEREINIGUNG
(für Thomas Freitag)

Als aufrechtem Deutschen ist mir eines ganz klar:
Die deutsche Frage ist offen!
Wir wissen, was schuld an der Teilung war.
Doch müssen wir hoffen.

Ein Sichabfinden kommt für mich nie in Betracht.
Das wäre eine Gemeinheit!
Denk ich Deutschland, bei Tag und bei Nacht,
dann immer als Einheit!

Doch können Gedanken mich peinigen:
Was wird, wenn sie wirklich wiedervereinigen???

Da leid ich Höllenqualen.
Es gäb doch freie Wahlen.
Wo wäre dann im Nu
die CDU ?

Die wär total im Keller.
Und wir wärn noch viel schneller
im Katastrophenfall
total "neutral" !?!

Ich schwör bei meiner Ehre,
wenn Bahr dann Kanzler wäre,
verliess ich Hof und Haus
und wandre aus!

Drum hab ich ein Komplott
mit meinem lieben Gott:
Herr, gib und nimmermehr
die DDR !

Das sind nur private Gedanken.
Die geb ich öffentlich nie zu:
Gott schütze Deutschland vor Deutschland!
Und gebe ihm
und gebe uns
und der Christenheit
die e - wi - ge Ruh !

Als Mann der Gesellschaft ist mir immer bewusst:
Deutschland ist unteilbar!
Er ist niemals tragbar, der grosse Verlust!
Der Schmerz ist unheilbar!

Ich leih meine Stimme niemals dem Verzicht!
Dem haben wir laut zu wehren!
Nein, öffentlich da verzichten wir nicht,
auf Schlesien und Mähren!

Doch wie die Gedanken mich peinigen!
Was wird, wenn sie wirklich wiedervereinigen???

Wie mich Visionen quälen.
Dann sind die Evangelen
der grösste Kirchenchor!
Da sei Gott vor!

Dann würden Mieten fallen.
Die wolln ja nichts bezahlen!
Wann wär so mächtig je
der DGB ???

Es fing die Scheisse dann
mit Oder-Neisse an,
da wär das Parlament
schon konsequent!!!

Wir müssten uns von Polen
ein paar Gebiete holen.
Drum, lass sie drüben, Herr,
die DDR !

Das sind nur private Gedahken.
Die geb ich öffentlich nie zu!
Gott schütze Deutschland vor Deutschland!
Und gebe ihm
und gebe uns
und der Christenheit
die e - wi - ge Ruh !

Heute muss ich gestehen, dass wir in unserer Prognose selten so danebenlagen wie bei dieser Vision. In unserem Irrtum steckten auch die vielen Enttäuschungen über vertane Gelegenheiten, die ein solch neuer geschichtlicher Aufbruch – auch für uns im Westen – hätte mit sich bringen können. Aber erst kommt das Fressen und damit auch das Geld.

Aber dagegen konnten auch die wohlmeinenden Bürger in Ostberlin, die noch zu retten versuchten, was zu retten wert gewesen wäre, nichts mehr ausrichten.

Während die SPD sich noch am Schisma mit der SED, der späteren PDS, abarbeitete, hatten die Unierten schon längst ihre Pflöcke in den Boden der späteren neuen Bundesländer gerammt. Mit neuen Parteien, die alle irgendwie nach CDU rochen.

Warum fuhr Helmut Kohl damals im Dezember 1989 eigentlich nach Dresden und nicht nach Leipzig? Dort, in Leipzig, nicht in Dresden (!), waren die Menschen in Massen erstmals auf die Straße gegangen, zu einer Zeit, in der es noch höchst gefährlich war, einem Staat, der sich mit seinen Truppen in den Seitenstraßen postiert hatte, die Stirn zu bieten. Und überall dazwischen Männer der Staatssicherheit. Die Menschen auf diesen Montagsdemonstrationen waren äußerst mutig, und viele wurden inhaftiert. Da wäre es doch angebracht gewesen, wenn der spätere Kanzler der Deutschen Einheit in Leipzig diesen Menschen durch seine Anwesenheit zuallererst seinen Respekt gezollt hätte.

Aber vielleicht waren die Menschen im Tal der Ahnungslosen, wie man den Dresdner Elbtalkessel im Osten damals nannte, weil hier nur äußerst beschränkt Westfernsehen verfolgt werden konnte, etwas willfähriger all jenen Verlockungen gegenüber, die ein Kanzler Kohl verkörperte. Der Ruf aus Leipzig »Wir sind das Volk« kippte in Dresden denn auch schnell um in »Wir sind *ein* Volk«.

Aber was für ein Volk sind wir wirklich, frage ich mich heute, da sie in Dresden wieder »Wir sind das Volk!« rufen oder – doch mehr grölen? Was ist da inzwischen passiert? Den großen Europäer, der Helmut Kohl mit Sicherheit war, kann man dazu nicht mehr befragen. Er verhieß »blühende Landschaften«.

Und selbst Willy Brandt charakterisierte damals die rasanten Abläufe im »Zeitfenster« der Einheitsbestrebungen mit dem Satz: »Auf dünnem Eis muss man schnell gehen.«

Hätte die Frage: »Was wollen wir denn nun mit diesem wiedervereinigten Deutschland eigentlich leben?«, die ich Anfang der 90er Jahre bei einem Empfang des Bundespräsidenten an Johannes Rau stellte, nicht mehr Konsens auch bei denen haben müssen, die diese Vereinigung in ihren Verträgen politisch etabliert haben? Mit dieser Frage war ich ja nicht allein, wie ich bis heute bei meinen Gastspielen und Begegnungen im Osten immer wieder feststelle. Johannes Rau jedenfalls fand die Frage schwierig umsetzbar. Vielleicht war sie so auch nicht gewollt. Und so ist, nach all den politischen Bemühungen, ausgelöst durch eine wahrhaft friedliche Revolution der Menschen, die jenseits des »Eisernen Vorhangs« gelebt haben, eben doch ein Geschmack geblieben. Wenn man Menschen ernst nehmen will, reicht es nicht, sie nur mit Geld abzuholen. Haltung ist gefragt. Sie scheint mir das größte Defizit jener Tage und auch heute in unserem Land.

Am 10. April 1990 durfte ich in einer der ersten deutsch-deutschen Fernsehsendungen mitwirken. »Meine Leute – Deine Leute« hieß die Koproduktion von DFF und RTLplus. Künstler von hüben und drüben im Gespräch und in Aktionen. Neben den Schauspielern Jutta Wachowiak und Armin Mueller-Stahl waren noch die Liedermacher Gerhard Gundermann und Bettina Wegner eingeladen. Mit dem Ostkabarettisten Edgar Külow sollte ich dazu einen Sketch über ein aktuelles Thema spielen. Er gab den Ossi, und ich sollte den Wessi spielen. Im Vorfeld dieser Sendung kam es auf Initiative eines RTL-Redakteurs zu einer ersten Begegnung mit Külow. Man traf sich vor der »Distel«, und der Redakteur meinte, dass wir zwei, also Edgar und ich, uns vielleicht auf einem Spaziergang – quasi um die Häuser – etwas ausdenken könnten.

Eine recht einfältige Vorgehensweise, wie ich damals fand, galt es doch erst einmal, den Spielpartner kennenzulernen. Eddi, wie man ihn liebevoll nannte, war ein älterer Herr mit Schnäuzer, ein Faktotum, er machte auf mich Eindruck. Er war jedenfalls ein Typ und nicht unkomisch. Ich hatte ihn bis dahin nie auf einer Bühne erlebt, und so mussten wir uns erst einmal beschnuppern.

Die Abwicklung der – vor allem nach westlicher Sicht – maroden DDR-Wirtschaft durch die »Treuhand« war für die Menschen dort ein zentrales Thema. Ging es doch um Arbeitsplätze. So bastelten wir an einer Spielszene, in der wir die wirtschaftlichen Folgen dieser Vorgehensweise vorausnahmen und plausibel zu machen versuchten. Dabei bedienten wir uns natürlich aller Klischees, die eine satirische Überspitzung erfordert.

In dem Sketch stehe ich als Westunternehmer im Nadelstreifen auf einer riesigen DDR-Landkarte, auf der die jeweiligen Kombinate eingetragen sind. Ich habe einen Geldkoffer bei mir, der mit einer Sicherheitskette an meinem Handgelenk befestigt ist. Mit einem Zollstock vermesse ich die Karte und spreche gelegentlich in ein Diktiergerät. Külow kommt in einem Trabi ins Studio gefahren und gibt den euphorischen erwartungsfrohen Ossi. Er fragt den Unternehmer nach dem Geld, das man ihm versprochen hat, und wundert sich, dass der Unternehmer bei der Bestandsaufnahme der Beschäftigten von vornherein immer gleich ein Drittel abzieht und diese Zahl in sein Diktafon spricht. Der Unternehmer erklärt ihm so das Wesen einer »Zweidrittelgesellschaft«. Auf hartnäckiges Drängen des Ossis, wo denn nun das Geld bleibt, öffnet er kurz den Koffer und zeigt ihm das Geld. Dann schließt er ihn sofort wieder. Nach erledigter Bestandsaufnahme der Kombinate bittet er den Ossi, die Landkarte wie einen Teppich aufzurollen. Als dieser sich seine DDR gerade auf die Schultern hieven will, nimmt der Unternehmer ihm die Rolle ab und geht davon. Auf den Protest des Ossis hin, was er denn da macht, konstatiert der Wessi nur lakonisch: »Das sehen Sie doch, ich trage die Verantwortung!«

Als wir in Berlin-Adlershof, wo der DFF beheimatet war, ins Studio zur Generalprobe kamen, war ich über die vielen Leute dort irritiert. Zuerst dachte ich, dass die Probe schon vor Publikum stattfände. Aber ich wurde rasch aufgeklärt. Das waren alles Menschen, die hier arbeiteten. Allein am Kabel einer Übertragungskamera hielten sich drei Leute fest. Personal im Überfluss!

Kurz darauf habe ich das auch bei meinem ersten Gastspiel in der »Distel« erlebt, wo Bügelpersonal, Cateringpersonal, Vorhangaufziehpersonal, Kartenabreißpersonal, Platzanweiserpersonal beschäftigt waren – die Mitarbeiter im Büro nicht mitberücksichtigt. Nur bügelte ich meine Hemden in der Regel selbst und brauchte auch keinen Vorhang! Ich musste unweigerlich an das »Kom(m)ödchen« denken, das – von der Gastronomie mal abgesehen – mit einem Stamm von drei, maximal vier Leuten den Laden am Laufen hielt.

Später, in einem Fernsehbeitrag der ARD anlässlich der dann stattfindenden Wiedervereinigungsfeierlichkeiten am Brandenburger Tor, haben ich und andere Kollegen auch wider den Stachel gelöckt. In Minifilmen persiflierten wir das schwierige Zueinanderfinden von Ost und West.

Ein kleiner Zaun aus Stacheldraht in der Ritze eines Ehebettes stellt ein deutsch-deutsches Ehepaar vor ungeahnte Schwierigkeiten. Um den Beischlaf auszuführen, kommt es zu aberwitzigen akrobatischen Aktionen.

In einem anderen Beitrag steht ein Ossi auf dem Fünfmeterbrett eines Schwimmbads, in dem kein Wasser ist. Am Beckenrand steht ein Wessi-Unternehmer. Der Ossi schaut in die Tiefe und traut sich nicht zu springen.

Wessi: Nun spring endlich!

Ossi: Ich trau mich nicht.

Wessi: Spring endlich!

Ossi: Ich trau mich nicht.

Wessi: Nun spring endlich, verdammt noch mal!

Ossi: Da is ja gor keen Wasser drin.

Wessi: Verdammt. Das ist der Westen. Du musst nur dran glauben.

Ossi: Nee, nee.

Wessi: Jetzt spring endlich!!!

(Endlich springt der Ossi ins leere Becken.)

Wessi: Na also, ging doch. Und wie fühlst du dich?

Ossi (blutüberströmt im leeren Becken liegend, hebt den Kopf): Wie ä Asylant in Hoyerswerda.

Heute gehe ich davon aus, dass der Beitrag bei dieser Veranstaltung damals nicht nur im Fernsehen, sondern vor Ort auch auf großen Leinwänden übertragen wurde. Ich weiß nicht, wie Fritz Pleitgen, der diese Veranstaltung moderierte, auf unsere Drastik reagiert hat. Aber Kabarett muss und darf in seiner Überzeichnung auch unfair sein. Wohlgefühle sollen die verbreiten, die der Mantel der Geschichte umweht.

III. Mein Mantel der Geschichte war ein rotes Tuch

Im Oktober 1992 wurde ich nach Leipzig zur »Lachmesse« eingeladen.

Zu dieser Zeit spielte ich in der alten Bundesrepublik gerade ein äußerst erfolgreiches Programm. Es hieß »Die Riesenpackung«. Ein Abend, bei dem ich ausnahmslos das tat, was mein Publikum am meisten von mir kannte und liebte. Ich präsentierte mich als Parodist. Zum Schreiben dieses Programms waren mein Kollege Konrad Beikircher und ich in das Sommerhaus meiner Freundin Gitte an das Kattegat gefahren. Wir hatten bei der Arbeit unheimlich Spaß. Konrad hatte den Laptop auf dem Schoß, ich stellte mich in die Zimmerecke und erfand Geschichten, bei denen alle Politiker und öffentliche Personen, die ich persiflieren konnte, mitspielten. Beim Schreiben ergänzten wir uns prächtig. Auf der anschließenden Tournee spielte ich vor einem großen und auch erstaunlich jungen Publikum. Das war vor allem wohl wegen eines Plattenhits gekommen, den ich für die Emi Electrola produzierte hatte: »Die Welt ist schön«. Kohl im Einheitsglück.

Für mich war dieses Programm aber auch ein Einschnitt, denn ich wollte mich von meinen liebgewordenen Altvorderen, mit denen ich bekannt geworden war, allmählich verabschieden. Strauß und

Wehner waren tot. Der Gesundheitszustand von Willy besorgniserregend.

Neben Kohl, Blüm, Stoltenberg, Vogel befanden sich noch viele andere parodiefähige Persönlichkeiten in meinem Portefeuille. Aber inzwischen hatte ich diese Parodien immer mehr nur dosiert in meine Programme einfließen lassen, weil ich wusste, dass solche Kaliber nicht beliebig nachwachsen würden – und sie im deutschen Kabarett auch immer mehr zum Selbstzweck wurden. Natürlich standen die Nachkriegspolitiker damals quasi eins zu eins für politische Richtungen auf dem Weg dieser Republik, über den man sich streiten konnte. Sie satirisch einzusetzen, war somit immer auch ein gutes Vehikel für Inhalte. Und um diese ging es mir in erster Linie. Später habe ich dann auch von unserem Dauerkanzler Abschied genommen. Als Kohlparodist zu enden, war nicht mein Bestreben. Und die Austauschbarkeit der heutigen Politgranden nicht mehr zu übersehen.

Jetzt damit in Leipzig – quasi als Besserwessi – im Osten meine Visitenkarte abzugeben, schien mir zu simpel. Wenn ich die Menschen in den neuen Bundesländern ernst nehmen wollte, musste ich auf sie zugehen. Also bereitete ich einen eigenen Abend vor.

Ich stellte nun Nummern aus meinem Repertoire zusammen, die mir dafür geeignet schienen. Mehr noch: Aus dem Schnürboden des Leipziger Schauspielhauses ließ ich eine Schultafel mit einem Koordinatensystem herunterfahren, um als fiktiver Lehrer dem Publikum die Rechenfrage zu stellen, wann denn Gnombi aus Guinea auf der Kurve X loslaufen muss, bis ihn an einem Punkt auf der Kurve Y der Baseballschläger trifft. Leider kann man diesen Sketch aus den 90er Jahren heute genauso wieder spielen.

Aber nicht nur Hoyerswerda war ein Thema. Auch unser Selbstverständnis als Deutsche beschäftigte mich. Wenn ich früher, von Hamburg kommend, auf der Autobahn nach Berlin gefahren war, las ich auf den Schildern kurz vor Berlin immer den Hinweis »Berlin – Hauptstadt der DDR«. Mir ging dabei immer wieder durch den Kopf: »Wenn man das extra hinschreiben muss, kann es mit dem Selbstbewusstsein nicht weit her sein.« Und ich erzählte dem Publikum, dass ich bei meinen vielen Fahrten nach Frankreich auf den Straßen nie ein Hinweisschild entdeckt hätte mit der Aufschrift: »Paris – Hauptstadt von Frankreich«.

Und schließlich erinnerte ich das Publikum an den West-Bundespräsidenten Karl Carstens, der einmal in einer Rede die Deutschen aufgefordert hatte, sie sollten ihr Land mehr lieben, wozu mir folgende Szene einfiel: In einem Bistro auf Montmartre in Paris sitzen ganz normale Franzosen vormittags bei einem Kaffee zusammen, und im Radio hören sie plötzlich folgende Nachricht: »Gestern hat Staatspräsident François Mitterrand in einer Ansprache die Franzosen aufgefordert, sie sollen ihr Land mehr lieben.« Ich bin mir sicher, die Gäste in diesem Bistro hätten alle abrupt ihre Tassen abgestellt und konstatiert: »Jetzt gehört er in die Klapsmühle.«

Obwohl ich an diesem Abend das Publikum stellenweise recht rüde mit unbequemen Wahrheiten konfrontiert hatte, war er doch ein großer Erfolg. Auch bei der Presse.

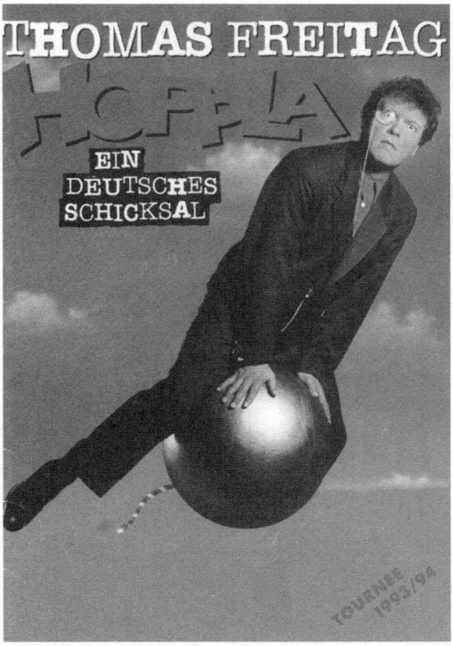

Programmheft zu »Hoppla – Ein deutsches Schicksal«, Foto: Franz Josef Hamm

Durch diesen Einstand waren mir die Leipziger fortan ein treues Publikum. Die »Riesenpackung« habe ich allerdings dort auch später nie gespielt.

Stattdessen aber – im Dezember 1993 – mein bis dahin ungewöhnlichstes Programm: »Hoppla – ein deutsches Schicksal«. Nach einer Textvorlage von Konrad Beikircher und natürlich wieder unter der Regie von Rufus Wagner, verpackt in einer Bühnenshow mit Musik und Effekten und für ein großes Publikum.

Die in der Wendezeit von Helmut Kohl in seinem Dialekt ständig beschworene »Gechichte« hatte mich auf die Idee gebracht, derselben satirisch nachzugehen. All die in Bronze und Stein gemeißelten deutschen Heroen sollten mal vom Sockel geholt und auf ihre Substanz geprüft werden. Haben wir Deutschen denn eine stringente Nationalgeschichte? Und wo gäbe es dazu den passenden Mantel?

Da aber Geschichte an sich für ein Publikum, das unterhalten werden will, auch recht spröde sein kann, besetzte ich die historischen Figuren in diesem Stück nochmals mit den Personen, die man von mir als Parodist kannte, um dem ganzen Unterfangen einen leichteren und auch komischen Touch zu geben.

Am Schwarzen Brett in einem Theater hätte sich die Besetzungsliste der Darstellerrollen wie folgt gelesen:

Bundeskanzler Arminius Johann Gottlieb Fichte	*Helmut Kohl*
Tacitus Friedrich I. Kaiser Barbarossa	*Marcel Reich-Ranicki*
Erster germanischer Heerführer	*Willy Brandt*
Zweiter germanischer Heerführer	*Gerhard Stoltenberg*
Dritter germanischer Heerführer	*Norbert Blüm*
Fliegender germanischer Heerführer Ein Bayer	*Franz Josef Strauß*

Jocus	*Hans-Jochen Vogel*
Batu Khan	*Thomas Freitag*
Frederico Secondo, Kaiser	
Gisela Kopelke	
Fürst Bismarck	
Ein Wirt	
Ein Reiter	
Ernst Dieter Lueg	
Ein Soldat	
Turnlehrer Manthey	
Noeggerath	
Ein Mann im Rollstuhl	
Thomas Freitag	
und als Fürst Metternich	*Hans Moser*

Das Stück beginnt in einer Turnhalle, in die ich mich während eines Klassentreffens zurückgezogen habe. Erinnerungen an meine Schulzeit von vor über 20 Jahren werden wach. Der Geist des militanten Hopp-Hopp-Hopp-Drills à la Turnvater Jahn schwebt durch den Raum. Dort entdecke ich auch das verhasste, abgewetzte lederne Turnpferd. Ich besteige es, hülle mich – ein rotes Tuch um mich werfend – in den Mantel der »Gechichte«. Und los geht es. Die Show beginnt.

Aus dem Schnürboden kommt eine Pickelhaube gefahren und landet punktgenau auf meinem Kopf. Als reitender Ernst Dieter Lueg kommentiere ich nun die Schlacht vom Teutoburger Wald.

Danach treten alle im Programmheft verzeichneten Figuren auf.

Dieses Programm war ein Kraftakt. Nachdem wir im Theater in Krefeld mehrere Voraufführungen vor Publikum absolviert hatten, präsentierten wir es – vor der offiziellen Premiere in Hamburg –

auch noch im Kölner Schauspielhaus. Dazu luden wir viele Kabarett-Kollegen ein. Ihr Echo allerdings war eher verhalten bis ablehnend. Die Show in ihrer Opulenz entsprach nicht ihren Kabarettvorstellungen. Natürlich war dieses Programm sehr aufwendig und sprengte den Rahmen der üblichen Darstellungsweise im Kabarett mit Tisch, Stuhl und einem Kleiderständer für die Kostümwechsel. Wer sagt aber, dass Kabarett immer so aussehen muss? Sollte ich mich von den Kollegen jetzt verunsichern lassen? Nein! Kabarett darf alles.

Als ich im kleinen Saal des CCH in Hamburg die Premiere vor 1500 Menschen spielte, gab im großen Saal gleichzeitig Harry Belafonte ein Konzert. Ein gutes Omen, dachte ich und ging nach meiner Vorstellung hinüber zu ihm, der auf der Bühne noch sang, und schaute mir von der Seitenbühne aus den Rest seiner Show an.

»Hoppla – ein deutsches Schicksal« war letztlich ein großer Erfolg. Aber die anstrengende Tournee hatte mir körperlich sehr zugesetzt. Meine Bandscheiben! Vereinbarte Vorstellungen mussten abgesagt werden. Ich hatte mir vor Jahren bei einem Sturz von der Bühne wahrscheinlich einen Knacks geholt, und nun rächte sich die Bandscheibe. Selbst das Adrenalin beim Spielen konnte meine Schmerzen nicht mehr lindern. Ich ließ mich operieren. Übrigens bei einem erstklassigen Professor im Osten.

Die Reaktionen auf »Hoppla« waren auffallend zweigeteilt. Und das meine ich hier nur räumlich. Selbst die mir wohlgesonnenen Kritiker im Westen goutierten das Dargebotene, lobten mein Spiel, aber klammerten aus, worauf es mir inhaltlich ankam. Wahrscheinlich war es 1993/94 noch zu früh, den satirischen Miesepeter auf die Wiedervereinigung zu geben. Heute würde sich dieses Programm sicher ganz anders anfühlen. Aber vielleicht gebe ich mich in diesem Punkt auch falschen Hoffnungen hin. Zu gewaltig ist die Verdrängung von Inhalten durch Bilderfluten in den Medien geworden.

Im Osten aber, wo die Menschen sich um 180 Grad drehen und sich täglich auf neue Veränderungen einstellen mussten, verstand man, was ich sagen wollte.

Sie hatten dort einfach gelernt, zwischen den Zeilen zu lesen.

Im Osten ging die Presse weit über das Lob meiner schauspielerischen Leistung hinaus, und die Inhalte wurden sehr wohl zur Kenntnis genommen. Das wiederum haben auch die vielen Westkollegen, die auf die »Lachmesse« nach Leipzig kamen, verstanden. Aber obwohl die Topkabarettisten Deutschlands sich jedes Jahr auf dieser Messe in Leipzig mit ihren Programmen ein Stelldichein geben, hat man bis heute im Westen von diesem Festival so gut wie nichts mitbekommen.

Die Kritik der »Leipziger Volkszeitung« über meine Kabarettshow damals habe ich aufgehoben. Und die Beziehungen zu den vielen Menschen, die ich auf meinen Gastspielen im Osten aufgebaut habe, halten bis heute. Die mitternächtlichen Gespräche mit Freunden und Kollegen im Mixer-Keller, jener legendären Kneipe, die zu dem Kabarettetablissement »die academixer« gehört, wo ich nach wie vor gerne spiele, möchte ich jedenfalls nicht missen.

Im Berliner Tränenpalast spielte ich 2005 über mehrere Wochen mein Programm »Geld oder Gülle«, denn das Gebäude wurde nach der Wende jetzt als Kulturstätte genutzt. Daran hätte ich bei meinen damaligen Besuchen in Ost-Berlin im Traum nicht gedacht. 2009 wurde der Tränenpalast als Kulturstätte jedoch wieder geschlossen und ist jetzt ein musealer Gedenkort.

Mit Roland, der mich seinerzeit dort oft verabschiedet hat und jetzt bei Frankfurt am Main lebt, bin ich bis heute befreundet.

2017 erhielt ich den Berliner Kabarettpreis. Dieser ist nach Edgar Külow benannt, meinem ersten Ostmitspieler-Kollegen damals im Fernsehen. Normalerweise stehe ich Kabarettpreisen eher skeptisch gegenüber. Aber durch die persönliche Begegnung mit »Eddi« habe ich diesen Preis sehr gerne entgegengenommen.

Der Fall der Berliner Mauer und die Wiedervereinigung ist für meine Generation zweifellos das einschneidendste historische Ereignis. Jeder Deutsche musste sich – früher oder später – dazu verhalten. Für mich als politischen Kabarettisten ist die Wiedervereinigung in ihren Folgen bis heute eine Herausforderung.

MS Europa und andere große Schiffe

Eigentlich hatte ich mit Kreuzfahrten nie viel am Hut. Auf einem großen Schiff mit vielen Passagieren eingesperrt zu sein, fand ich nicht sonderlich erstrebenswert. Dazu die Abläufe an Bord, die festen Regeln, die den Tag bestimmen, würden mich doch sehr einengen. Mein Beruf, das allabendliche Spielen vor Publikum, ist disziplinierend genug. In meiner Freizeit will ich tun, wonach mir gerade der Sinn steht. Klar, man sieht viel von der Welt, kommt an spektakuläre Orte … ja, das ist schon sehr verlockend. Aber: Schiffspassagen sind teuer. Sogar oft sehr teuer. Sind sie das wert?

Mit dem Gedanken, es vielleicht doch einmal zu versuchen, beschäftigte ich mich, als 2002 der 80. Geburtstag meiner Mutter ins Haus stand. Mein Vater war 1990 gestorben. Den Fall der Mauer hatte der an Krebs Erkrankte nur noch vage mitbekommen. Seit zwölf Jahren lebte meine Mutter schon allein, und ich war erstaunt, wie sie diese Zeit ohne ihren Guido gestemmt hatte.

Meine Eltern waren immer unternehmungslustig gewesen. Sie machten Reisen, pflegten ihre Freundschaften und interessierten sich für die kulturellen Dinge des Lebens. Besonders meine Mutter war dabei die treibende Kraft.

Diese Vitalität blieb ihr auch nach dem Tod meines Vaters erhalten. Sie las viel, ging in die Oper, ins Theater und hatte auch ein Faible für die Malerei.

Natürlich war es für sie alleine schwieriger geworden, den gesellschaftlichen Anschluss zu halten. Das fing schon im Freundeskreis an. Von Ausnahmen abgesehen, laden Paare stets immer nur Paare ein. Ein Single ist da oft das fünfte Rad am Wagen. Dieses Verhalten beklagen viele Alleinstehende. Und neue Freunde im Alter zu finden, ist nicht einfach. Ich sagte meiner Mutter immer wieder, dass sie jetzt auf die Leute zugehen müsse. Zum Glück zog mein Bruder irgendwann mit seiner Familie in die Wohnung des Elternhauses über ihr. So war sie zumindest familiär stärker involviert. Aber zwei Generationen unter einem Dach schaffen auch Probleme. Wer kennt das nicht?

Ich selbst wohnte weit weg, war beruflich stark eingebunden und viel unterwegs. Das hatte zwar den Vorteil, dass ich auf Tournee des Öfteren im Jahr in Backnang vorbeikommen und sie besuchen konnte. Aber die Zeit für uns war immer viel zu kurz. Dennoch bekam ich im Laufe der Jahre den Eindruck, dass sie sich in ihrer Persönlichkeit nochmals emanzipiert hatte. Nach meinem Empfinden kam bei ihr jetzt immer mehr das Kind zum Vorschein, das in seiner Jugend einmal Tänzerin werden wollte, Klavier spielen konnte und vom Wesen her künstlerisch ambitioniert war. Ein aussichtsloser Wunsch in jenen Vorkriegsjahren, in denen sie aufwuchs. Ihr Vater jedenfalls beendete ihren Traum damals mit einer Ohrfeige und warf dazu noch ihre Steppschuhe aus dem Fenster. Grausam!

Für meinen Beruf hatte sie stets ein offenes Ohr. So waren wir immer schon eine kleine verschworene Gemeinschaft gewesen – und konnten uns auch über Dinge verständigen, über die sie in der Familie nie gesprochen hätte. Aus dieser Verbundenheit und wegen des beschriebenen Zeitmangels versuchte ich deshalb, ihr immer wieder etwas Besonderes zu bieten.

Als ich sie zu ihrem 75. Geburtstag fragte, was sie sich denn wünschte, druckste sie eine Weile herum und sagte endlich: »Na ja, ich würde gerne mal nach San Francisco fahren.«

»Okay«, sagte ich. »Dann fliegen wir nach San Francisco.«

Und dann hatte ich ihr alles, was ich von der Westküste Amerikas kannte, auch gezeigt – auch das legendäre »Hotel del Coronado« in San Diego. In diesem Refugium am Strand des Pazifiks wurden 1959 große Teile von Billy Wilders wunderbarer Komödie »Some like it hot« gedreht. Im Hotel hingen überall Aufnahmen von diesem Film. Und unser Nikolaus-Dinner am 6. Dezember nahmen wir in demselben Raum ein, in dem die traurige Sugar (Marilyn Monroe) ihr legendäres »I'm through with Love« sang, um am Ende des

Songs von »Josephine« (Tony Curtis in einem Frauenkostüm der 20er Jahre) geküsst zu werden.

Dieser Ballsaal war allerdings überbordend weihnachtlich hergerichtet gewesen, ganz nach dem Geschmack der Amerikaner. Too much!

Doch was sollte ich ihr nun, da ihr 80. Geburtstag bevorstand, schenken? War unsere gemeinsame Kalifornien-Reise überhaupt noch zu toppen? Vielleicht doch eine Kreuzfahrt für die alte Dame?

Ich erinnerte mich, dass meine Mutter irgendwann einmal mit dem Gedanken gespielt hatte, Südafrika zu bereisen. Da ich vor Kurzem erfahren hatte, dass die Reedereien für ihre Reisen um die Welt auch Künstler verpflichteten, um das geneigte Publikum an Bord zu unterhalten, und dass man dazu auch eine Begleitperson mitnehmen könne, beauftrage ich meine damalige Agentur, diesbezüglich vorzufühlen.

Zufällig erhielt ich zur selben Zeit eine Anfrage des MDR, anlässlich des 75. Geburtstags von Hans-Dietrich Genscher bei einer Fernsehgala in der Eissportarena von Halle an der Saale einen Auftritt mit noch einem anderen Kollegen zu machen.

Genscher war der am längsten amtierende Außenminister der Bundesrepublik gewesen und somit ständig in der Welt herumgeflogen. Aber war der Mann mit dem gelben Pullover wirklich immer weg, wie es uns durch die vielen TV-Bilder aus allen Hauptstädten der Welt suggeriert wurde? Wie schafft man das denn alles mit dem ständigen Jetlag?

In einem »Scheibenwischer« nahmen Dieter Hildebrandt und seine Mitspieler, zu denen ich gelegentlich auch gehören durfte, sich dieses Phänomens satirisch an. Wir unterstellten provozierend, dass Genscher in Wirklichkeit gar nicht weg war, weil ihm alles zu viel wurde. Und waren, gemessen an den langen Flugreisen, die politischen Ergebnisse denn wirklich so ergiebig und bedeutend? Oder ging es bei all diesen Statements im Fernsehen immer auch um Werbung für seine FDP? Darum behaupteten wir jetzt ironisch: Alles nur Fake!

Keiner von uns konnte damals ahnen, dass die Behauptung einer falschen Nachricht einmal zum real existierenden Alltagsgeschäft skrupelloser Politiker werden würde. Unser »Fake« sollte lediglich satirisch ausloten, wie es in Wahrheit auch gewesen sein könnte!

Und nach dieser Wahrheit lag Genscher daheim im Bett, und wenn um 20 Uhr die Tagesschau begann, stand er auf, warf sich seinen Trenchcoat über den Schlafanzug und ging auf den Balkon seines Reihenhauses. An diesem hatte er sich eine Gangway anbauen lassen. Er ging sie dann hinab und gab vor den laufenden Kameras, die dort ebenfalls zum Dauergebrauch installiert waren, sein obligatorisches Außenministerstatement ab. Danach ging er die Gangway wieder hinauf und legte sich erneut in die Kiste. Ich parodierte damals den Genscher, und wir hatten allesamt unglaublichen Spaß bei dieser absurden Szene.

Anlässlich der genannten Geburtstagsgala, zu der neben mir noch Stefan Wald eingeladen war, wollten wir die Allgegenwart dieses Außenministers nun erneut satirisch aufs Korn nehmen. Wir stellten uns folgende Szene vor: Am Gepäckband in der Ankunftshalle eines Flughafens stehen Stefan Wald und ich. Wir spielen zwei Genscher-Doubles, die beim Verwechseln ihrer Koffer heftig in Harnisch geraten. Und genau diese Szene spielten wir bei der Gala.

Im Auditorium waren viele prominente Gäste, darunter unzählige Außen- und Ex-Außenminister aus aller Herren Ländern. Die Bühnenshow war ebenfalls hochkarätig besetzt. Mit Udo Jürgens, Thomas Gottschalk, Dunja Reiter, den Prinzen bis hin zu Roberto Blanco drängelten wir uns in extra eingerichteten Zeltgarderoben hinter und unter der Bühne.

Wie bei solchen Anlässen üblich, wuselten backstage alle möglichen Agenten herum, darunter auch ein gewisser Herr Kroboth von der Hapag Lloyd in Hamburg. Wie ich erfuhr, war er dort für das Entertainment auf Kreuzfahrtschiffen zuständig, und tatsächlich fragte er mich nach unserer kabarettistischen Einlage, ob ich denn auch für einen Auftritt auf der MS EUROPA zu gewinnen wäre.

Donnerwetter! Da war er, der Zufall. Jetzt aber Obacht, dachte ich und hatte natürlich gleich den 80. Geburtstag meiner Mutter im Kopf. Ihr Jubelfest war im November des Jahres. Ergo wäre es gut, wenn diese Kreuzfahrtreise dann im Dezember stattfinden könnte, wo ich beruflich ein Zeitfenster hatte. Aber der Termin war nicht so sehr das Problem, sondern das Reiseziel, denn Mutti wollte ja nach Südafrika. Ich reagierte zunächst relativ unterkühlt auf Herrn Kroboths Angebot und gab ihm zu verstehen, dass mich Kreuzfahrten eigentlich nicht sonderlich interessierten. Außerdem hätte ich wenig Zeit. Vielleicht im kommenden Dezember. Und wenn überhaupt, schob ich nach, würde für mich nur Südafrika infrage kommen.

»Sie werden lachen, im Dezember fährt die EUROPA nach Südafrika,« sagte er und grinste mich dabei an.

»Ehrlich. So ein Zufall aber auch«, entgegnete ich.

»Namibia ist auch dabei«, fügte er siegessicher noch hinzu. »Also, nun geben Sie sich einen Ruck!«

»Okay«, sagte ich und gab ihm die Hand, »aber ich möchte noch jemanden mitnehmen. Meine Mutter. So eine Reise würde sie sicher sehr freuen.«

»Kein Problem«, sagte er. »Dann machen wir das doch so. Wohin sollen wir den Vertrag schicken?«

»An meine Agentur, die regelt alles.« Wir tauschten noch unsere Kontaktadressen aus, schüttelten die Hände und besiegelten somit die große Geburtstagsüberraschung für meine Mutter. Natürlich war ich ab sofort sehr gespannt darauf, was dieses Kreuzfahrterlebnis mit mir machen würde.

Als ihr Geburtstag näher rückte, überlegte ich mir, wie ich meiner Mutter dieses außergewöhnliche Präsent auf witzige Weise vermitteln könnte. Auf dem Fest, zu dem die ganze Familie sowie viele alte Freunde meiner Eltern erwartet wurden, wollte ich in einer Bildershow einen bunten Querschnitt aus ihrem Leben zeigen. Bis hin zu gemeinsamen Ausfahrten auf meinem kleinen Boot, auf dem wir uns wie einst fühlten, als noch die ganze Familie in Campingurlauben dem einfachen naturverbundenen Leben frönte.

Natürlich hatte sie auch stets schöne Hotels genossen, aber trotz ihres inzwischen hohen Alters konnte sie der Banalität eines Zelt- oder eines Wohnwagenurlaubs immer noch etwas abgewinnen. Schließlich hatte sie sich auf meiner alten »Memel« auch gleich wohlgefühlt.

Die aber hatte ich nicht mehr. Denn nach meinen spannenden Exkursionen auf der Maas mit meinem ersten kleinen Boot hatte ich mich nach einem größeren Schiff umgeschaut, um damit auch Reisen ins Mittelmeer oder an die Ostsee unternehmen zu können. Diese neue »Memel« nun hatte meine Mutter jedoch noch nicht besucht, und so kommentierte ich auf dem Geburtstagsfest meinen Bildervortrag mit den Worten, dass sie dieses neue Schiff ja noch gar nicht kennen würde und dass ich ihr deshalb – quasi als Appetizer – schon einmal ein paar Fotos davon zeigen wollte. Auf der Leinwand erschienen sodann opulente Innenaufnahmen von der EUROPA. Die anwesenden Gäste fingen an, sich zu amüsieren, weil sie natürlich sofort den Bruch bemerkten. Und als ich am Schluss eine Außenaufnahme des Kreuzfahrtschiffes mit dem Insert »Herzlich willkommen auf der MS EUROPA« zeigte, war allen klar, dass das mein Geburtstagsgeschenk für sie war. Nur Mutti merkte nichts und kommentierte das Foto mit den Worten: »So ist er halt, mein Sohn. Nur Quatsch im Kopf.«

Erst am nächsten Tag dämmerte es ihr, dass dieser Quatsch real war und dass sie mit mir alsbald auf der »schönsten Yacht der Welt« – wie die Reederei selbstbewusst ihr Schiff zu nennen pflegt – eine ungewöhnliche Reise antreten würde.

Nachdem wir uns in Dubai eingeschifft hatten, waren wir sehr verwundert darüber, dass sich so wenige Passagiere an Bord befanden. Ausgelastet kann die EUROPA normalerweise 400 Passagiere aufnehmen – plus 285 Personen Crew-Besatzung. Doch bei Reiseantritt waren nur 95 Passagiere auf dem Schiff.

In jüngster Zeit hatte die Terrororganisation »al-Qaida« an Brennpunkten in Kenia und Somalia mehrere Anschläge verübt, sodass man die Schiffsroute aus Sicherheitsgründen geändert hatte, was bedeutete, dass einige Häfen in diesen Gebieten nicht angelaufen werden konnten. Viele Reisende hatten daraufhin ihre Buchungen storniert. Die verbleibenden Gäste bestanden aus nicht unvermögenden Weltreisenden, die ihren Ruhestand auf dieser Yacht verbrachten, und normal Sterblichen wie uns.

Landgänge in sicheren Häfen waren nun spärlich, und bis auf ein paar Stopps auf Reede gab es fast nur Tage auf See. Hapag Lloyd war alarmiert, denn das verwöhnte Publikum musste bei Laune gehalten werden. Also verpflichtete man große Künstler.

Armin Mueller-Stahl kam für eine Lesung und Ausstellung seiner Bilder an Bord. Kurt Masur wurde mit seiner Frau, der Bratschistin und Sopranistin Tomoko Sakurai, eingeflogen. Aus New York holte man sich die legendäre Bill-Haley-Band, die nach dem Tod des berühmten Rock ’n’ Rollers immer noch aktiv war und die Europa-Lounge zum Kochen bringen konnte. Ein begnadeter Karikaturist und Schnellzeichner aus der ehemaligen DDR, der unter dem Pseudonym »Gero« firmierte, und ich rundeten das Bild einer Künstlertruppe ab, welche die Aufgabe hatte, Bin Laden ein Schnäppchen zu schlagen.

Das war für Mutti natürlich das Größte. Abends in der »Havanna-Bar« mit Weltstars bei einem Drink zusammenzusitzen und sich zu unterhalten. Besonders Armin Mueller-Stahl war von meiner vitalen Mutter begeistert und sagte jedem: »Die Dame ist schon achtzig! Das glaubt man doch nicht.«

Ja, meine Mutter hatte gute Gene; und ich legte mit ihr in der »Clipper Lounge« noch manche kesse Sohle aufs Parkett.

Neben einem Kurzauftritt in der Welcome-Show zu Beginn und der Farewell-Show am Ende der Reise hatte ich zwei einstündige Soloabende zu bewältigen. Normalerweise fanden die immer in der Europa-Lounge oder in einem der kleineren Clubräume mit Bar statt. Dort aber – wenn der Andrang groß war – zweimal hintereinander. Da saßen dann die Gäste nach einem opulenten Essen in ihren dicken Fauteuils, das Blut dem Gehirn entzogen, und ich sollte sie nun vom Einschlafen abhalten.

Dabei wurden auch während des Vortrags Getränke serviert, was ich als Wortkünstler überhaupt nicht schätzte. Doch ich hatte Glück.

Wegen der geringen Passagierzahl war es mir vergönnt, im Kinosaal des Schiffes aufzutreten, wo es keinerlei Service gab. Lediglich am Eingang gab es vor der Vorstellung einen kleinen Sektempfang. Die Vorstellung lief rund, zumal ich mich geehrt fühlte, dass Armin Mueller-Stahl und Kurt Masur vergnügt im Publikum saßen.

Nach einem Landgang auf den Seychellen, wo es ungewöhnlich heiß war, lagen wir Tage später vor der »Isle de Mocambique« draußen auf Reede. Es war ein schöner Abend, und ich schaute entspannt von unserem Kabinenbalkon auf die dunkle See und hing meinen Gedanken nach. Plötzlich tauchte aus der Dunkelheit ein merkwürdiger, sich bewegender Holzstamm auf. Als er sich steuerbords der EUROPA näherte, erkannte ich einen Mann in einem hellen Kaftan mit einem Paddel auf seinem Einbaum. Unter der riesigen Bordwand sah sein Gefährt winzig aus, aber ich konnte erkennen, dass im vorderen Teil des Einbaums große Fische lagen. Es war also ein einheimischer Fischer weit draußen auf See, denn man konnte das Inselufer nicht sehen. Unheimlich. Er rief etwas zum Schiff hoch, was ich nicht verstand. Fünf Decks unter mir tauchten plötzlich die Köpfe mehrerer Filipinos auf, die sich mit dem Mann zu unterhalten schienen. Obwohl ich nichts verstand, war das wohl eine Art Verhandlungsgespräch.

Offenbar wurde man sich einig, denn nun wurden vom Einbaum mehrere Fische den Filipinos übergeben. Im Gegenzug wechselten mehrere leere Plastikkanister den Besitzer. Ein seltsames Tauschgeschäft, dachte ich noch, während der Fischer auf dem Einbaum mit den Kunststoffbehältern wieder in die Dunkelheit zurückpaddelte, aus der er gekommen war. Dieser Vorgang beeindruckte mich extrem, und ich fühlte mich auf einmal sehr unbehaglich.

Hier – hoch droben in 25 Meter Höhe auf dem Balkon meiner Außenkabine. Und steil unter mir dieser einsame Fischer auf seinem Einbaum. Ich dachte nur, wie gut, dass dieser Mann da auf dem Wasser nichts von dem Luxus hier im Inneren des Schiffes weiß.

Ein Blick und Gedankensturz zugleich in jene »Dritte Welt«, wie wir sie oft anmaßend bezeichnen. Was wusste ich von dieser Welt, in der der Mann lebte? Nichts. Ich ahnte nur, dass die Menschen dort bitterarm sind.

Und hier an Bord dieses »5-Sterne-Plus-Luxusliners« gab es alles im Überfluss. Mehr noch: Obwohl sich schon eine erstklassige Küche an Bord befand (der Chefkoch war Österreicher), wurden für die verwöhnte Klientel zusätzlich noch Sterneköche aus Deutschland eingeflogen, um an Bord ein mehrtägiges Koch- und Fressspektakel zu veranstalten.

Nach oben scheint es in der reichen Welt keine Grenzen zu geben. Und manche Privatjacht bestimmter Milliardäre übersteigt mit einer geradezu frivolen Geldverschwendung unser Fassungsvermögen. Gut, wer sein Geld auf redliche Weise verdient.

Die Filipinos unter Deck mussten für ihr Geld jedenfalls hart arbeiten und rangierten auf der untersten Stufe der Hierarchie. Sie wuschen die Wäsche, sie bügelten. Sie putzten die Decks der Crew und die Küche, bedienten nachts um drei Uhr in den Tiefen der schönsten Yacht der Welt die Müllverbrennungsanlage, damit der schwarze ätzende Rauch, der aus dem Schornstein qualmt, die Passagiere nicht störte, und lebten zusammengepfercht in kleinen Innenkabinen unten im Bauch des Schiffes. Da verbrachten sie in der Regel oft Monate am Stück und ernährten mit ihrem Lohn ihre Familien in der Heimat. Deshalb dealten sie jetzt vor Ort mit dem armen Fischer auf dem Einbaum, bezahlten mit Plastikbehältern und brieten sich in ihren engen Räumen den Fisch.

Natürlich hatte auch meine Mutter die Episode mit dem Fischer auf dem Einbaum mitbekommen, was zweifellos auch bei ihr gemischte Gefühle ausgelöst hatte. Gleichwohl war mir in dieser Situation nicht danach, mit ihr jetzt einen längeren Disput über die Schlechtigkeit der Welt zu führen. Was würde das in dieser Situation bringen? Die Reise war mein Geschenk für sie, zu dem es ohne ein Auftrittsengagement nicht gekommen wäre. Ich verschenke ja auch kein Buch, um dann bei der Überreichung des Geschenks zu erwähnen, was für eine klimafeindliche Riesensauerei es ist, dafür extra einem Baum zu fällen.

Der Ort, den wir nun ansteuerten, wäre für die »Buchindustrie« erst gar nicht in Betracht gekommen, denn da wachsen keine Bäume. Nachdem die EUROPA, vom Indischen Ozean kommend, das Kap der guten Hoffnung weiträumig umschifft hatte, erreichte sie den Hafen Lüderitz in Namibia. Bevor es nach Kapstadt ging, sollten sich die Passagiere hier wohl noch einmal die Beine vertreten.

Ein bizarrer Ort. Eine trostlose Bucht mit einer noch trostloseren Landschaft dahinter, auf der sich eine merkwürdige Ansammlung von Häusern und Straßen befindet, deren Namen weit in die Vergangenheit zurückreichen.

Ein Tabakhändler aus Bremen, Adolf Lüderitz, erwarb 1884 diesen Landstrich, weil er dort Bodenschätze vermutete. Lüderitz hatte aber kein Glück mit diesem Landstrich und mit ihm auch nicht das Deutsche Kaiserreich, das über den erfolglosen Diamantensucher militärisch alsbald schützend die Hand hielt. So machte das Reich unter dem Kapitel »Deutsch-Südwest« seine erste, letztlich niederschmetternde Erfahrung als Kolonialmacht mit allen Opfern, die dazugehörten. An erster Stelle die Ureinwohner dieses Gebietes, die Hereros.

Bei großer Hitze liefen wir durch ein Städtchen, bei dem die wenigen Einwohner, denen man begegnete, schwarze Afrikaner waren. Man traf sie in der Bismarckstraße, in der Nachtigallstraße, vor der evangelischen Felsenkirche am Hohen Weg oder an der Kegelbahn neben Kapps »Konzert- und Ballsaal«. Alte frisch angemalte Gebäude im Stil der Wilhelminischen Zeit.

Und obwohl der meistgebrauchte männliche Vorname bei den Einheimischen »Paul« war, wie ich hörte, konnte man sich keinen Reim darauf machen, weil hier nichts zusammenpasste. Außer der Gewissheit, dass man in die Geschichte gewachsener Völker tunlichst nicht eingreifen sollte. Die Vernichtung von Identitäten hinterlässt für Opfer wie für die Nachfahren der Täter ein gleichermaßen schreckliches Gefühl.

Endlich lief unser Schiff in den Hafen von Kapstadt ein. Allein der Tafelberg, der schon aus der Ferne eine majestätische Kulisse für das Anlaufen dieser Metropole abgibt, erhöhte die Erwartung an diese Stadt. Sie markierte zwar das Ende unserer Schiffsreise, aber wir hatten noch drei Tage, um wenigstens einen kleinen Eindruck von ihr zu bekommen.

In der »Victoria Wharf«, wie die attraktive »Waterfront« der ältesten Stadt Südafrikas genannt wird, verließen wir unser schwimmendes Domizil der letzten zwei Wochen und nahmen uns dabei vor, für einen Bummel nochmals in diese schöne Anlage mit all ihren Bars und Restaurants zurückzukehren.

Mit einem Shuttle der Reederei erreichten wir im Zentrum der Stadt unser Hotel. Das angenehme Klima, ganz anders und viel erträglicher als die Hitze in Namibia, ließ uns noch am selben Tag einen Spaziergang machen. Voller Eindrücke beendeten Mutti und ich den Tag mit einem Abendessen in einem Restaurant, das wir schon ausgespäht hatten. »Mama Afrika«. Nach der rein europäischen Küche auf der EUROPA gelüstete es uns nach einheimischer Kost. Und wir wurden nicht enttäuscht.

Für den nächsten Tag schlug ich meiner Mutter vor, die zwölf Kilometer mit dem Boot nach »Robben Island« hinüberzufahren, wo die weißen Machthaber Nelson Mandela 27 Jahre lang eingesperrt hatten. Und anschließend könnten wir uns mit der Seilbahn noch auf den Tafelberg bringen zu lassen.

Da die politischen Entwicklungen zum Ende der Apartheidspolitik immer noch sehr spürbar waren, hatte der Besuch auf dieser Gefängnisinsel für uns noch etwas Erschütterndes: das karge Gelände, die kleinen Gefängniszellen, der Steinbruch, in dem die Gefangenen arbeiten mussten.

Ich habe mich immer gefragt, wie ein Mensch eine solche Tortur so lange ertragen und dann noch dem einstigen Gegner die Hand reichen kann. Obwohl Mandela damals schon nicht mehr Präsident von Südafrika war, bleibt er für mich immer ein Idol.

Er gehört zu jenen außergewöhnlichen Menschen, starken Persönlichkeiten, die heute immer mehr verlorengegangen sind. Und ich erinnere mich an seinen Händedruck, als ich am 11. Juni 1990 bei einer Veranstaltung in Bonn, bei der er Willy Brandts Ehrengast war und irgendwann durch die große Menschenmenge ganz dicht an mir vorbeikam, sodass ich ihm spontan die Hand entgegenstreckte. Ein wunderbarer Zufall.

Nach unserer Rückkehr von »Robben Island« fuhren meine Mutter und ich auf den Tafelberg, machten einen herrlichen Spaziergang auf dem Wanderweg durch die Flora dieser Bergkette und genossen den Blick auf Kapstadt. Draußen auf dem Meer sahen wir im Dunst die Gefängnisinsel liegen, die uns am Vormittag noch so berührt hatte, und ich versuchte mir vorzustellen, wie das ist, wenn man durch ein Gitterfenster in zwölf Kilometern auf das Paradies schaut und keine Chance hat, dorthin zu gelangen.

Als der Bus uns zum Flughafen fuhr, kamen wir an den weitläufigen Townships vorbei, deren Bewohner in ihren endlosen Wellblechhütten immer noch auf *ihr* Paradies warteten.

Auf dem Rückflug nach Deutschland ließen wir unsere Reise Revue passieren. Mutti war natürlich selig. Und ich dachte an meinen letzten Auftritt in der Farewell-Show an Bord der EUROPA und fragte sie: »War das für dich so okay?«

»Ja, natürlich«, meinte sie, »die Leute haben sich doch sehr amüsiert.«

»Aber reicht das?«, fragte ich fast vorwurfsvoll.

»Na ja«, meinte sie schmunzelnd, »im Lachen steckt ja nun zumindest eine erste Selbsterkenntnis. Das müsstest du doch am besten wissen. Wenn du das Publikum beschimpfst, machen die Leute zu. Da ist es doch besser, wenn du sie öffnest, indem du sie zum Lachen bringst, und sei es mit einer Art Märchen.«

Was hatte ich also gesagt?

»Ja, meine Damen und Herren, die ›Farewell-Show‹ bedeutet für viele Mitreisende und auch für mich selbst, dass es in Kapstadt nun Abschied zu nehmen gilt von einer wunderbaren Reise. Sie haben viel gesehen und erlebt. Und wer eine exquisite Küche schätzt, war hier an der richtigen Adresse. Von Verpflegung im üblichen Sinne konnte hier keine Rede sein, denn das, was die Küche auf der EUROPA serviert, ist fast nicht zu überbieten – und die alltägliche Verführung ist groß. Ich habe das quasi am eigenen Leibe erfahren müssen. Drei Mal musste ich während dieser Reise hier an Bord schon zum Änderungsschneider. Nichts passte mehr, und jedes Mal, wenn ich dort aufkreuzte, war ich nicht allein, meine Damen und Herren. Ja, ich erkenne sogar im Publikum ein paar Gesichter wieder, aber keine Angst. Diskretion ist alles.

Da taten die wenigen Landausflüge natürlich gut. Besonders hat es mir auf den Seychellen gefallen. Weil ich selbst Skipper bin, habe ich mir natürlich die vielen Segelyachten, aber auch die Motorschiffe angeschaut. Da liegen schon ein paar schöne Exemplare herum. Aber eine Motoryacht hat es mir besonders angetan. Knapp fünfzig Meter lang und von seltener Schönheit. Ein irres Schiff. Auf dem Außendeck stand ein Herr mittleren Alters, ein Philippine, der meine Neugier wegen des Schiffs bemerkte. Er drehte sich zu mir um und sagte:

›Gefällt es Ihnen, das Schiff?‹

›Ja, fantastisch. Diese Yacht ist wirklich wunderschön. Die Flagge, was ist das für ein Land?‹, fragte ich.

›Das ist die Flagge der Philippinen‹, entgegnete er freundlich.

›Liegt aber auch nicht gerade um die Ecke‹, war mein Kommentar. Ich konnte meine Augen nicht von diesem außergewöhnlichen Schiff lassen.

›Wollen Sie mal an Bord kommen und sich das Schiff anschauen?‹, fragte er plötzlich.

›Danke, aber das geht doch nicht‹, sagte ich überrascht. ›Was soll denn der Eigner dazu sagen?‹

›Ach‹, meinte er beruhigend, ›das geht schon.‹

›Wirklich?‹

›Ja, kommen Sie ruhig hoch an Bord.‹

Natürlich ließ ich mir das nicht zweimal sagen und kam an Deck. Der Mann gab mir die Hand und sagte: ›Mein Name ist Isko.‹

›Ich heiße Thomas Freitag und komme aus Deutschland.‹

›Freitag kenne ich von Robinson Crusoe‹, lachte er, ›ich zeige Ihnen das Schiff.‹

Ich lachte etwas gequält, weil ich solche Anspielungen schon über Gebühr gehört hatte, und folgte ihm unter Deck. ›Wow! Das ist fantastisch‹, stieß ich aus.

Die Einrichtung war wirklich unglaublich. Alles wirkte großzügig, und das Dekor war von erlesenem Geschmack. Der Mann zeigte mir alles, vom Maschinenraum über die Küche, die Speise- und Wohnräume, die Bäder bis hin zu den Schlafsuiten. In der größten Suite schien wohl der Eigner selbst zu nächtigen. Ich stand vor einem riesigen Bett, ausstaffiert mit erlesenen Stoffbezügen, Decken und Kissen.

›Ein bisschen wie im Märchen‹, sagte ich überwältigt.

›Das Beste kommt noch. Schauen Sie mal!‹

Er betätigte eine Fernbedienung. Plötzlich teilte sich das Bett wie von Geisterhand, und man blickte in einen darunter liegenden Swimmingpool. Fast trotzig bemerkte ich ein wenig kleinlaut: ›Ich habe auch ein kleines Schiff … aber da geht natürlich kein Pool rein …‹

›Was machen Sie hier auf den Seychellen?‹, fragte er.

›Ich arbeite auf der MS EUROPA. Da trete ich auf.‹

›Ach, auf der EUROPA‹, sagte er, ›die kenne ich. Eine tolle Yacht! Ich habe dort über zwanzig Jahre gearbeitet.‹

›Aha‹, entfuhr es mir. Ich war ein wenig irritiert.

›Ist denn das Essen dort immer noch so gut?‹, fragte er.

›Ja, sehr gut. Die Küche ist top‹, sagte ich, ›und dann fliegen sie auch noch extra Sterne-Köche aus Deutschland ein. Es ist der helle Wahnsinn!‹

›Ja, das ist es‹, meinte er sinnierend.

›Und jetzt arbeiten Sie hier an Bord, auf dieser Privatyacht?‹, fragte ich ihn.

›Nein. Diese Yacht gehört mir‹.

Mir kippte die Kinnlade runter. ›Aber ich dachte, ich meine, Sie haben doch auf der EUROPA gearbeitet, sagten Sie. Was haben Sie denn da gemacht?‹, fragte ich ihn jetzt etwas irritiert.

Er schaute mich einen Moment lang an, als ob er meine Frage nicht richtig verstanden hätte, und sagte dann trocken: ›Ich war der Änderungsschneider.‹«

Indem ich schreibe …

Als ich mich irgendwann aus einer Laune heraus entschlossen habe, dieses Buch zu schreiben, teilte ich dies mehreren, mir nahestehenden Menschen mit, um mich selbst so unter Druck zu setzen, dieses dann auch tun zu müssen. Ich kenne mich. Von nichts kommt nichts. Jedenfalls nicht bei mir. Und alle meine kreativen Aktivitäten bedurften einer solchen Vorgehensweise. Ich gebe zu, dass ich damit in meinem Leben schon zu erstaunlichen Ergebnissen gekommen bin. Man hat eine Idee und probiert aus, sie umzusetzen.

Jetzt, beim Schreiben dieses Buches, trete ich seit nunmehr einer Woche quasi auf der Stelle. Nicht, dass es nichts mehr zu sagen gäbe, im Gegenteil. Aber Zweifel zermartern meinen Kopf. Ich will sie zerstreuen, indem ich mich durch simple Tätigkeiten abzulenken versuche. Ich weiß zwar, dass ich mit dieser Situation in einem kreativen Prozess nicht alleine bin, aber für den Kopf ist es äußerst lästig.

Bei der Sichtung all der alten Texte meiner Programme und dem Blick auf die aktuelle politische Lage in Deutschland und auf der Welt stelle ich immer wieder erstaunt fest, wie früh wir doch den Fehlentwicklungen auf die Schliche gekommen sind. Und mit *wir* meine ich alle jene Zeitgenossen, die mir bei der satirischen Kompensation dieser Zustände schon damals zur Seite standen. Aber auch die, welche unabhängig von mir den Entwicklungen des Zeitgeistes auf der Spur waren. Im Programm »Ende der Spielzeit« haben Dieter Hildebrandt und Werner Schneyder 1982 schon ein furioses Zeichen gesetzt.

Ich habe mich vor mehr als 20 Jahren einmal zu der Aussage hinreißen lassen, dass unsere Demokratie nicht zwingend von den Bürgern dieses Landes an die Wand gefahren wird, sondern von den etablierten Parteien und den sie begleitenden Medien. Und zwar durch geübte Untätigkeit, Ignoranz und Selbstgefälligkeit der politischen Elite angesichts erkennbarer Problementwicklungen. Das permanente Outsourcen von Aufgaben, die eigentlich dem Staat obliegen, den wir satt mit unseren Steuergeldern versorgen. Das notorische Übertragen von Lösungen unliebsamer Entwicklungen an die sogenannten Selbstheilungskräfte der Wirtschaft, die in ihrem Wachstumsfanatismus ja nur ein Ziel hat: Gewinne einzufahren. Was nützt hier wem?

Jüngst gab es in Sachsen und Brandenburg Landtagswahlen. Das Ergebnis war unmissverständlich. Ein Viertel der Wähler hat sich für eine Partei entschieden, die den regulären demokratischen Weg nutzt, um an die Macht zu kommen. Hat sie die mithilfe des Wahlvolks einmal erreicht, will sie aber dann eben genau diese verfassungsgegebenen Grundrechte, die ihr bisher zu Diensten waren, aushebeln. Unzählige Äußerungen und Aktivitäten ihrer Mitglieder bestätigen das anschaulich. Und ich wage zu bezweifeln, ob es sich dabei nur um Denkzettel handelt, die der Wähler hier jüngst verteilt hat – und in Zukunft wohl noch verteilen wird.

Bei all meinen Programmen war mir die Wut über die allgemeinen Zustände in dieser Republik ein stetiger Begleiter. Aber ich habe keineswegs die Absicht, mich deshalb in das Fahrwasser von Volksverhetzern, Geschichtsverdrehern, Lügnern und Hasspredigern zu begeben, die man in meinen Augen durch einen fragwürdigen Sammelbegriff wie »Populisten« gefährlich verharmlost. Hitler soll beim Tee auch sehr nett gewesen sein.

Mit dem Song von Rufus Wagner »Maikäfer flieg, in jeder Aktie steckt ein kleiner Krieg« haben wir schon 1982 in dem Programm »Was sind denn das für Leute?« zusammengefasst, was durch die viel zu lange geleugnete Klimakatastrophe auf uns hereinbrechen würde. Damals war es fünf vor zwölf. Und wo sind wir heute?

Mit einem Chappi fressenden Rentner – 1984 im Programm »Wer kommt mit durch's Nadelöhr?« –, der sich über die mangelnde Grundversorgung nicht beklagen will: Er könne ja die Schimmeleckchen beim Brotsonderangebot im Supermarkt rausschneiden.

Immerhin habe er schon den Steckrübenwinter nach dem Ersten Weltkrieg überlebt.

Und dann noch das alte Thema von der Ausbeutung der sogenannten »Dritten Welt« – und dabei die anrührende »Ballade vom Frommen Kind« von Erika Molny: Beim Nachtgebet kommen dem Kind Gedanken über das Warum und Wieso seiner schrecklichen Armut.

»Warum helfen die uns nicht«, fragt es, »die wissen wohl nichts vom Herrn Jesus Christ und wie gut unser Vater im Himmel ist? Man müsste diese Menschen bekehren!«

Darauf die Eltern: »Du dummes Kind. Was das wieder für Gedanken sind. In Wahrheit ist es gerade umgekehrt. Sie haben *uns* das Beten gelehrt.«

Heute werde ich von den großen Hilfsorganisationen aufgerufen, für die armen Kinder in den Kriegsgebieten im Jemen zu spenden, und weiß doch, dass wir Deutschen die Saudis mit Waffen versorgen. Es ist zum Verzweifeln!

Als 2011 die Atomkatastrophe in Fukushima passierte, fiel mir eine Radio-Aufzeichnung eines Programmes von mir durch den WDR aus dem Jahre 1979 ein. In der »Frankfurter Rundschau« hatte ich zuvor einen Artikel über ein Katastrophenschutzszenario gelesen, wonach bei einem Gau im Kernkraftwerk Stade für die umliegende Bevölkerung eine schnelle und sichere Evakuierung fast unmöglich durchzuführen sei. Ich rief den Verfasser des Artikels an, der mich wiederum an einen Redakteur der *Wirtschaftswoche* verwies, der die ursprüngliche Recherche hierfür betrieben hatte. Dieser hieß Norbert Michulsky, der später mein langjähriger Agent und Wegbegleiter in vielen organisatorischen Fragen werden sollte. Ich benötigte seinen Rat, weil ich etwas vorhatte.

Ich wollte nämlich an jenem Abend der Hörfunkaufzeichnung dieses Szenario vor Publikum im »Kom(m)ödchen« aufzeigen. Dazu mussten diverse Telefonnummern von Leitern verschiedener Sicherheitseinrichtungen, die in so einem Katastrophenfall zuständig waren, organisiert werden.

Für die Vorstellung wurde also an einer langen Kabelschnur ein schwarzes Bakelit-Telefon (mit Wählscheibe!) installiert, das an die Lautsprecheranlage des Theaters angeschlossen war und auf einem kleinen Tisch auf der Bühne stand. Damit konnte ich diese Personen während der Vorstellung anrufen, um mit ihnen über die Gefahrenlage zu sprechen. Und das live coram publico!

Zu Beginn der Telefonate stellte ich mich mit meinem Namen vor und erklärte, dass ich mich gerade im Düsseldorfer »Kom(m)ödchen« befinden und mit 200 Zuschauern die Frage diskutieren würde, was wir als betroffene Bevölkerung in einem solchen Fall an Hilfe zu erwarten hätten.

Das Ergebnis war niederschmetternd. Von den sechs angerufenen Personen waren zwei nicht erreichbar (na ja, es war Freitagabend!). Zwei weitere hohe Sicherheitsexperten taten mein Anliegen als Joke ab. Die verbliebenen Ansprechpartner zeigten sich sehr bemüht, waren aber zur Sachlage schlichtweg überfordert.

Das Publikum vor mir bekam an diesem Abend eine sehr dunkle Ahnung davon, was uns blüht, wenn die Politik von der Realität eingeholt wird!

Während dieses Spektakels lief Kay Lorentz hinter der Bühne auf und ab und raufte sich die Haare, weil er erst jetzt begriff, dass ich tatsächlich live mit diesen hochrangigen Sicherheitsbeamten telefonierte. Später sagte er: »Mein Gott, Thomas, warum hast du das nicht gefaked?«

»Dann hätte das Ganze nicht funktioniert.«

Ach ja, und über allem schwebt heute auch noch die digitale Revolution, die das langsame Zerbröseln unserer demokratischen Grundfestung besorgt. Auch hier ein bedenkenloses Freikaufen durch die Politik.

Im Sommer 2012 sitze ich am Tisch eines Restaurants in Antwerpen. Gegenüber eine Familie. Vater, Mutter und ihre drei Kinder. Bis auf den kleinsten Jungen, der mit seinem Kinder-Tablet spielt, starren alle in ihr iPhone. Niemand spricht. Keine Konversation. Sogar als das Essen kommt, starren alle weiterhin in ihre virtuelle Weltanbindung. Die digitale Revolution frisst die Seelen auf.

Eine Struktur, wie ich sie als Kind und Heranwachsender bei den gemeinsamen Mahlzeiten mit meinen Eltern erfahren habe, findet hier nicht mehr statt. Ja, meine Eltern regten sich noch auf über uns Gören und gaben uns dennoch das nötige Rüstzeug für den Umgang mit Konflikten. Wer nicht mehr erziehen will oder kann, kauft sich heutzutage frei. Ich frage mich, wie wir als Kinder ohne Handy überleben konnten.

Wenn ich ein Buch zu lesen anfange, kann ich es in meinen Händen spüren. Ich fühle das Papier, nehme den Geruch wahr, kann darin vor- und zurückblättern. Ich tauche in die Geschichte des Buches ein. Es wird in dem Moment, da ich mich mit ihm beschäftige, ein Teil von mir.

In der digitalen Welt fehlt das Haptische. Ich scrolle mich durch die Texte, verorte aber nicht das Davor und Danach. Das Lesen wird viel flüchtiger. Menschen, die ein eBook gelesen haben, soll es viel schwerer als »klassischen« Lesern fallen, eine Inhaltsangabe des gelesenen Buchs zu geben.

Der Roman *Ein wenig Leben* von Hanya Yanagihara gehört für mich zu den bewegendsten Literaturerlebnissen der letzten Jahre. Ich glaube nicht, dass mich dieser Roman als eBook so berührt hätte. Immer, wenn mein Blick dieses Buch im Bücherregal streift, wird seine Geschichte in mir wieder lebendig. Es hat übrigens 958 Seiten und ist nichts für Querleser. Im Gegenteil. Da ist viel Konzentration erforderlich. Eine Übung, die in unserer hochgerühmten digitalen Zeit zunehmend auf der Strecke bleibt. Zurück bleibt allenthalben nur der bequeme Weg zu mittelmäßiger Schlauheit.

Wolfgang Franke beendete sein Oeuvre über den Aufstieg des Mittelmaßes in Zeiten der »geistig-moralischen Wende« von Helmut Kohl in einem »Kom(m)ödchen«-Programm mit den Zeilen:

»Die Welt wird schöner mit jedem Tag
Man weiß nicht, was noch kommen mag
Die Talfahrt will nicht enden
Sie geht ins fernste tiefste Tal
Weit fort von elitärer Qual
Nun muss sich alles, alles wenden.«

Der famose Dietmar Jacobs

Der Zufall war stets einer der spannendsten Begleiter meines Lebens. Und weil er zugleich als die unsicherste Komponente in all meinen Plänen auftrat, habe ich nie auf ihn gesetzt. Dennoch wusste ich ihn immer zu nutzen, wenn er kam, denn ich begriff das Risiko, welches er mit sich brachte, auch stets als Herausforderung.

Nach dem für Kabarettverhältnisse äußerst aufwendigen »Hoppla«-Programm, das, wie gesagt, die Szene – im Gegensatz zu meinem Publikum – nicht immer wohlwollend goutierte (»jetzt ist er größenwahnsinnig geworden«), stand mir der Sinn nach »back to the roots«. »Unplugged« sollte mein nächstes Programm heißen, und ich wollte es alleine schreiben.

Nun haben einsame Entschlüsse immer etwas Riskantes an sich. Es ist wie beim Schreiben eines Buches. Alleine einem leeren Blatt Papier etwas anzuvertrauen, kann schnell verunsichern, ob das Geschriebene auch taugt. Besser ist es in diesem Fall, ein Gegenüber zu haben, das den Prozess kritisch mitgestalten und den Schreibenden auch ermutigen kann. Einen Spiegel also.

Ich machte mich auf die Suche. Es galt, jemanden zu finden, der meine Arbeit gut kannte. Dabei stieß ich auf Axel Naumer. Als Radioredakteur war er für den SWR tätig und lange auch in einer freien Kabaretttruppe in Heidelberg aktiv gewesen. Durch seine mediale Begleitung meiner Programme kannte er meine Arbeitsweise und schien mir so für eine Mitarbeit bestens geeignet. Nun war er als freier Radiomann mit eigenen Produktionen in Köln angekommen, was ein gemeinsames Arbeiten enorm erleichterte.

Leider war unsere Zusammenarbeit in Sachen »Unplugged« nur von kurzer Dauer, da er wegen neuer Angebote beim WDR für unser Vorhaben plötzlich nur wenig Spielraum sah. Selbstverständlich wollte ich seinen Karrierebemühungen nicht im Wege stehen und erfüllte auch seine finanziellen Forderungen.

Also wollte es der Zufall nun, dass mich mein lieber Rufus Wagner auf einen jungen Mann hinwies, den er in einer Kabaretttruppe gesehen hatte. Er meinte damals: »Spielerisch ist er nicht so doll, aber er kann gut schreiben.«

Der junge Mann hieß Dietmar Jacobs, Doktor des Kabaretts. Sein Promotionsthema war: Kabarett in der DDR unter Honecker. Anfänglich war ich mir nicht sicher, ob er sich auf eine Zusammenarbeit mit einem arrivierten Kollegen einlassen würde. Meine Sorgen waren unbegründet. Ich lernte einen überaus freundlichen Zeitgenossen kennen, der äußerst neugierig war, sich auf dieses Projekt einzulassen. Ich lud ihn spontan zur Klausur in jenes kleine Haus von Freunden auf Mallorca ein, das ich hin und wieder für meinen Urlaub angemietet hatte.

Dort auf der Terrasse sitzend, arbeiteten wir von Mittag bis spät in die Nacht. Es war dies ein für das Programm sehr fruchtbarer, uns beflügelnder Prozess. Wenn wir die beleuchteten Fischerboote aus Port Soller um das Felsmassiv der Insel tuckern hörten, wussten wir, dass wir jetzt aufhören mussten, denn nun war es 4 Uhr in der Früh!

Nach unserer Klausur sagte Dietmar: »Mir war es wichtig, dich kennenzulernen. Ich würde gerne mal ein ganzes Programm für dich schreiben.« Erfreut erwiderte ich: »Sehr gerne. Tu dir keinen Zwang an.« Bezüglich der Inhalte ließ ich ihm, entgegen meiner sonstigen Gepflogenheiten, völlig freie Hand. Ich setzte auf Vertrauen und wurde nicht enttäuscht. Somit war der Grundstein einer erfolgreichen Zusammenarbeit gelegt, die bis heute anhält.

Für »Unplugged« wollte Dietmar mir aber dennoch – quasi als Kostprobe seines Könnens – eine komplette Spielszene schreiben, die wir uns gemeinsam ausgedacht hatten. Wir wollten den Größenwahn einer ungehemmten Wachstumsideologie thematisieren, bei dem jedwede Demut auf der Strecke bleibt. Der Untergang der Titanic schien uns dafür eine geeignete Vorlage. In elf Minuten spielte ich darin sämtliche Figuren. Vom Kapitän über die Besatzung des Schiffes, das Service-Personal, die Passagiere bis hin zu einem ewig kläffenden Köter einer Millionärswitwe. Ein schweißtreibendes Unterfangen, besonders am Ende der Szene, wenn sich kurz vor dem Untergang des Schiffes im wasservollen Speisesaal der Nobelklasse zwischen umherschwimmenden Tischen und Passagieren ein Herr im Smoking noch einen Gin Tonic bestellen will, um den Salzwassergeschmack im Mund zu neutralisieren.

Wir wussten beide nicht, dass kurze Zeit später eine Neuverfilmung dieses Stoffes mit Leonardo di Cabrio und Kate Winslet in den deutschen Kinos anlaufen würde.

Dieser Film über die Schiffskatastrophe, garniert mit einer schwulstigen Liebesgeschichte, machte mächtig Furore. Und wir waren mit unseren Auslassungen über das Höher, Schneller und Weiter in Zeiten einer sich ausmährenden Globalisierung gut aufgestellt.

Heute, mehr als 20 Jahre später, wo die sich anbahnende Klimakatastrophe von gewissen Kreisen immer noch geleugnet wird, ist auch hier kein Ende abzusehen. Zu groß die Geldgier. Gigantische Kreuzfahrtschiffe als fahrende Städte auf dem Meer mit bis zu 6 000 Passagieren, die dort ihren profanen Beschäftigungen in gewohnter Umgebung nachgehen, als ob sie zu Hause wären. Nur eben jetzt auf dem Wasser.

An Land streiten wir uns über Emissionswerte, aber das gilt nicht annähernd für die Meere, für deren Erhalt sich scheinbar niemand zuständig fühlt. Nur ein Mosaiksteinchen im großen Unfug.

Ich selbst entwickelte für »Unplugged« mehrere Szenen. In einer die Fiktion, was aus Deutschland geworden wäre, wenn man sich 1945 dazu durchgerungen hätte, den Morgenthau-Plan für dieses »unverbesserliche« Land einzuführen.

Eine reine Agrarnation ohne die Insignien unserer gegenwärtigen Wirtschafts- und Exportnation. Rückständig und hinterwäldlerisch. Vorgeführt anhand eines Staatsbesuches der Königin von England in Berlin. Hier war es das aberwitzige Protokoll, das eine Welt offenbarte, die sich keiner vorstellen konnte.

Oder eine Nummer über Grenzsoldaten, die gedrillt werden, in verschiedenen Sprachen den Aufruf »Halt stehen bleiben! Keinen Schritt weiter, oder ich schieße!« zu üben. Dabei hatte ich mir diese Sätze auch von Afrikanern übersetzen lassen und sie phonetisch eingeübt. Das war vor knapp 20 Jahren, wo man sich Migrationsinvasionen, wie sie heute weltweit stattfinden, noch nicht denken konnte.

Das erste komplette Programm, das mir Dietmar Jacobs später schrieb, nannte er »Millionär in 98 Minuten« – ein satirisches Märchen über den Raiffeisenkassenangestellten Frank Weber. Als Anlageberater hält er im Hinterzimmer eines Gasthofs Vorträge, wie man in Zeiten der Globalisierung sein Geld gewinnbringend anlegen kann. Doch er hat dabei ein Problem. Er ist unsterblich in eine Kollegin verliebt, aber traut sich nicht an sie heran. In seiner Not klaut er Geld bei der Bank, in der er arbeitet, um ihr zu imponieren. In der Nacht vor seinem Anlagevortrag hängt er die entwendeten Geldscheine an einen Baum in einem Park, durch den seine Angebetete jeden Tag zur Arbeit geht, um ihr so seine Liebe zu erklären. Und zu seinem Vortrag bringt er dann auch ein Kofferradio mit für den Fall, dass man über den spektakulären Geldfund berichten sollte.

Mit den Proben zu diesem Programm begann eine weitere Etappe der engen Zusammenarbeit mit Rufus Wagner. Zum ersten Mal gab es das Konzept einer durchgehenden Figur, die ich – auch in ihrer Entwicklung – zu berücksichtigen hatte, und verschiedene Seitenchargen, die in diesem Stück kamen und gingen. Das war eine neue Herausforderung für mich, da der Kabarettist jetzt merklich mehr hinter diesen Rollen verschwand als sonst. Das Ganze glich nun eher einem satirischen Kammerspiel, in dem der Kabarettist Thomas jetzt hinter einer Figur zurückstehen musste.

Mit dem erfahrenen Theatermann Rufus konnte ich so meine schauspielerischen Fähigkeiten ausbauen und verfeinern. Rufus und ich waren hier eine wunderbare Symbiose eingegangen. Er, der intellektuell analysierende Kopfmensch mit langjähriger Theatererfahrung, und ich, eher der barocke und ungestüme Bauchspieler. Bei aller Mühe, die ich anfänglich bei den Proben hatte, führte mich

Rufus geduldig zu dem Ziel einer berührenden, aber auch politischen Geschichte, die den Zeitgeist um die Jahrtausendwende traf und vom Publikum gut aufgenommen wurde. Für Dietmar Jacobs war sein Stück ein Meilenstein auf seinem Weg, ein gefragter Autor für die Bühne wie auch fürs Fernsehen zu werden.

Zu meiner Freude wollte der WDR dieses Stück in der »Comedia« in Köln fürs Fernsehen aufzeichnen. Dafür waren zwei Aufzeichnungstage vorgesehen. Dienstag und Mittwoch, der 11. und 12. September. Als ich am frühen Dienstagnachmittag meine Kölner Wohnung verlassen wollte, um vor der Probe und der Aufzeichnung noch ein paar Dinge zu erledigen, schaltete ich zu Hause mein laufendes Radio aus und hörte dabei noch kurz die knappe Nachricht, dass in New York eine Cessna in eine der beiden Twin Towers geflogen war. Zunächst dachte ich, na ja, das musste ja mal passieren, hatte ich doch den abenteuerlich dichten Flugverkehr über dieser Megametropole selbst miterlebt. Ich schaltete das Radio ab und ging aus dem Haus.

Gegen 17 Uhr betrat ich das Theater und war verwundert, dass dort keiner arbeitete, sondern der ganze Stab des WDR und auch die Mitarbeiter des Theaters vor dem Fernseher hingen.

»Jetzt ist der erste Turm zusammengebrochen!«, sagte einer. Und ich sah, was inzwischen passiert war. Geschockt verharrte nun auch ich vor dem Fernseher und verfolgte das grausame Geschehen. Nachdem der zweite Turm eingestürzt war, sagte ich zu dem Redakteur: »Wir können heute das Programm nicht aufzeichnen. In Anbetracht dieser Katastrophe wird heute Abend kein Mensch in die Vorstellung kommen. Ich kann doch nicht spielen, als wäre nichts geschehen.«

Die Dimension dieses Terroranschlags in Amerika war so gewaltig, dass man eigentlich die ganze Aufzeichnung meines Programms hätte verschieben müssen. Das aber war nicht möglich. Hier war ja nicht ein Fernsehteam für eine kurze kleine Reportage zusammengekommen. Die Logistik bei einer derartigen Fernsehaufzeichnung ist viel zu aufwendig und die Kosten sind zu hoch, als dass man ein solches Vorhaben beliebig verschieben könnte.

So einigten wir uns in diesem Fall auf nur eine Aufzeichnung am nächsten Tag. Allen war bewusst, dass die Menschen unter diesem Schock keinerlei Lust verspürten, sich im Kabarett amüsieren zu wollen. Die Theaterleitung versprach deshalb, Leute für den nächsten Tag als Publikum zu akquirieren, denen man vorher die entstandene Notlage erklären würde. Millionen Menschen auf der ganzen Welt verfolgten die schrecklichen Ereignisse in diesen Tagen. Man sprach über nichts anderes mehr.

So blieb mir am 12. September 2001 die undankbare Aufgabe, vor der Aufzeichnung an das anwesende Publikum ein paar Worte zu richten: »Meine Damen und Herren, normalerweise ist es nicht üblich, dass ich mich vor einer Vorstellung an mein Publikum wende. Aber wir leben in grausigen Zeiten, und nach dieser Katastrophe gestern bin ich nicht in der Lage, zum Tagesgeschäft überzugehen. Die in unserer Branche bei unvorhergesehenen Ereignissen oft geübte Aufforderung ›The Show must go on!‹ kann hier und heute eigentlich nicht gelten. Zu groß und furchtbar ist das Geschehene.

Würde es sich heute nur um eine normale angesetzte Vorstellung in der ›Comedia Colonia‹ handeln, hätte ich selbstverständlich abgesagt bzw. meinen Auftritt zu einem späteren Zeitpunkt erwogen. Ja, ich kann so flexibel sein.

Aber eine große Fernsehanstalt zurrt lange Zeit im Voraus ihr Arbeitspensum fest. Bei ihren unzähligen Aufzeichnungsprojekten bindet sie viele Mitarbeiter zu einem bestimmten Zeitpunkt zusammen, um ein vereinbartes Vorhaben durchzuführen.

Das Programm, welches ich Ihnen, meine Damen und Herren, heute Abend darbieten möchte, kann nichts für die Ereignisse, denen wir ausgesetzt sind. Es wird ohnehin erst in ein paar Wochen gesendet werden.

So bleibt mir heute nur die Bitte an Sie, liebe Zuschauer, Ihre wohlwollende Anteilnahme an meine Geschichte, die ich Ihnen heute erzählen will, zu richten. Wenn Sie mir dabei helfen, werde ich alles versuchen, sie so gut wie möglich und auch so unterhaltsam wie nötig für Sie zu präsentieren.

Thank you for your cooperation!«

Unterwegs

In den 45 Jahren, die ich nun als Künstler aktiv bin, habe ich die meiste Zeit meines Lebens auf der Straße verbracht. Das ist für viele meiner Mitmenschen wahrscheinlich keine schöne Vorstellung, erst recht nicht heutzutage, wo es schlichtweg keinen Spaß mehr macht, mit dem Auto in Deutschland unterwegs zu sein. Aber ich kenne es nicht anders. Das ist mein Job. Man ist mit Equipment auf Tournee.

Als ich noch in Köln wohnte – das waren immerhin 30 Jahre –, war für mich die Stadt Frankfurt immer der Entfernungspunkt, wo ich nach der letzten Vorstellung eines Tourblocks dann auf das obligatorische Hotel verzichtet habe und direkt nach Hause gefahren bin. Mein Adrenalinspeicher, angereichert durch die Arbeit auf der Bühne, genügte hier für eine gesicherte Heimfahrt. Und welches Hotel ist schon so anheimelnd, dass man es den eigenen vier Wänden vorzieht? Die Gesetze des Hotellebens kenne ich zur Genüge. Von Flensburg bis Garmisch, von Aachen bis Cottbus.

Es ist der Lebensrhythmus, der uns von allen anderen Zeitgenossen, die morgens zur Arbeit gehen und normalerweise um 18 Uhr wieder zu Hause sind, unterscheidet. Und sollten die dann auch noch auf die erfreuliche Idee kommen, abends mein Programm zu besuchen, so will ich sie gut unterhalten, auch wenn sie vielleicht schon etwas müde sind. Daher esse ich auch vor der Vorstellung wenig, weil ein voller Magen dem Hirn Blut entzieht.

Nach der Vorstellung in deutschen Landen noch etwas Warmes zu essen zu bekommen, ist um 22.30 Uhr oder noch später immer eine besondere Herausforderung. Sicherheitshalber frage ich den Veranstalter schon beim Einrichten des Bühnenprogramms, wo man diesbezüglich noch hingehen könnte. In den seltensten Fällen ist dem Auftrittsort noch ein Lokal benachbart, das auf späte Gäste eingestellt ist. Also muss man sich kundig machen! Deutsche Restaurants kann man – bis auf ganz wenige Ausnahmen – dabei getrost vergessen, denn deren Küchen schließen um 22 Uhr, wenn nicht schon vorher. Und das apodiktisch!

Bleibt also nur noch der ortsansässige Grieche, Asiate, Türke oder der vermeintliche Italiener. Vermeintlich deshalb, weil dieser mittlerweile immer öfter unter türkischer Leitung firmiert. Dann hat man eventuell noch eine Chance.

Der echte Italiener war lange Zeit von Hause aus überaus gastfreundlich und hungrigen Künstlern gegenüber wohl gesonnen, besonders da, wo man sich der Nationalheiligen von Verdi bis Puccini bewusst ist, die einen nicht selten – manchmal zu laut – mit ihrer Musik beim Gastmahl begleiten. Als Opern-Fan halte ich das aber in der Regel gut aus. Andere spielen Eros Ramazzotti oder Andrea Bocelli in Endlosschleife. Leider hat unser geliebter Italiener sich aber mehrheitlich im Laufe der Jahre jener deutschen Mentalität angepasst, wonach der hungrige Gast kurz vor 22 Uhr schlechte oder gar keine Karten mehr hat. »Kucke zu!«, schallt es einem dann entgegen. Da hat auf den bekannt talentierten Gastronomen im Laufe der Jahre wohl etwas abgefärbt. Er hat sich eindeutschen lassen.

Als ich unlängst drei Tage in Dinslaken spielte, gingen wir am ersten Abend auf Empfehlung des Veranstalters zu einem Griechen. Dort wurden wir – auch noch um 22.30 Uhr! – bestens versorgt. Auf dem Weg dorthin kamen wir an einem Italiener vorbei. Dieser hatte Ruhetag, aber nach Information auf der Speisekarte an der Eingangstür gab es bis 23 Uhr Küche. Daher beschlossen wir, am nächsten Tag zu ihm zu gehen. Abwechslung muss sein. Wir hatten Pech. Er war dicht. Das Gleiche am nächsten Abend. So waren wir drei Mal hintereinander beim Griechen und froh, dass mein Gastspiel in dieser Stadt nicht länger dauerte.

Natürlich kann man auch vor der Vorstellung etwas Warmes zu sich nehmen. Das wäre dann so gegen 16, 17 Uhr. Aber mein Bedarf an Imbissbuden hält sich in Grenzen. Und in den Hotels, in denen ich vorher einchecke und die in der Regel vom Veranstalter gebucht werden, ist die Küche auch erst abends auf und, wie sollte es anders sein, ebenfalls nur bis maximal 22 Uhr.

Da ist man ja schon froh, wenn das Zimmer nach hinten raus liegt und es bis 10 Uhr Frühstück gibt.

Aber im Gegensatz zu früher – ich rede hier von den 70er und 80er Jahren des letzten Jahrtausends, wo es in bestimmten Garni-Hotels nur bis 9 Uhr ein spärliches Frühstück gab und der Staubsauger des Zimmermädchens schon ab 8 Uhr gegen die Zimmertür donnerte – hat sich vieles verbessert. Dennoch ist auch heute noch der Begriff »gutes Mittelklasse-Hotel« für mich etwas sehr Dehnbares. Ich habe da schon viel Abtörnendes erlebt.

In Zeiten starker Fernsehpräsenz wurde ich auch immer wieder aufgefordert, mich in das Gästebuch des jeweiligen Hotels, in dem viele Künstler abstiegen, einzutragen. Das waren oft abgegriffene dicke Alben, in denen man die flüchtig hingeschriebenen Autogramme selten entziffern konnte. Es sei denn, jemand hatte sein Foto beigelegt, das aber dann nicht selten – bei ungeschickter Handhabung des Gästebuchs – herausfiel. Alle diese Fotos fielen so oft heraus, weil niemand sie eingeklebt hatte.

Natürlich war ich neugierig, wer denn vor mir schon hier genächtigt hatte. Neben Einzelkünstlern gab es auch zahlreiche Tourneetheater-Ensembles mit einem Star als Zugpferd. Und alle brachten mehr oder weniger ihre kleinen Danksagungen in diesem Gästebuch zum Ausdruck.

Bei Inge Meysel stand in vielen Gästebüchern nur der lakonische Satz: »Bei Ihnen habe ich mich wie zu Hause gefühlt! Ihre Inge Meysel«. Immer wieder fand ich diesen Satz über ihrer Unterschrift. Wo ich auch hinkam.

Eines Tages, irgendwo in Deutschland, blätterte ich mal wieder in so einem wulstigen Album. Und – wer war schon vor mir da? Richtig. Inge Meysel mit ihrem klassischen Spruch: »Bei Ihnen habe ich mich wie zu Hause gefühlt! Ihre Inge Meysel«.

Nur stand dieses Mal darunter: »Mein Gott, Inge, was musst du für ein beschissenes Zuhause haben! Dein Klaus Havenstein«. Ich habe mich nicht mehr eingekriegt. Klaus Havenstein, der in jener

Zeit mit der »Lach- und Schießgesellschaft« ebenfalls immer auf Tournee war, hatte es auf den Punkt gebracht.

Selten hat man die Zeit, einen Veranstaltungsort unter Augenschein zu nehmen, um das Besondere an ihm zu entdecken. Es gibt viele schöne Orte, sicher. Aber es fehlt meist die Muße, sich näher mit ihnen zu beschäftigen. Und es gibt eben auch Auftrittsorte, von denen man gerne wieder das Weite sucht.

Einmal hatte ich ein Gastspiel in Baden südlich von Freiburg. Ich war schon ein paar Tage unterwegs gewesen und wusste zumindest vom Veranstaltungsort, was mich da erwartet: der klassische Kleinkunstkeller, rustikal mit feucht-klammer Atmosphäre, wo oft irgendein ein Abstellraum, man könnte auch Rumpelkammer dazu sagen, als Garderobe dient. Die Bühne klein und die technische Ausstattung für einen Theatermenschen wie mich armselig. Solche sogenannten Kleinkunstbühnen werden meistens von Vereinen betrieben, deren Mitglieder dann ihre Künstler ehrenamtlich und gut meinend betreuen. Im Hauptberuf machen sie alle etwas anderes, was man gelegentlich merkt.

Ich möchte hier aber auch betonen, dass es ohne die Initiativen solcher Vereine in Deutschland in puncto Kleinkunst für uns ziemlich mau aussähe, da die Städte und Gemeinden für Kultur immer weniger Mittel haben. Und natürlich gibt es unter diesen vielen Einrichtungen auch sehr pfiffige und gute Adressen, an denen alles, worauf es ankommt, recht professionell gehandhabt wird und auch die Künstlergarderobe anständig eingerichtet ist.

Hier im Badischen hatte man mir jedenfalls auch schon ein Hotel gleich um die Ecke gebucht, damit ich es nach der Vorstellung nicht so weit hätte.

Ein »gutes Hotel«, wie es in meiner Bühnenanweisung gefordert wird, ist nicht nur eine Interpretations-, sondern oft auch eine Geschmacksfrage. Und somit ein weites Feld, wie mich die Erfahrung gelehrt hat.

Ich war gegen 15 Uhr angereist, und nachdem ich die Klingel an der Tür meiner Unterkunft, die etwas zurückgesetzt in einer kleinen Seitenstraße lag, betätigt hatte, überkam mich schon ein ungutes Gefühl. Eine Frau mittleren Alters öffnete mir. Ich betrat das Hotel, das eher einer Wohnung glich, und stand alsbald im sogenannten Frühstücksraum, in dem überall Kinderspielzeug herumlag. Die Hotelbesitzerin schleppte unaufgefordert meinen Koffer über eine winklige Treppe in den ersten Stock hinauf und zeigte mir stolz mein Zimmer. Darin zwei alte wuchtige Betten mit hohen Holzverkleidungen an Kopf- und Fußenden, wie man sie früher wohl auf Bauernhöfen liebte. Die Matratzen dazwischen tief unten in 30 Zentimeter Höhe. Bei deren Anblick meldeten sich bei mir sofort diskret meine Bandscheiben. Entsprechend war auch das restliche Mobiliar.

Nun gibt es sicher Leute, die ein Faible für alten Plunder haben. Aber wir waren hier nicht auf einem Bauernhof, wo ich mir einen Familienurlaub in so einer Wohnumgebung durchaus hätte vorstellen können.

Nachdem ich mich von meinem ersten Eindruck erholt hatte, gab ich zu verstehen, dass man sich vielleicht mit der Zimmerbuchung geirrt haben könnte und ich jetzt erst einmal telefonieren müsste. Meinen Koffer würde ich zunächst aber hierlassen.

Wieder auf der Straße, rief ich meine Agentur an und brachte meinen Unmut darüber zum Ausdruck, dass ich mir eine solche Unterkunft in meinem Alter und bei dem Tourneestress keinesfalls mehr antun wolle. Man solle sich bitte um ein korrektes Hotel bemühen. Kurz darauf meldete sich der Veranstalter, drückte sein Bedauern aus und versicherte mir, dass es ein gutes neues Hotel im Ort gäbe. Da solle ich hinfahren. Inzwischen nähme er dort die Reservierung für mich vor.

Ich klingelte also wieder an der Tür meines Familienhotels und erklärte der völlig irritierten Hotelbesitzerin, dass ich hier in ihrem Haus nicht wohnen könne. Sie schaute mich konsterniert an, und ich versicherte ihr, dass das nichts mit ihrem Hotel zu tun hätte. Es läge nur an mir und meinem Nervenkostüm. Sorry! Dann schnappte ich meine Koffer und verließ das ungeliebte Etablissement. Mir ist bewusst, dass die Dame für meine eigenwillige Entscheidung wahrscheinlich bis heute keinerlei Verständnis aufbringen kann. Warum auch? Ihre Welt ist nicht die meine.

Als ich zu dem besagten »besseren« Hotel kam, wurde mir schnell klar, warum der Veranstalter die andere Herberge gebucht hatte, denn das Hotel war neu, elegant und wahrscheinlich auch wesentlich teurer. Am Empfang erkundigte ich mich sogleich, ob schon für mich gebucht sei. Die junge Rezeptionistin verneinte und teilte mir mit einem Hauch vorwurfsvollen Bedauerns mit, dass alles ausgebucht sei und ich in Anbetracht der Schmuckmesse in Basel (!) im Umkreis von dreißig Kilometern ohnehin keine Chance hätte, ein Zimmer zu bekommen.

»Scheiße«, dachte ich und rief den örtlichen Veranstalter wieder an. Weil ich am nächsten Tag nach Kaufbeuren ins bayerische Allgäu fahren musste, bat ich ihn, mir auf der Strecke dorthin etwas zu suchen. Ziemlich genervt fuhr ich dann zu besagtem Kleinkunstkeller. Dieser war natürlich noch verrammelt, denn die Vereinsmannschaft würde dort erst um 17 Uhr aufschlagen. Ehrenamtlich wohlgemerkt.

Eigentlich hatte ich mich vor der Vorstellung noch etwas hinlegen wollen. Aber jetzt nochmals auf das gebuchte »Familienhotel« zurückzugreifen, schien mir nicht opportun. Diesen Triumph wollte ich der Bauernmöbelbesitzerin nicht gönnen. So schlenderte ich zwei Stunden vergrämt durch den Ort, und ein Gefühl totaler Einsamkeit beschlich mich. Argwöhnisch beobachtete ich die Leute auf der Straße, und meine Stimmung ging gegen null.

Ich erinnerte mich an ein Gastspiel in Detmold. Damals war ich von Köln bei schlechtem Wetter losgefahren. Auf der Strecke hatte es ununterbrochen geregnet, es war neblig, und ich kam auch noch in diverse Staus. Ein einziger Stress. Als ich endlich – viel zu spät – ankam, stieg ich auf dem Parkplatz vor der Halle aus meinem Auto und schrie völlig entnervt: »Was will ich in Detmold???!!!« Passanten, die ebenfalls dort parkten, um wahrscheinlich in meine Vorstellung zu gehen, schauten ob meines hysterischen Ausbruchs entgeistert zu mir. Damals konnte ich nur hoffen, dass mich keiner erkannt hatte. Trotz dieser schrecklichen

Anreise war der Abend aber dann doch äußerst gut gelaufen und das Publikum von besonderer Herzlichkeit.

Wie würde es nun hier im Breisgau sein? Meine eher gedämpften Erwartungen wurden in diesem Kleinkunstkeller nicht entkräftet. Das Theaterchen war so, wie ich es mir vorgestellt hatte, und ich beschloss, das Beste daraus zu machen. Die Leute vom Verein waren nett, und der Veranstalter hatte auch weit hinter Freiburg endlich ein gutes Hotel gefunden, wie er mir versicherte. Es sei sogar ein Art-Design-Hotel. Dort solle ich den Chef noch vor der Vorstellung anrufen, da es keinen Nachtportier gäbe. Er würde mir dann den Code für die Eingangstür und den Namen des Zimmers nennen. Ich tat wie geheißen, bekam den Code und den Zimmernamen. »Wander«, so hieß es verheißungsvoll. Ich war gespannt und spielte mein Solo. Danach gab es aus einer nahe gelegenen Pizzeria noch ein paar verklebte Spaghetti Carbonara, die ich mir rasch einverleibte, denn ein inzwischen wieder leeres Kellergewölbe lud nicht besonders zum weiteren Verweilen ein, und ich begab mich auf den Weg zu meinem Ersatzquartier.

Als ich nach Mitternacht endlich dort ankam, befand ich mich außerhalb einer Ortschaft auf der Landstraße vor einem weiß getünchten restaurierten Altbau, der mich an eine umgebaute Scheune erinnerte. Alle Fenster waren dunkel, obwohl mir die zahlreichen Autos vor dem Hotel verrieten, dass ich hier nicht alleine nächtigen würde. Müde stieg ich aus meinem Wagen und suchte mit dem Koffer in der Hand nach jener Tür, an der sich die Anlage für den Einlasscode befinden sollte.

Aha, hier war sie! Nach mehreren Versuchen öffnete sich endlich die Tür, und ich betrat einen größeren Eingangsbereich im Erdgeschoss. Wohin jetzt? Es war nicht auszumachen, wohin ich mich zu wenden hatte. Mehrere Treppen schienen irgendwohin zu führen. Auf Verdacht wählte ich eine und ging mit meinem Koffer nach oben. Noch war nichts von dem angekündigten Design zu erkennen, das mir die Nacht verschönen sollte. Ich kam in einen wenig beleuchteten Flur mit vielen Zimmertüren, auf denen keine Nummern, sondern Wörter standen: »mono, poesie, sport, genuss, edelweiß …«. Ja, und nun? Verdammt! Wo war mein Zimmer?

Endlich fand ich eine Tür mit der Aufschrift »wander«. Im Schloss steckte ein Schlüssel. Erleichtert öffnete ich sie, betätigte den Lichtschalter und trat in den Raum. Da war es, das Design.

Nun waren meine Erfahrungen, die ich mit gerühmten Art-Hotels bisher schon gemacht hatte, extrem ambivalent gewesen. Selten hatte ich da – bezüglich der hochgesteckten Ansprüche, die in dem Wort Design stecken – einen guten Wurf erlebt. Und während ich noch darüber nachsann, wie und ob überhaupt diese Einrichtung meinen Geschmack traf, bemerkte ich erst jetzt, dass das Zimmer noch gar nicht gerichtet war.

Das Bettzeug lag abgezogen auf dem Boden, ebenso im Bad die Handtücher, das Waschbecken war nicht gereinigt – kurz, ich befand mich in einem völlig unaufgeräumten Zimmer. Es wirkte auf mich wie das Stillleben einer Situation, in der das Zimmermädchen mitten in der Arbeit zu einer anderen Tätigkeit abgerufen worden war und darüber dieses unfertige »Wander«-Zimmer vergessen hatte. Inzwischen war es kurz vor eins, und ich dachte, ich bin im falschen Film.

Was mache ich jetzt? Ich trat wieder auf den Flur hinaus. Durch einen Lichtmelder ging flackernd die Beleuchtung an. Es war totenstill. Aus den anderen Zimmern drang kein Laut. Natürlich schliefen die Leute schon. Da konnte ich um diese Uhrzeit nicht einfach anklopfen.

Wo sollte ich jetzt frisches Bettzeug herkriegen? Ich ging den Korridor entlang. Am Ende war eine Tür ohne Namen. Vorsichtig öffnete ich sie und kam in einen anderen Gang. Von dort ging wieder eine Treppe ins Erdgeschoss. Verdammt, wo haben die ihre Wäscheschränke, knurrte ich. Ich durchstreifte das ganze Hotel, bis ich endlich auf irgendwelche Wandschränke stieß. Ich öffnete sie, einen nach dem anderen, und endlich fand ich – aha! – Handtücher. Schon mal ein Anfang. Aber wo war die Bettwäsche?

Bei meinem nächtlichen Streifzug in diesem fremden Hotel wurde mir die absurde Situation immer bewusster, und ich fing an zu grübeln, ob mich hier jemand reinlegen wollte. Etwa Guido

Cantz mit »Verstehen Sie Spaß?«. Aber damit hatte mich ja schon vor Jahren Harald Schmidt reinzulegen versucht.

Harald hatte mich damals für einen Gala-Auftritt in ein fabelhaftes Hotel ins Tessin gelockt. Und weil wir uns aus der gemeinsamen »Kom(m)ödchen«-Zeit gut kannten, wusste er natürlich, wie ich ticke. So hatte er alle roten Tücher rausgehängt, um mich auf die Palme zu kriegen. Für den heiß ersehnten Wutausbruch wegen der vielen Störungen meines Auftritts hatte es jedoch nicht gereicht, weil ich allmählich den Braten roch. Dafür waren aber die vielen kleinen subtilen Nadelstiche im Vorfeld dieses Auftritts glänzend von ihm inszeniert.

Meine Reaktionen auf diese unterschwelligen Provokationen wurden allerdings bei der Sendung später nicht gezeigt, weil sie der Zuschauer angeblich nicht nachvollziehen könne, wie man in der Redaktion zu wissen meinte. Zu »insiderisch« das Ganze. Ich fand das äußerst schade, denn Harald hatte mich damit wirklich erwischt und getroffen. Stattdessen brachte man später in der Sendung nur die offensichtlichen Klöpse, die man sich ausgedacht hatte. Hier war sie wieder, die sprichwörtliche »Torte im Gesicht«, um bei den Zuschauern den erhofften Lacher zu erzeugen.

Nein, nein, sagte ich mir beim Durchforsten der Schränke nach Bettzeug, ich bin die letzten Jahre viel zu wenig im Fernsehen gewesen, als dass einer mit mir für das breite Publikum seine Späße machte. Schließlich gilt: Wer nicht im Fernsehen ist, den gibt es gar nicht. So ticken doch die Menschen, für die das Fernsehen das Nonplusultra ihrer Lebenswirklichkeit geworden ist. Die Meisten, die in diesem Medium arbeiten, rekrutieren ihr Wissen über ihre eingeladenen Gäste ohnehin nur darüber, was sie selbst von ihnen aus der Glotze kennen. Wahrscheinlich haben sie alle keine Zeit, um jemanden mal einen ganzen Abend auf der Bühne mitzuerleben bei dem, was er tut und warum er es tut.

Trotz dieser Fernsehabstinenz verfüge ich in dieser schnelllebigen Zeit aber immer noch über ein beachtliches Publikum, was mich freut. Wahrscheinlich liegt das an den langen Dienstjahren, die ich auf der Bühne verbracht habe. Und für dieses treue Publikum spiele ich allabendlich. Und wenn ich gut bin, kommen die Leute beim nächsten Mal wieder. Und nicht, weil sie mich irgendwann einmal im Fernsehen gesehen haben.

Endlich fand ich einen Schrank mit Bettwäsche. Erleichtert zog ich Bettbezug und Laken heraus und machte mich auf den Weg zurück in mein Zimmer. Dort stellte ich fest, dass die Bezüge viel zu klein waren. Also das Ganze noch mal von vorn! Aber immerhin kannte ich ja nun den Weg. Ich tauschte die Bezüge erfolgreich um und richtete endlich mein Nachtlager. Geschafft! Jetzt noch schnell die Zähne geputzt und dann ab in die Falle. Doch der Albtraum war noch nicht zu Ende. Wie ich jetzt an einem Hinweiszettel im Bad bemerkte, war das Wasser wegen dringender Wartungsarbeiten abgesperrt. Ungewaschen und übellaunig legte ich mich endlich, umgeben von »gehobenem Design«, in die Kiste. Mittlerweile war es 2 Uhr nachts und ein bedeutender Tag lag hinter mir.

Am nächsten Morgen funktionierte immerhin das Wasser wieder, und ich begab mich – nach ausgiebiger Nutzung des Badezimmers – in den Frühstücksraum, der als Bistro gehalten war. Design! Die meisten Gäste schienen schon abgereist zu sein, und ich bat eine junge Servicekraft darum, ihren Chef sprechen zu dürfen. Dieser war aber momentan nicht im Hause. Angeblich. So schilderte ich ihr, was mir widerfahren war.

Nach einer gestammelten Entschuldigung ihrerseits händigte sie mir einen Gutschein aus. Ich frühstückte flüchtig und reiste ab. Als ich später den Gutschein genauer in Augenschein nahm, stellte ich fest, dass es sich dabei lediglich um einen Rabatt in Höhe von 42 Euro für eine weitere Übernachtung in dieser designten Scheune handelte.

Liebe Leserin, lieber Leser, sollte es Sie einmal an jenen Ort im schönen Dreisamtal ziehen, überlasse ich Ihnen gerne diesen Gutschein. Wenn Sie Glück haben, dann lohnt sich ein Besuch in diesem ambitionierten Hotel. Und lassen Sie sich von der Adresse nicht irritieren. Höllentalstraße! Wenn das kein gutes Omen ist.

Unsere abwesenden Väter und Überväter

Mein Vater sagte einmal, dass er gerne das Millennium noch erleben würde.

Mit dann 86 Jahren. Das müsste doch zu schaffen sein, dachte er. Aber die Zeit arbeitete gegen ihn. Die Zeit, der alles egal zu sein scheint und die auf das Millennium pfeift. Wie auch die Erde, die sich dreht und unberührt vom Menschen mit seiner eingebildeten Wichtigkeit ihre Bahn zieht. Ja, sie könnte wohl gut auf uns verzichten.

Mein Vater starb zehn Jahre früher, am 6. November 1990, drei Tage vor dem Mauerfall.

Schon längere Zeit kränkelte er, schien irgendwie angeschossen, und Ursel, wie er meine Mutter nannte, fiel zunächst die Rolle der begleitenden Fürsorgerin zu. Das war für sie nicht einfach, denn plötzlich war der starke Partner schwach und beanspruchte die Geduld der Gesunden. Im Krankenhaus, wo wir ihn besuchten, konnte man den Krebs nicht zurückhalten. Er würde siegen und uns unseren Vater wegnehmen.

Da er zu Hause sterben wollte, pflegten wir ihn, so gut es ging. Abgesehen von meinem ältesten Bruder Klaus, der mit seiner Familie weit entfernt wohnte und beruflich nicht abkömmlich sein konnte, waren wir alle immer wieder da. Meine Mutter, mein Bruder Peter mit seiner Frau Christa und ihren Söhnen Antek und Mirko und ich. Um die körperliche Pflege besser in den Griff zu bekommen, hatten wir ein professionelles Krankenbett in unser ehemaliges Kinderzimmer gestellt, genau an jene Stelle, wo ich als Kind und Heranwachsender geschlafen hatte. Jeder half, so gut er konnte, wobei sich besonders meine Schwägerin Christa mit hinwendungsvoller Pflege hervortat.

Schon vor seinen letzten Lebenswochen hatten ihn starke Schmerzen geplagt, die er mit Medikamenten bekämpfte. Da lag er noch im Wohnzimmer auf der Couch. Alte Freunde, die wussten, wie es um ihn bestellt war, kamen ihn besuchen.

Im Fernsehen sendeten sie während dieser Tage die Aufzeichnung meines Bühnenprogramms »Die Riesenpackung«. Eine willkommene Ablenkung für uns alle. Er sah sich das natürlich mit an, aber es machte ihm da schon Mühe, dem Geschehen zu folgen. Ob es ihn mit Stolz erfüllt hat, seinen Sohn im TV zu sehen wie vor Jahren, als ich mit »Freitags Abend« über den Bildschirm flimmerte, weiß ich nicht mehr. Es war für uns auch unerheblich, wussten wir doch, dass es mit dem Vadder bald schon zu Ende gehen würde. Und für mich war es das erste Mal, dem Tod im eigenen Familienkreis ins Auge schauen zu müssen.

Als er zwei Jahre zuvor seinen »Hannibal« verkauft hatte, schwante uns schon nichts Gutes. Hannibal war der Wohnwagen, den er sich für die vielen Reisen mit meiner Mutter angeschafft hatte. Als Rentner waren sie beide mit ihm zehn Jahre lang durch Europa getourt. Der Verkauf des Wagens war ein erstes Zeichen des Abschieds von einer wunderbaren Zeit. Denn meine Eltern waren beide zeitlebens immer unternehmungslustig und neugierig auf diese schöne Welt gewesen.

Noch im August hatte ich sie nach Köln zu einem Konzert mit Luciano Pavarotti auf der Kölner Domplatte eingeladen. Vielleicht war die Idee dazu schon eine Vorahnung auf das Unheilvolle? Das Konzert selbst war fulminant. Aber auch hier sah ich Anzeichen der Veränderung bei meinem Vater. Als der Startenor als letzte Zugabe sein legendäres »Nessun dorma« gesungen hatte, fragte er fast mürrisch, warum sich dieser Sänger so quälen müsse. Die Ausbeutung dieses Sängers durch ein nimmersattes Publikum sei doch zu anstrengend. Solche Äußerungen meines Vaters waren neu für mich. War denn sein Zustand an jenem Abend schon so schlecht, dass es für ihn selbst eine Qual war, diese zweieinhalb Stunden auf einem unbequemen Klappstuhl abzusitzen?

Nach dem Konzert hatte ich in einem Restaurant noch einen Tisch für uns reserviert. Nachdem man uns das Essen serviert hatte, wurde ihm beim Anblick der Speisen plötzlich schlecht. Er wollte nur noch ins Bett. Meine Mutter entschloss sich, ihn in meine Wohnung zu bringen und dann wiederzukommen.

Verstimmt saß ich jetzt alleine am Tisch, und die Freude, die ich ihm und meiner Mutter machen wollte, war verflogen. In meinem Ärger übersah ich, wie bedenklich sein Gesundheitszustand schon gewesen sein musste, über den hinwegzutäuschen ihm wohl wichtig war.

Tage später erreichte mich aus Backnang ein Brief von ihm. Er entschuldigte sich dafür, dass er mir dieses schöne Geschenk an ihn und Ursel durch seine Unpässlichkeit verleidet hatte. Erst da begriff ich, was ich ihm durch mein Unvermögen, sich in seine elende Notlage hineinversetzen zu können, angetan hatte, und heulte Rotz und Wasser.

So gesellig mein Vater gegenüber seinen Mitmenschen sein konnte, so verschwiegen in sich gekehrt gab er sich, wenn es emotional ans Eingemachte seines Denkens ging. Man wusste nie, was ihn umtrieb. Auch für meine Mutter war es in solchen Augenblicken schwer, sich einen Reim auf sein Schweigen zu machen. Diesbezüglich hatte sie sich in den vielen Ehejahren mit ihm arrangiert. Wenn man dann fragte, was er denn jetzt dachte, wehrte sie ab und sagte: »Nichts. So ist er halt.«

Heute glaube ich nicht mehr, dass da »nichts« war. Ich glaube auch nicht, dass dieses »Nichts« generell etwas mit Depressionen zu tun hat. Auf der Wanderung durch das eigene Gehirnlabyrinth entfernen wir uns von dem, was um uns ist. Wir sind dann ganz bei uns selbst und empfinden Demut vor den Wahrheiten, die uns umgeben. Das kann in Ausnahmesituationen zu merkwürdigem Verhalten führen.

Als sich meine Mutter wegen der zunehmenden Erkrankung meines Vaters und der damit einhergehenden Belastung für sie einen Erholungsurlaub gönnen wollte, ermunterte mein Vater sie dazu. Gleichwohl hatte sie große Bedenken, ihn jetzt alleine zu lassen. Zwar hatte er sichtbar abgenommen, aber er konnte sich – wenn auch etwas beschwerlicher als früher – immer noch selbst versorgen. Und so flog sie für zehn Tage nach Griechenland.

Als sie an einem späten Abend von dieser Reise zurückkehrte, bemerkte sie, dass in der Wohnung alle Lichter brannten. Das war ungewöhnlich, denn mein Vater war ein sparsamer Mensch und strikt gegen jede Verschwendungssucht. Zu ihrem Empfang war er zudem noch in den Keller gestiegen, um mit einer guten Flasche Wein ihre Rückkehr zu feiern. Aus ihren Erzählungen weiß ich, wie glücklich mein Vater war, sie wieder in den Armen zu halten. Aber später empfand sie dieses Licht im ganzen Haus und den – mit Sicherheit mühseligen – Weg in den Keller als Alarmzeichen, und sie machte sich Vorwürfe, die Reise angetreten zu haben.

Und nun, da ich in seinen letzten Stunden an seinem Bett sitze, den schweren Atemzügen lausche, ihm mit einem Wattestäbchen den trockenen Mund befeuchte, weil er sonst keine Flüssigkeit mehr zu sich nehmen kann, sind wir alle in großer Unruhe. Einzeln wechseln wir uns stündlich ab, ihn auf seinem letzten Weg zu begleiten. Ich spüre sein Herz, wie es ungestüm und trotzig pocht, als kämpfe es an gegen das Unvermeidbare, den endgültigen Stillstand. Irgendwann kommt Peter zu uns ins Wohnzimmer und sagt, dass er jetzt durch den Tunnel gehen würde. Ja, er habe deutlich gehört, wie Vater das gesagt hätte.

Wir versammeln uns jetzt alle um ihn an seinem Krankenbett. Aber es passiert nichts. Er atmet wie gehabt. Laut, leise, mal röchelnd, dann wieder normal. So vergeht Stunde um Stunde. Spät nachts lege ich mich todmüde ins Bett, um etwas zu schlafen.

Gegen 9 Uhr morgens weckt mich mein Bruder und sagt: »Thomas, steh auf! Ich glaube, es ist so weit!«

Wir alle versammeln uns jetzt an seinem Bett. Irgendwer hat schon das Rollo hochgezogen, und Sonnenstrahlen dringen in das Zimmer. Vater röchelt jetzt schwer. Sein Herzschlag ist nicht mehr der vom Vortag. Das Pochen ist verschwunden. Wir alle haben Tränen in den Augen. Ein letztes Mal vernehmen wir seinen Atem. Ein, aus, ein. Stille. Dann ein erschöpftes Ausatmen. Meine Mutter schluchzt auf. Wir müssen alle weinen. Da lässt mein Vater einen langen Furz – ein normaler Vorgang beim Menschen, wenn er stirbt. Die Luft will raus. Aber jetzt im Weinen müssen wir alle gleichzeitig lachen, denn Vadder hat in seinem Leben oft gepupst. Das lag auch mit an den Zwiebeln, die er so gerne gegessen hat.

Jetzt ist mein Vater tot.

Heute erinnere ich mich an die mitternächtlichen Begegnungen mit ihm, wenn ich nach meiner Arbeit aus Gießen, Düsseldorf oder Köln noch nachts in mein früheres Zuhause nach Backnang fuhr. Dann hat er stets auf mich gewartet oder ist noch mal aus dem Bett aufgestanden, wenn er mein Auto hörte.

In seinem Morgenmantel, den er sich über den Schlafanzug angezogen hatte, saß er mir dann gegenüber auf dem Sofa im Wohnzimmer und wollte sich mit mir unterhalten, wollte wissen, wie es mir ginge. Das gelang nicht immer zufriedenstellend für ihn. Zu abwesend war ich noch durch meine aktuelle Arbeit, die lange nächtliche Fahrt und das Wiedereintauchen in die Welt meiner Jugend und Kindheit. Wie durch ein Brennglas betrachtete ich dabei die elterliche Wohnung, die nicht mehr die meine war. Und nahm sofort jede Veränderung wahr, was mich irritierte. Der Anspruch auf das Zuhause, das man kannte, ist wohl für jedes entrückte Kind groß. All diese Eindrücke waren nicht dazu angetan, zu dieser späten Stunde meinem Vater Rede und Antwort zu stehen. So blieben die Gespräche oft eher oberflächlich.

Wenn ich heute an die vielen nächtlichen Begrüßungszeremonien mit meinem Vater denke, wird mir bewusst, welche Chancen ich vertan habe, mit ihm über all die Dinge zu reden, die mich bewegten und betrafen. Aber ich konnte es damals einfach nicht.

So bedauere ich zutiefst, ihn heute nicht mehr als Gesprächspartner in mein Boot holen zu können, denn es gäbe so vieles, was ich ihm dann sagen würde. Jetzt, wo ich selbst gealtert und gereift bin und ihn mit seiner schweigsamen Nachdenklichkeit im »Nichts« vorbildhaft in mir wiederentdecke.

Besonders für uns als Nachkriegskinder waren geläuterte Väter, die das Dritte Reich überlebt hatten, als Vorbilder wichtig. Ich denke dabei an die Väter des Grundgesetzes. Aber auch an vorbildliche Pioniere aus der Wirtschaft, denen bewusst war, dass der wirtschaftliche Aufstieg ihrer Unternehmen zum großen Teil auch ihren Arbeitnehmern zu verdanken war. Ich habe auf Firmengalas Direktoren kennengelernt, die bei solchen Anlässen immer auch noch ihre altgedienten Pensionäre mit einbezogen. Und das auf eine sehr respektvolle Art und Weise.

Heute sind BWL-Absolventen von den Firmenleitungen angehalten, Betriebe zu sanieren, indem sie mit einem Federstrich aus roten Zahlen schwarze machen. Ohne jeden Bezug zu den Arbeitnehmern, die das Schicksal dann trifft.

Diese Kälte findet man auch in der gängigen Politik. Wo nur sind die Überväter, zu denen sich aufzublicken lohnt?

Als ich Anfang der 80er Jahre einmal in Dortmund die Ehre und das Vergnügen hatte, mein politisches Vorbild Willy Brandt auf einem Forum der SPD vor vielen Menschen zu interviewen, war ich mächtig nervös. Um mich vor diesem Gespräch selbst ein wenig zu entspannen, kündigte ich Brandt deshalb mit seiner Stimme donnernd durch das Mikrofon an: »Meine Damen und Herren, begrüßen Sie jetzt mit mir den Vorsitzenden der Sozialdemokratischen Partei Deutschlands, Willy Brandt!«

Das Publikum lachte und applaudierte meiner Parodie, nicht wissend, dass der Vorsitzende tatsächlich gleich erscheinen würde. Alle dachten, ich machte einen Scherz. Ich sah ihn aber schon von der Bühne aus durch den Saal kommen und schob nach: »Nein, nein, schauen Sie nur hinter sich. Er kommt wirklich.«

Willy Brandt bahnte sich jetzt einen Weg durch die heftig klatschende Menge, kam zu mir auf die Bühne und stellte sich neben mich. So, wie ich mich immer hinstelle, wenn ich ihn nachmache. Um von seiner beeindruckenden Aura nicht übermannt zu werden, sagte ich: »Herr Brandt, wie fühlt man sich, wenn man im O-Ton angekündigt wird?«

Er verschränkte die Arme vor sich, dachte einen winzigen Moment nach und sagte: »Ach, wissen Sie, ich habe in meinem Leben schon manches durchgemacht. Es gibt Schlimmeres.«

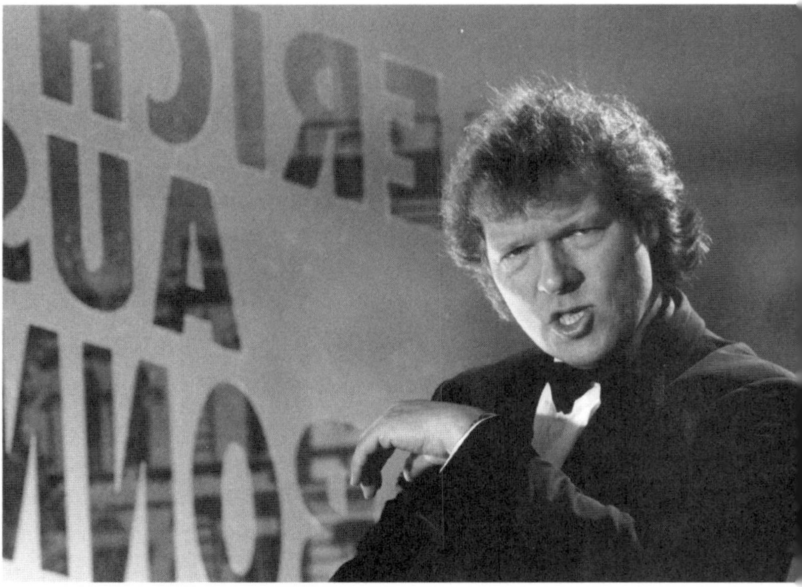

Willy Brand persönlich. Foto: WDR/Klaus Görgen

Die Leute lachten über seine kluge Antwort, und wir setzten uns in das vorbereitete Talkrunden-Set.

Ich hatte mir vorgenommen, wider den Stachel zu löcken und Willy Brandt mit Themen zu konfrontieren, die mir auf den Nägeln brannten. Nato-Doppelbeschluss, Friedensbewegung, Helmut Kohl, seine Arbeit als Präsident der Sozialistischen Internationale, mit der er die Weltpolitik beeinflussen konnte. Ich wollte ihm auch mit der Frage nach seinem politischen Überlebenskampf kommen, da sich die Genossen Helmut Schmidt, Herbert Wehner und Willy Brandt – die »Troika« – »eisern gegenseitig anschwiegen«, wie es seinerzeit kolportiert wurde.

Er ließ sich nicht provozieren. Und wenn es zu persönlich wurde, ging er gar nicht darauf ein, sondern sprach immer wieder über das große Ganze einer notwendigen Politik, die auf Fortschritt, Versöhnung und Entspannung setzt.

Hier saß ein Profi neben mir, ein Vorbild für viele meiner Generation, so wie es beim politischen Gegner andere Vorbilder gab. Bei ihm erklärte sich das für mich auch aus seiner persönlichen Biografie. Die reduzierte sich für mich nicht nur auf seine Rolle im Widerstand, sondern auch auf seine langjährige politische Häutung auf dem Weg zum Staatsmann. Es gab für uns Nachkriegskinder nicht allzu viele solcher Menschen in diesem Land.

So war ich noch einmal in seiner Nähe, als er sich am 14. Juni 1987 auf einem Parteitag in Bonn mit einer beeindruckenden Rede als Parteivorsitzender verabschiedete. Der Applaus danach wollte nicht aufhören, weil jeder im Saal wusste: Wenn wir aufhören zu klatschen, ist die Ära Brandt vorbei. Mit Hans-Jochen Vogel war sie es dann auch. Und Stück für Stück entfernte sie sich mit elf weiteren Vorsitzenden bis zur Unkenntlichkeit.

Gefühlte Wirklichkeiten

Während seine Kundin noch unter der Haube sitzt, verlässt ein aufgebrachter Friseur aus Quadrath-Ichendorf bei Bergheim im Mai 2003 nach einem Telefonat mit seiner Bank seinen Salon und fährt auf den Bauernhof seines Freundes Ewald Wachtendonk. Von diesem leiht er sich einen Traktor und einen vollgetankten Güllewagen mit ca. 5 300 Litern Gülle. Noch im Friseurkittel, fährt er mit diesem auf die Autobahn nach Berlin.

Am darauffolgenden Vormittag dort angekommen, lenkt er sein Gefährt direkt in die Wilhelmstraße zum Finanzministerium. Er durchbricht die Sicherheitsschranken des Gebäudes, wickelt seinen Gülleschlauch aus und kämpft sich – mit dem Schlauch in der Hand – durch das Ministerium bis zum Arbeitszimmer des damaligen Finanzministers Hans Eichel durch. Unter den Augen eines völlig überraschten Hausherrn flutet er anschließend mit der Gülle dessen Büro.

Diese absurde Situation war der Ausgangspunkt für ein weiteres Kabarettszenario von Dietmar Jacobs in der direkten Nach-Kohl-Ära. Sie war der satirische Aufhänger eines Programms über Reformstau, bürokratische Selbstläufer der Behörden, die jegliche Innovation hemmten, über die hohe Arbeitslosigkeit und Konsumverweigerung durch die Bevölkerung, die sich mit Ich-AGs und ABM-Maßnahmen und dergleichen herumschlagen musste.

Wer mochte sich da im Kabarett nicht gerne mit der Tat dieses durchgeknallten Friseurs anfreunden?

Wir nannten unsere Produktion »Geld oder Gülle«. Der skurrilen Programmidee lag eine Gerichtsverhandlung zugrunde, in der ich als Anwalt den angeklagten Friseur zu verteidigen hatte. Alle Unliebsamkeiten kamen aufs Tablett, und wir spiegelten jene Gemengelage wider, die sich in der Zeit nach Kohl in Deutschland auftat.

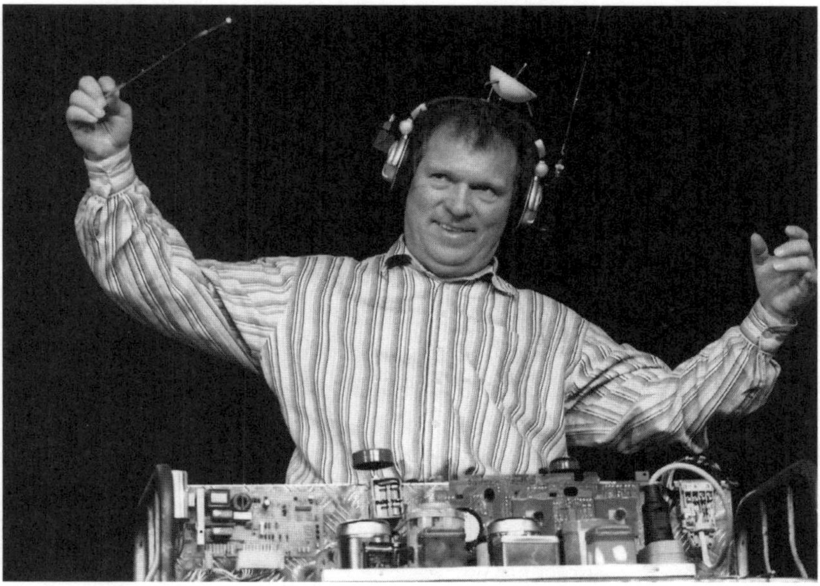

Als Geräuschedesigner in der Produktion »Geld oder Gülle«

Ob Gerhard Schröder, den die SPD als Kanzlerkandidaten aufgestellt hatte, der Grund für einen Wechsel in der Politik war oder man des Dicken einfach überdrüssig war, bleibt unerheblich. Neue Köpfe wollte das Land. Rot-Grün verhieß jedenfalls einen neuen Aufbruch. Aber spürbare Veränderungen brauchen ihre Zeit.

Und die Zeiten waren platterdings keine guten.

Als ich am 11. September 2001 im Fernsehen zum ersten Mal die apokalyptischen Bilder aus New York sah, dachte ich: Sind mir solche Horrorbilder nicht schon des Öfteren aus Hollywood präsentiert worden?

Von kranken Hirnen jener Drehbuchautoren erdacht, die immer vorgeben, nur die Wirklichkeit abbilden zu wollen, und bei denen am Ende natürlich das Gute über das Böse siegt. Die Fantasie der auf Gewinn ausgerichteten amerikanischen Filmindustrie kennt offensichtlich keine Grenze, wenn es um den Appell an die abgrundtiefen Instinkte der Zuschauer geht. Eignen sich gewaltverherrlichende

Filme gar zur Nachahmung? Auch wenn sie alle ein Happy End haben, das wohl zum Kalkül des amerikanischen Filmbusiness gehört.

Aber entspricht dies wirklich dem Bedürfnis des Zuschauers? Lässt er sich tatsächlich von der »Lustigen Person« aus dem Vorspiel zu Goethes »Faust« leiten, die ihr Schauspiel so definiert? »In bunten Bildern, wenig Klarheit, viel Irrtum und ein Fünkchen Wahrheit. So wird der beste Trank gebraut, der alle Welt erquickt und auferbaut.«

Die bedrückende Botschaft, die von den Anschlägen in New York ausging, kam für mich einem Paradigmenwechsel unserer westlichen Zivilisation gleich. George W. Bush hatte recht, als er auf dem Trümmerhaufen des World Trade Center den Satz sprach: »Nichts wird mehr so sein, wie es einmal war!«

Aber nur in diesem einen Punkt hatte er recht. Denn wenige Zeit später öffnete er mit einer Lüge die Büchse der Pandora für seinen Krieg gegen den Irak im islamischen Nahen Osten, von dessen Kultur er gewiss nur wenig wusste.

Aber jetzt hatten wir erst einmal eine rot-grüne Regierung, in der vor allem die Grünen die Losung einer Multikulti-Gesellschaft ausgaben. Unberührt von einer nicht geregelten Einwanderungspolitik hatten wir uns in Westdeutschland allmählich an die stets wachsende Zahl von Menschen, die bei uns Arbeit suchten, gewöhnt. Die einstigen Anwerbeabkommen der Deutschen Wirtschaft ab den 50er Jahren, mit denen man Arbeitskräfte aus Billiglohnländern rekrutieren wollte, waren zwar von der Politik gedeckt. Mehr aber auch nicht. Die landläufige Meinung war: Die gehen wieder nach Hause. Doch dem war nicht so. Im Gegenteil, temporäre Anwerbestopps aufgrund der jeweiligen konjunkturellen Lage führten dazu, dass die meisten blieben und ihre Familien nachholten.

Und sie brachten ihre Küchen mit! Aus Itakern waren längst Italiener geworden. Man ging zum Griechen, dem Udo Jürgens schon 1974 mit seinem Hit »Griechischer Wein« die Tür aus dem Fremdenghetto geöffnet hatte. Der eine oder andere hatte inzwischen seine portugiesische oder kroatische Putzfrau, die sich auch in unserer Landessprache verständigen konnte. Mir selbst half lange eine italienische Signora aus meiner Nachbarschaft. All dies war uns mit der Zeit vertraut.

Mit dem Zuzug von Menschen aus dem islamischen Kulturkreis änderte sich mein Wahrnehmungsempfinden allerdings. Man sah jetzt immer mehr verschleierte Frauen auf der Straße, was mich stark irritierte. Den Mitmenschen nicht von Angesicht zu Angesicht gegenüber treten zu können, störte mich. Mit solchen Gepflogenheiten fühlte ich mich in meinem aufgeklärten Land zurückgeworfen. Das sah nicht nach Integration aus.

Meine Freundin Barbara sagte einmal: »Ich finde, die Türken passen gut zu uns. Die sind in der Fremde genauso ignorante Stiesel wie wir Deutschen. Schau dir doch mal die Deutschen an, die in Spanien und auf Mallorca oder anderswo leben. Sie bleiben alle auch unter sich. Lernen nicht die Sprache und ghettoisieren sich dort genauso wie die Türken hier bei uns.«

Die ersten »Ausländer-raus«-Parolen einer aufbegehrenden Rechten kommentierte ich schon 1986 mit einem Lied über mein Viertel in Köln. Ich stellte mir dabei vor, wie das wäre, würde man ihre Parolen zu Ende denken. Der Titel des Lieds war »In meinem Viertel«.

Zwei Uhr in der Früh
Bin am Ende meiner Tour
Leises Knurren aus dem Bauch
Ein kurzer Blick noch auf die Uhr

Jetzt noch ne Pizza bei Enzo
Doch der hat schon dicht
Vielleicht beim Griechen
Tatsächlich, Mitso hat noch Licht

Der Gyros am Drehspieß
Macht längst schon einen auf Diät
Eine letzte Portion noch
Naja, s ist schon spät

Mitso macht zwei Ouzo
Und setzt sich zu mir her
Ich stürz mich auf die Fritten
Ich bin hier und doch am Mittelmeer

Ihr seid leicht, wo ich schwer bin
Euer Charme klärt mir den Blick
Ihr lacht, wo ich ernst bin
Fühl mit Euch das Leben zurück.

Morgens um halb sieben
Stapelt Ahmed Fladenbrot
Das Lamm verliert sein letztes Blut
Der Knofel hängt im Lot

Seine Frau näht mir die Hosen um
Sind mir zu eng am Bauch
Sie spricht nicht viel
Ihre Kinder schrein, wie andre Kinder auch

Zwei Straßen weiter
Hat Fernando seinen Laden
Obst, wie geschminkt
Schräggestellt in Kisten
Ich geh vorbei, er winkt

Mitso, mach zwei Ouzo
Und setz dich zu mir her!
Ich stürz mich auf die Fritten
Ich bin hier und doch am Mittelmeer

Ihr seid leicht …

Mein Viertel ist riesengroß
Und doch ganz klein
Nur fünf Minuten brauchst du von Palermo
Bis Algerien
Und in zehn kannst du mittendrin in
Anatolien sein
Hier verbringt mein deutscher Alltag
Seine Ferien.

Doch dann mischt sich mein Gefühl mit Wut
Wenn ich seh, was manche an die Hauswand
Schmieren
Und ich denke, was sich wohl in ihren
Köpfen tut
Ich habe Angst, es könnte eines Tags
Passieren

Dann stell ich mir vor, beim Italiener
Am Eck
Holt McDonalds Hamburger aus dem Karton
Und auch Ahmed mit seiner Familie wär weg
Dort gäbs – mit Pudel im Fenster –
Einen Hundesalon.
Bei Mitso Jägerschnitzel »bürgerlich«
Ab zehn Uhr dicht
Wo wär das Leben und die Gesten, die ich
So geliebt
Ein Sonnenstudio bei Fernando –
Braun ist erste Bürgerpflicht
Verdammt, was bin ich froh, dass es Euch gibt!

Ihr seid leicht …

Den Griechen Mitso hatte ich mir allerdings aus meiner Heimatstadt Backnang geborgt. Seine Kneipe war lange Zeit Treffpunkt für junge Leute, die dem heutigen Europa offen gegenüberstanden. Mit meinem Bruder und seinen Freunden verbrachte ich dort viele anregende Stunden.

Das lag natürlich an Mitso selbst, einem kritischen Zeitgeist, der durch die lange Militärjunta in seinem Land gehäutet worden und schließlich nach Deutschland abgehauen war.

Unter seinen Stammgästen hatten viele schon aktiv an den ersten Schritten der deutsch-französischen Aussöhnung 1966 durch die Städtepartnerschaft zwischen Annonay und Backnang teilgenommen. Auch ich war als 16-jähriger schon dabei. Die ersten Busreisen nach Frankreich waren aufregend und legendär, der Familienaustausch rege. Daraus sind viele Freundschaften zwischen Franzosen und Deutschen entstanden, die bis heute halten.

In meinem Viertel in Köln liefen mir tagsüber gelegentlich Männer türkischer Abstammung über den Weg, die offensichtlich in Eile waren und sich mit dürftigen Deutschkennnissen nach der Moschee erkundigten. Welche Moschee, dachte ich. Ich hatte keine Ahnung, wusste aber, dass sich zwei Straßen weiter in einer armseligen Hinterhoftoreinfahrt immer mal wieder kleine Ansammlungen von Migranten bildeten, und ahnte, dass sich ihr Gebetsort wahrscheinlich dort befand. Vielleicht in einer Garage.

Und so wies ich ihnen den Weg.

Mein Bewusstsein für die Glaubensrichtung dieser Menschen wurde erst durch den spektakulären Anschlag in New York geschärft, denn fortan waren wir im Fernsehen mit Video-Botschaften von Bin Laden und seiner al-Qaida konfrontiert. Darin drohte man uns »Ungläubigen« heftig …

Aus der Ferne könnte man solche Drohungen ja ertragen. Die Welt ist voller Eiferer. Aber inzwischen leben auch in Deutschland viele Muslime. Die größte Gruppe stellen dabei die Türken, von denen sich ein nicht unerheblicher Teil wiederum – befördert durch ein immer aggressiveres Auftreten ihres Präsidenten – mittlerweile demonstrativ zur islamistischen Lebenskultur bekennt.

Viele nutzen auf der einen Seite unsere tolerante rechtsstaatliche Grundordnung, die sie so in ihren Herkunftsländern nicht haben, grenzen sich aber oft schon durch ihr Erscheinungsbild immer wieder deutlich ab und bekennen sich zu einer Weltanschauung, bei der die Scharia über die klar geregelten Grundrechte unserer Verfassung steht.

Gesunde Integration sieht anders aus. Erst recht, wenn der türkische Staatspräsident auf Wahlveranstaltungen seine hier lebenden Landsleute auffordert, sich nicht zu assimilieren. Die Türkisch-Islamische Union der Anstalt für Religion, kurz DITIP genannt, wird nachweislich aus Ankara gesteuert.

All das war als Realität noch nicht einmal zu ahnen, als ich 2007 mit Dietmar Jacobs und meinen Getreuen das Programm »Die Angst der Hasen« anging. Auf der Bühne ein Kaffeehaustisch mit Stuhl, darauf eine angebrochene Flasche Rotwein und ein Glas. Im Hintergrund der Bühne ein zugezogener halbhoher Vorhang – eine sogenannte Brechtgardine – für Bildprojektionen, dahinter verdeckt ein groß aufgezäumtes Gemälde von Caspar David Friedrich in einem wuchtigen Goldrahmen. Für die Zuschauer – zunächst kaum wahrnehmbar – ein Stativ mit einer Kamera am vorderen Bühnenrand.

Die Vorstellung beginnt mit dem 2. Brandenburgischen Konzert von Johann Sebastian Bach. Ich trete auf, lausche eine Weile der Musik und spreche dann abrupt in die Kamera: »Ja, das ist doch großartig, oder? Hören Sie den Kontrapunkt? Diesen Gleichklang von Tromba, Oboe, Quartgeige und Continuo? Wie sich hier schon der dritte Satz andeutet, der Fuge und Konzert meisterhaft miteinander verbindet? Das ist doch … das kann man doch nicht, ich meine … Das ist doch ein Gottesbeweis, oder? … Wie könnt ihr das alles schlecht finden?«

Erst allmählich merkt das Publikum, dass ich dabei bin, der al-Qaida eine Videobotschaft zu schicken – also eigentlich zurückzuschicken, weil mir ihre penetranten Drohbotschaften allmählich auf den Geist gehen. Ich rufe alle unsere kulturellen Errungenschaften in Sachen Musik, Dichtung und Malerei auf. Erzähle von unserem Gemeinwesen und natürlich auch von unseren Widersprüchen. Aber der Tenor war klar: Drohst du mir mit Vernichtung, setze ich dir den Reichtum unserer kulturellen Schätze entgegen und spiele klassische Musik.

Zugegeben: eine etwas naive Vorstellung. Aber was soll man der Fratze des Hasses sonst entgegenhalten?

Die Bühne war für mich immer auch ein Ort, mich mit Glaubensfragen auseinanderzusetzen. In dem Programm »Wer kommt mit durch's Nadelöhr?« beschäftigte ich mich mit den Aussagen der »Befreiungstheologie« in Lateinamerika. Ich sehe noch die Fernsehbilder vor mir, wie der Polenpapst Johannes Paul II. bei einem Besuch in Brasilien Leonardo Boff, der sich in der Reihe des Begrüßungskomitees mit aufgestellt hatte, mit dem Finger drohte. Vorher war Boff schon in Rom durch den Chef der Glaubenskongregation, Josef Ratzinger, hinsichtlich seiner Kirchenkritik zurechtgestutzt worden. Wie wäre man zu Zeiten der Inquisition wohl mit Boff verfahren? Und wie mit mir, dem »ungläubigen« Thomas?

Die Komödie in Düsseldorf engagierte mich 2010 für die Titelrolle in dem Stück »Der Priestermacher« von Bill C. Davis. Darin begleitet ein – sich in allen Lebenslagen jovial gebender – Priester einen rebellischen Seminaristen auf dem Weg zum Diakon. Dieser wehrt sich gegen Dogmen und blinden Gehorsam innerhalb der Kirche und sieht Gottes Bodenpersonal in Gestalt seines angepassten Priesters äußerst kritisch. Als sein Lehrmeister versuche ich meinem Zögling klarzumachen, dass man es als »Wahrheitsfreak« in der Kirche nicht weit bringen wird.

Viele meiner Freunde behaupten, dass diese Rolle mir wie auf den Leib geschrieben sei. Zugegeben, ich habe sie mit großer Lust gespielt, aber ich hätte sie nicht spielen können, wenn ich nicht unzählige Begegnungen mit solchen Personen in meinem katholischen Leben gehabt hätte. Und sie waren mir beileibe nicht alle unsympathisch.

Unmittelbar nach dem Mauerfall wurde ich von der Evangelischen Akademie Thüringen eingeladen, mich an der Reihe »Öffentlich Predigen« zu beteiligen. Neben vielen Prominenten aus Politik, Kultur und Wirtschaft, die daran teilnahmen, war ich diesem Vorhaben gegenüber äußerst aufgeschlossen. Zumal mir ein so kühnes Projekt in meiner katholischen Kirche undenkbar schien. Und ich musste dabei auch an meinen lieben Kollegen Hanns-Dieter Hüsch denken, der einmal zu mir sagte: »Im Grunde sind wir Kabarettisten verhinderte Prediger.«

So nahm ich mir an einem Sonntag in der Erfurter Kaufmannskirche Markus 9,17 – 29 vor, bei dem es nicht nur um Glauben, sondern auch um Wunder geht.

In meinen Ausführungen kam ich unter anderem auf ein länger zurückliegendes Gespräch zwischen Gero von Böhm und seinem Gast in der Sendung »Wortwechsel« zurück. Leider erinnere ich mich nicht mehr an den Namen dieses Gastes. Ich weiß nur noch, dass er ein Holocaustüberlebender war.

Er erzählte die erschütternde Geschichte, wie er als kleiner Junge mit seinem Freund in die Gaskammer getrieben wurde. Jedoch wurden die beiden Jungs sofort wieder herausgeholt, um beim Entladen eines Zuges zu helfen. Nach getaner Arbeit wurde der Freund wieder in die Gaskammer zurückgejagt, doch er selbst blieb draußen – und überlebte.

Dieser Mensch erzählte seine grausame Geschichte so unprätentiös, dass es mir die Sprache verschlug. War das jetzt ein Wunder? Will ich an einen Gott, der solche Wunder zulässt, glauben?

Ich bin nicht ungläubig, aber das Thema »Gott und die Welt« hatte auch zu vielen Streitgesprächen mit meinem Vater, einem gläubigen Katholiken, geführt. Und immer, wenn die hässlichen Themen über Machenschaften der katholischen Kirche zur Sprache kamen, war sein Credo, dass die Kirche von Menschen gemacht wird und dass diese eben auch fehlbar seien. Der Glaube sei das Wichtigste.

In diesem Punkt war ich stets ein Zweifler, in dessen Augen die Unfehlbarkeiten der Papstkirche auch immer fehlbar waren. Zu spüren bekamen es all jene, die den Herrschaftsanspruch des Klerus in Frage zu stellen wagten.

So hat mich der real existierende Islam mit all seinen fundamentalistischen Ausprägungen und Grausamkeiten im Laufe der Zeit gelehrt, dass die christlichen Verwerfungen in den vergangenen Jahrhunderten vor der Aufklärung nicht viel besser waren.

Den Selbstzweck solchen Machterhalts wollte ich nicht mehr aufrechterhalten. Er beschwerte mich zunehmend. Und so trat ich 2013 aus diesem Machtapparat aus, just in dem Jahr, als der neue Pontifex Franziskus sein Amt antrat.

Würde er mich verstehen? Wenn einer, dann er, denke ich. Meinen eigenen Glauben habe ich deshalb ja nicht abgelegt.

So bleibe ich lieber Zaungast am Rande eines Paradieses, das schon viele beschrieben haben. Vielleicht sehe ich sie ja dann aus der Ferne irgendwann alle wieder: die Inquisitoren der Heiligen römischen Kirche, das Heer der Gotteskrieger, die für ihre Päpste die Glaubenslehre blutig verteidigt haben. Die braven Bürger, die wohlwollend den Verbrennungen von Hexen und Ketzern zugeschaut haben. Die gottgläubigen muslimischen Steinewerfer, die lustvoll auf die Köpfe der bis zum Hals eingegrabenen Frauen gezielt haben. Ja, ich sehe da bestimmt auch den alten Ayatollah Khomeini, die tapferen Kämpfer der Schiiten und Sunniten und all die wunderbaren Gotteskrieger des IS. Sie alle werden da sein in diesem Paradies.

Aber vielleicht erkenne ich sie als Zaungast dort auch gar nicht mehr – zwischen all den Millionen Jungfrauen, die hier in diesem Paradies auf die vielen, vielen Selbstmordattentäter warten.

Abschied von meiner Mutter

Mein Beruf brachte es mit sich, dass ich auf Tournee nicht selten auch zu Hause, in meiner alten Heimat, bei meiner Mutter vorbeischauen konnte. Leider waren es oft nur ein bis zwei Tage, dafür aber mehrere Male im Jahr.

Und wenn ich dann wieder weiterziehen musste, hat sie mich stets zum Auto auf die Straße begleitet. Das hatten meine Eltern immer so gehalten, und jetzt tat sie es eben alleine.

Wir umarmten uns, ich stieg in den Wagen und fuhr los. Sie winkte mir hinterher, und ich winkte aus dem Seitenfenster so lange zurück, bis ich sie im Rückspiegel nicht mehr sehen konnte.

Mich berührten diese Abschiede zunehmend mehr, weil mir klar war, dass meine Mutter – die mit den Jahren kleiner gewordene Frau – eines Tages dort nicht mehr auf der Straße stehen würde. Und so verdrückte ich jedes Mal, wenn sie im Rückspiegel verschwunden war, ein paar Tränen. Und weil ich wusste, dass irgendwann einmal ein endgültiger Abschied kommen würde, beschloss ich sogar, nach solchen Abschiedsmomenten schon mal vorzuheulen, um vielleicht besser gewappnet zu sein.

In diesen Augenblicken spürt man, dass die Zeit einen fest im Griff hat. Und dass man sie durch unseren täglichen Aktionismus allzu oft negiert und ausklammert. Dann sind wir plötzlich überrascht, wenn wir feststellen, wie wir ihr doch ausgeliefert sind.

Irgendwann bei einer unserer Begegnungen sagte ich zu meiner Mutter: »Mutti, ich bin ja auch schon sechzig.«

»Quatsch«, sagte sie dann, »das glaube ich nicht. Du bist doch noch keine sechzig. Mein Bub ist doch noch nicht sechzig.«

»Doch! Es ist so, Mutti. Und du bist achtundachtzig.«

»Ja, ich bin achtundachtzig. Aber du bist doch noch keine sechzig, Junge.«

Derlei Dialoge sind wahrscheinlich nicht ungewöhnlich zwischen Mutter und Kind. Aber sie sagen halt viel über die eigenen Wahrnehmungen aus. Es ist nur allzu menschlich, sich dem Gedanken an die Endlichkeit zu verschließen. Gelegentliche Hinweise darauf kriegen wir zu spüren, wenn wir zum Beispiel die Kinder von Freunden lange nicht mehr gesehen haben und plötzlich feststellen müssen, dass sie erwachsen geworden sind. Erst dann fällt einem die Erkenntnis über das eigene Altwerden wieder auf die Füße.

Am 29. Februar im Schaltjahr 2012 war ich gerade in Kleve auf Tournee mit dem »Priestermacher«, als mich mein Bruder spätabends anrief und sagte, dass unsere Mutter einen Schlaganfall erlitten habe.

Noch am Vormittag hatte mein Neffe Mirko mit ihr telefoniert. Und am Nachmittag hatte eine Freundin, die sie zu einem Spaziergang abholen wollte, vergeblich an ihrer Tür geklingelt. Da meine Mutter nicht öffnete, dachte sie, dass Mutti die Verabredung vielleicht vergessen hatte und wahrscheinlich woanders unterwegs war. So zog sie wieder von dannen.

Meine Mutter war mit den Jahren altersdement geworden, was besonders ihr Kurzzeitgedächtnis beeinträchtigte. Das führte bisweilen zu bizarren Situationen. Als wir zwölf Tage vor dem Anruf meines Bruders in einem Ort unweit von Backnang gastierten, bat ich im Vorfeld ein paar Freunde von ihr, doch alle in die Vorstellung zu kommen und sie mitzunehmen, weil sie selbst nicht mehr Auto fuhr. Obgleich sie das Programm schon kurz nach der Premiere vor einem halben Jahr in Düsseldorf gesehen hatte, schien mir jetzt jede Gelegenheit gut zu sein, sie bei derartigen Anlässen mit einzubeziehen.

Deshalb schenkte ich ihr in ihren letzten Lebensjahren vor allem gemeinsame Zeit. Das war wohl das Wichtigste, was sie wollte und brauchte. Und da der Tag vor der Vorstellung auch noch ein Off-Tag war, beschloss ich, in Backnang bei ihr zu übernachten. Wenn ich bei ihr war, blühte sie immer auf, und wir redeten über alles, was uns gerade beschäftigte.

Obwohl sie zeitlebens auf ein gutes Erscheinungsbild geachtet hatte, bemerkte ich, dass sie mit zunehmendem Alter ein bisschen nachlässig wurde. Deshalb suchte ich mit ihr die entsprechende Kleidung für den bevorstehenden Theaterabend aus, weil ich wollte, dass meine Mutti am Abend der Vorstellung gut aussehen sollte.

Als sie freilich am Abend mit ihren Freunden im Zuschauerraum eintraf, konnte ich durch den Vorhangschlitz erkennen, dass sie etwas anderes trug, als wir verabredet hatten. Das war nicht weiter schlimm. Eigentlich unerheblich. Aber das Kind in mir war für einen Moment zerknirscht.

Nach der Vorstellung saßen wir dann alle noch in einem Restaurant beieinander, und ich stellte ihr dabei auch meinen jungen Mitspieler vor. Er wohnte in Berlin, und schnell hatte meine Mutter ein Thema gefunden. Mit zunehmendem Alter erwähnte sie nämlich immer öfter, dass sie gerne wieder nach Berlin ziehen würde.

»Aber was willst du denn in Berlin? Da kennst du doch niemanden mehr.«

Jetzt wurde sie fast ärgerlich. »Natürlich, ist ja meine Heimatstadt. Da kenne ich noch viele. Ich habe jetzt lange genug in diesem Kaff hier gelebt. Ich würde wahnsinnig gerne wieder nach Berlin ziehen.«

»Aber du lebst jetzt schon über 50 Jahre in Backnang. Hier kennst du dich aus, hier sind alle deine Freunde und nicht in Berlin. Dort wirst du fremder sein, als dir lieb ist.«

»Quatsch …«

»In Berlin wärst du völlig allein. Gut, deine Neffen leben da. Und du besuchst sie auch hin und wieder. Aber die führen in Berlin ihr eigenes Leben. Und das ist anders als deines. Du machst dir da was vor. Deine Heimat ist jetzt Backnang.«

Solche Auseinandersetzungen mit ihr waren typisch in ihren letzten Lebensjahren. Und irgendwie empfand ich ihren Wunsch, nach Berlin zurückzukehren, auch als berechtigt und logisch, da Kreise sich zu schließen anfangen und das Langzeitgedächtnis die Wahrnehmung dominiert.

Als sie an diesem Abend von ihren Freunden wieder nach Hause gefahren wurde, bemerkte jemand: »Na, Ursel, das war doch jetzt schön, dass du deinen Thomas mal wieder auf der Bühne gesehen hast.«

Darauf meine Mutter: »Thomas? Den habe ich seit Monaten nicht mehr gesehen.«

Und vor einer knappen Stunde hatten wir noch alle zusammengesessen.

Eine Schwester, die den Medikamentenkonsum meiner Mutter und ihre Hygiene überwachte, hatte am Abend des Unglücks gegen 19 Uhr ebenfalls ergebnislos an ihrer Haustür geklingelt. Daraufhin hatte sie die Familie meines Bruders informiert.

Mutti war bis zu diesem Zeitpunkt immer noch recht selbstständig gewesen. Es war also normal, dass sie manchmal auch später nach Hause kam. Aber jetzt machte sich doch Unruhe breit. Da meine Mutter im Erdgeschoss wohnte, gingen sie alle um das Haus herum und versuchten durch die Fenster zu schauen. Erst nachdem Peter über den Balkon geklettert war, sah er unsere Mutter am Boden liegen. Die böse Ahnung wurde zur Gewissheit.

Weil der Schlüssel in ihrer Wohnungstür von innen steckte, alarmierte mein Bruder den Schlüsselnotdienst und einen Krankenwagen.

Die Notaufnahme im Krankenhaus ging davon aus, dass der Schlaganfall wohl schon vor mehreren Stunden passiert sein musste. Mutter kam auf die Intensivstation.

Die Informationen über all dies Schreckliche erreichten mich abends gegen 23 Uhr, da ich im Haus meines Technikers Christian in Kleve zum Essen eingeladen war. Er war an diesem Abend extra in die Vorstellung gekommen, um mich im »Priestermacher« zu sehen. So waren alle unsere Handys ausgeschaltet.

Nachdem mich mein Bruder endlich erreicht hatte, blieb ich dennoch bei Christian, der extra gekocht hatte, gleichwohl ich jetzt ziemlich ratlos und niedergeschlagen war. Aber was konnte ich aus der Ferne tun? Ich war in einer elenden Situation, und der Gedanke an meine Mutter trieb mich um.

Am nächsten Morgen fuhren wir nach Bad Orb zum nächsten

Gastspielort. Die Vorstellung dort war erst für den Tag darauf angesetzt, und so beschloss ich, diesen Off-Tag zu nutzen und mir gleich nach unserer Ankunft ein Auto zu mieten, um nach Backnang zu fahren. Nach den neuesten Informationen lag sie im Koma und hatte sich, bedingt durch den langen Zeitraum, bis man sie gefunden hatte, eine Lungenentzündung zugezogen. Das war in ihrem Alter sehr gefährlich. Am 11. November würde sie neunzig werden.

Zu ihrem 85. Geburtstag, den wir damals mit der ganzen Familie in ihrer Geburtsstadt Berlin feierten, hatten wir uns etwas Besonderes ausgedacht. Zunächst gab es ein Abendessen im Westberliner Funkturm-Restaurant. Die Idee für diese Location war die, dass meine Mutter von dort oben direkt auf ihr Elternhaus blicken konnte.

Danach feierten wir in einer typischen Berliner Kneipe weiter. Dabei wurde auch getanzt, und an jenem Abend waren wir alle von ihrer Kondition mal wieder überrascht und begeistert. Ja, meine Mutter war eine echte Steherin mit guten Genen.

Für spontane Aktionen war sie immer bereit. Wenn ich zum Beispiel an einem 30. April in Backnang gewesen wäre und ihr um 23 Uhr plötzlich mitgeteilt hätte: »Hör mal. Heute Nacht findet auf dem Fernsehturm in Stuttgart ein ›Tanz in den Mai für Senioren‹ statt. Wollen wir da nicht hinfahren?«, dann wäre mit Sicherheit ihre Antwort gewesen: »Prima. Lass uns das machen. Ich werf mich in Schale!«

Und so hatten wir uns in der Familie auch schon damit beschäftigt, wie wir ihren Neunzigsten noch toppen könnten.

Die Autofahrt von Bad Orb nach Backnang werde ich nie vergessen. Jetzt kamen all die furchtbaren Bilder hoch. Ich sah meine Mutter hilflos in ihrer Wohnung irgendwo auf dem Boden liegen. Wehrlos ihrem Schicksal ausgeliefert.

Ist sie noch bei Bewusstsein? Kann sie noch sprechen? Hat sie Schmerzen? Niemand hört sie. Sie kann sich nicht bewegen. Jemand klingelt an der Haustür, und sie hat keine Chance, zur Tür zu kommen. Eine für mich grauenhafte Vorstellung.

Die ganze Fahrt über gingen mir diese Bilder im Kopf herum und schnürten mir die Kehle zu. Eine 250 Kilometer lange Fahrt durch ein Tal der Tränen.

Am Abend waren wir alle auf ihrem Zimmer im Krankenhaus. Sie lag immer noch im Koma. Ihr linker Arm war gelähmt. Der Körper versorgt mit den obligatorischen Schläuchen. Draußen auf dem Flur ließ ich mir von Peter und seiner Frau Christa nochmals alle aktuellen Ereignisse schildern. Dann kam der Stationsarzt, und wir sprachen über Mutters Gesundheitszustand.

Bedröppelt schlichen wir über die Flure der Station. Es war schon spät, und die Nachtschwestern hatten ihren Dienst angetreten. Wir konnten hier im Moment nichts mehr tun. Eine Zeit völliger Ungewissheit und des Abwartens begann.

Zu Hause sprachen wir im Familienkreis darüber, was das alles für unsere Mutter und uns bedeuten könnte. Aber die Hoffnung, dass es gut ausgehen würde, überwog.

Am nächsten Morgen besuchten wir sie erneut. Ihr Zustand war unverändert. Gegen Mittag fuhr ich dann wieder nach Bad Orb zurück, um dort die Vorstellung zu spielen. Tags darauf würde es weiter nach Bottrop gehen – zur letzten Vorstellung mit dem »Priestermacher«. Dann hätte ich einige Tage Zeit – jetzt zusammen mit meinem Lebenspartner Hagen –, wieder zu ihr nach Backnang zu fahren.

Bald besserte sich der Zustand meiner Mutter leicht. Zumindest schlugen die Medikamente, die ihre Lungenentzündung bekämpfen sollten, an, worüber die Ärzte positiv überrascht waren.

Allmählich kam die ganze Familie zusammen. Die Söhne von Peter und Christa, ebenso Klaus aus Paderborn mit seinem ältesten Sohn Oliver. Hagen, der meine Mutter sehr mochte, brachte ihr ein Stofftier mit. Einen kleinen grauen, lustig ausschauenden Esel, den wir Tobi nannten.

Mutti hatte vor einigen Jahren angefangen, sich auf ihren Reisen solche Stofftiere zu kaufen. Als ich sie damals wieder einmal besuchte, entdeckte ich auf ihrem Sofa einen kleinen braunen Grizzlybären.

»Was ist das denn?«, entfuhr es mir damals leicht empört. »Sind wir hier jetzt im Kindergarten?«

»Och, das ist doch nur mein Bärchen aus Kanada. Der ist doch so lieb. Schau ihn doch nur mal an«, flötete meine Mutter, um mir meine Verständnislosigkeit aus dem Gesicht zu wischen.

Allmählich gewöhnte ich mich bei meinen Stippvisiten an solche Stofftiere, die sich – zu meinem leichten Unmut – auf ihrem Sofa immer mehr breit machten. Trotzdem schenkte ich ihr eines Tages einen kleinen weißen Bären, den ich, quasi als Bote, für eine Überraschung an sie benutzen wollte.

Während Hagen an Weihnachten zu seinen Eltern fuhr, verbrachte ich, besonders nach dem Tod meines Vaters, die Festtage meist bei meiner Mutter und der Familie meines Bruders. Heiligabend schmückte ich in Muttis Wohnung den Baum, und bevor wir dann am Abend gemeinsam zu der Familie meines Bruders und zur Bescherung gingen, genossen wir vorher schon mal unsere eigene kleine Zeremonie.

Als Christbaumschmuck hatten wir immer witzige kleine Figuren, so auch eine kleine dicke Tänzerin im Tutu mit einem winzigen Handtäschchen am Arm. Darin hatte ich einen kleinen Zettel mit einer Nachricht gesteckt. Und weil alles seine Form braucht, setzte ich den weißen Bären mit einer Botschaft um den Hals unter den Weihnachtsbaum. Sie lautete: »Schau doch mal im Handtäschchen der dicken Tänzerin nach!«

Die Nachricht, die Mutti dort vorfand, war mein Geschenk. Eine kleine Reise mit mir nach Mainz. Und von dort eine Schiffsreise durch das spektakuläre Rheintal nach Köln. Gemeinsame Zeit eben.

Auch wenn meine Mutter die Lungenentzündung inzwischen überstanden hatte, war ihr Zustand ansonsten unverändert. Der linke Arm blieb gelähmt, sie musste künstlich ernährt werden und war nach wie vor nicht ansprechbar. Was sollten wir nur tun?

Nach Auskunft der Ärzte standen ihre Chancen schlecht. Mein Bruder hatte ihre Patientenverfügung immer dabei. Denn sie wollte auf gar keinen Fall künstlich ernährt dahinsiechen. Auch keiner von uns wollte das.

An dem Tag, an dem Hagen und ich aus beruflichen Gründen wieder abreisen mussten, standen wir – wie so oft – an ihrem Bett. Wir sprachen zu ihr, obwohl man nicht genau wusste, ob sie uns hören und verstehen würde. Sie lag regungslos da, ihre Augen waren geschlossen.

Irgendwann gab ihr Hagen den kleinen Esel Tobi in die rechte Hand, was sie wohl irgendwie gespürt haben musste, denn plötzlich hielt sie das Stofftier mit ihrem rechten, noch gesunden Arm hoch und verharrte in dieser Position. Wir starrten alle wie gebannt auf sie. Was würde geschehen? Doch dann ließ sie den Arm wieder sinken. Nichts tat sich. Als ich sie nochmals ansprach, öffnete sie plötzlich kurz ihre Augen und sagte: »Thomas.« Und als Hagen zu ihr sprach und ihre Hand nahm, sagte sie: »Kalt.« Dann schloss sie wieder die Augen und reagierte nicht mehr.

Was war das? Sie hatte mich erkannt. Hatte Körpertemperatur gespürt.

Jedenfalls waren wir danach auf der Heimfahrt nach Köln euphorisch und optimistisch, dass sie sich doch wieder berappeln könnte. Oder waren es gar nur Abschiede in Raten? Mein Neffe Mirko hatte mit ihr an einem anderen Tag ein ähnliches Erlebnis.

Telefonisch hielten wir uns alle auf dem Laufenden, und so vergingen fast zwei angespannte Wochen mit der immer belastenderen Auseinandersetzung mit der Frage »was wird…?«.

Als sich ihr Zustand einfach nicht besserte, mussten wir uns einer ungeliebten Entscheidung stellen. Die Ärzte gaben uns zu verstehen, dass sie nicht ewig auf der Intensivstation bleiben könne.

Sollten wir sie ziehen lassen? Wollten wir sie ziehen lassen? Es gab Befürworter und Gegner in einer Frage, bei der es keinen Kompromiss gibt. Wer übernimmt die Verantwortung? Natürlich suchten wir sie alle gerne bei den Fachleuten – den Ärzten. Noch eine Woche abwarten? Und dann?

Ich versuchte mich damit zu trösten, dass unsere Mutter bis dahin ja ein langes und schönes Leben gehabt hatte. Sie war so gut wie nie krank gewesen. Und ist 89 nicht auch ein Alter, in dem man sagen kann: Okay, das war's?

Oder redete ich mir gar etwas schön? In meiner Hilflosigkeit war der einzige Trost für mich, ziemlich genau zu wissen, was Mutti nicht wollte ...

Und so beschlossen wir, sie ziehen zu lassen. Ihre letzten Tage sollte sie in einem benachbarten Hospiz verbringen. Dort kurzfristig einen Platz zu bekommen, ist normalerweise nicht einfach, aber meine Schwägerin Christa ließ ihre Beziehungen spielen, und wir hatten Glück – im großen Unglück.

Mutter bekam ein schönes Zimmer. Mit ausgesuchten Dingen aus ihrer Wohnung, die sie besonders liebte, gestalteten wir jetzt ihre letzte Wohnstatt. Mit Bildern, einem Ton-CD-Player für die Musik, die sie gerne hörte. Blumen und Kerzen wurden aufgestellt. Wir cremten sie mit ihrer Lieblingslotion ein und rieben ihr den klassischen dezenten Tropfen Chanel Nr. 5 hinters Ohr.

Jetzt lag sie nur noch da, ohne irgendwelche Schläuche am Körper, ohne andere Hilfsmittel, die ihre Organe künstlich aktiviert hatten. Das war der Weg, für den wir uns alle entschieden hatten.

Wir saugten ihr den lästigen Schleim aus dem Rachen und beträufelten vorsichtig ihren trockenen Mund mit ihrem Lieblingswein.

Auch wenn wir keine Antwort mehr von Mutti erhielten, sprachen wir mit ihr.

Der CD-Player spielte Mozart und Chopin. Den letzten schweren Weg wollten wir ihr so schön wie möglich machen. Diese Tage und Stunden mit ihr im Hospiz waren bewegend und von einer seltsamen Melancholie getragen, in der sich eine unendliche Traurigkeit mit einer leisen Heiterkeit zu verbünden schien.

Am 20. März stand »Frühlingsanfang« im Kalender. Die Sonne schien, und es war schon recht warm. Ich war kurz nach Hause in Mutters Wohnung gefahren, um mich für einen Moment auszuruhen und meine Sachen zu packen, weil ich wegen beruflicher Verpflichtungen wieder wegfahren musste. Mirko rief auf dem Handy an und weinte. Da wusste ich, dass sie von uns gegangen war. Ich fuhr sofort ins Hospiz zurück. Der Glanz aus ihrem vertrauten Gesicht war gewichen. Vor mir lag nur noch die Hülle einer Frau, die gestorben war. Meine Mutter.

Ihre Beerdigung war so schön wie traurig. Viele waren gekommen. Mirko hielt bei der Feier in der Aussegnungshalle eine sehr persönliche Danksagung auf seine Lieblingsoma. Und ich gedachte ihrer – wie einst als Heranwachsender zu Hause, indem ich für die musikalische Umrahmung sorgte.

Es erklang »Der Liebestraum« von Franz Liszt. Hildegard Knef sang »Ich hab noch einen Koffer in Berlin«. Und Edith Piaf begleitete mit einem ihrer schönsten Lieder meine tapfere Mutti auf den Friedhof hinaus:

»Non, je ne regrette rien!«

Der kaltwütige Herr Schüttlöffel

Es gibt nur wenige Menschen, die einen komplizierten Sachverhalt mit einem Satz auf den Punkt bringen können. Neben Wissenschaftlern sind es oft Philosophen, Dichter und Schriftsteller.

Während unserer Zusammenarbeit hatte mir, bis sein viel zu früher Tod sie beendete, Jörg Rieger einmal ein Büchlein des polnischen Lyrikers und Aphoristikers Stanislaw Lec geschenkt. So klein das Buch auch war, umso größer war die Sprengkraft der darin versammelten Sätze. Mit ihrer Aussage können sie große und umfassende Gedankenwege hinein in die Komplexität unseres Daseins eröffnen. Können – müssen aber nicht.

Der Satz von ihm: »Unser Unwissen erobert immer weitere Welten«, ist nur durch ein Wissen über die Dimension dieses Satzes zu begreifen. Oder eher über die Ahnung darüber. Und da liegt der Hase schon im Pfeffer: Denn wer hat schon Ahnung darüber, was er alles nicht weiß?

Der mühsame Weg dahin steckt in jener Bildung, die zu einer zunehmenden Weisheit führt. Für Sokrates beginnt sie mit der Entlarvung des Scheinwissens.

Dieses Scheinwissen kommt dem Unwissen schon recht nahe, denn es kompensiert das Vorurteil. Und das wiederum führt zu all den Verwerfungen, zu Kriegen in den Köpfen der Menschen, die ein Zusammenleben immer wieder aufs Neue beschädigen.

Diese Verwerfungen tangieren mich nicht nur als ambitionierten Zeitgenossen, sondern erst recht auch als Kabarettisten.

Will ich als Kabarettist ein Spaßvogel sein? Das habe ich mich schon 1979 gefragt, als mir ein großer Fernsehsender eine entsprechende Sendung anbot.

Mit meinem Freund Rufus Wagner verband mich stets die Vorstellung, dass unsere Anliegen, die wir immer wieder neu auf der Bühne zu verhandeln hatten, nie dem reinen Spaß geopfert werden sollten. Ich kann zwar auf der Bühne sehr komisch sein – sehr gern sogar, aber ich bin deswegen noch lange kein Komiker.

Das Credo unserer Kunst sollte vielmehr sein, den Umgang mit dem Schweren, die Sisyphusarbeit der Menschen im Ringen um eine bessere Welt, leichter und fröhlich verdaubar darzustellen. Allein dieser Erkenntnisprozess erhebt Spaß bei der Sache über seinen Selbstzweck hinaus.

Sicher ist da immer auch ein guter Kalauer, zu dem schon Dieter Hildebrandt bei seinen bösesten Auslassungen eine entspannte Affinität hatte, mit von der Partie. Denn wir wollen im Kabarett alle unterhalten.

Aus dem Anekdotenschatz über den berühmten Theaterregisseur Fritz Kortner gibt es hierfür ein schönes Beispiel.

Während einer Probe bietet ein Schauspieler eine recht komische Spielerei an. Kortner, der im Zuschauerraum sitzt, lacht laut auf und sagt zu ihm: »Das ist gut. Das lassen wir weg.«

Der Schauspieler auf der Bühne ist irritiert und sagt: »Aber Sie haben doch gelacht, Herr Kortner.«

Darauf Kortner: »Ja, aber weit unter meinem Niveau.«

Rufus, der Kortner noch gekannt und mir diese Geschichte erzählt hat, ist wesentlich älter als ich und wurde, wie er sich stets ausdrückte, im Jahr des Unheils – also 1933 – geboren. Als Schauspieler und mehr noch als Theaterregisseur verfügte er über ein beträchtliches literarisches Wissen und als einer, der noch das Naziregime miterleben musste, auch über eine politische Grundüberzeugung. Die imponierte mir, und so konnte ich von ihm enorm profitieren.

Die vielen politischen Gespräche mit ihm, die nötig waren, wenn wir an die aktuellen Themen für ein Programm gingen, haben mich zweifellos geprägt. Und immer ging es dabei um die Erkenntnis von Sachverhalten.

Im Ringen um den richtigen Weg hatten sich hier zwei gefunden: der Kopfmensch Rufus und der neugierige Bauchmensch und Spieler Thomas. Das war die Symbiose, welche unsere gemeinsame Arbeit auf der Kabarettbühne bestimmte.

»Unser Unwissen erobert immer weitere Welten.« Und das trotz kluger Bücher, Informationsfreiheit, Redefreiheit, unabhängiger Medien, trotz Internet und technischem Fortschritt und was auch immer unsere offene Demokratie heute so hergibt. Oder etwa gerade deswegen?

Irgendetwas scheint hier nicht zu stimmen. Wird der Zugang zu allen Informationen, die das Wissen über die Zusammenhänge vermehren sollten, vielleicht doch nicht so genutzt, wie man das vermuten müsste?

Neulich sah ich einen Beitrag im Fernsehen über eine Aufbauschule für bildungsferne Grundschüler. Darin wurde von den Schwierigkeiten berichtet, die eine Lehrerin hatte, ihren jugendlichen Schülern das nötige Rüstzeug für einen – wie immer gearteten – Beruf zu geben.

Gefilmt wurde zuerst in der Schulklasse, dann aber auch bei den Heranwachsenden zu Hause.

Dort saß ein Junge aus dieser Schule dann mit Kopfhörer an seinem Bildschirm und kämpfte sich erregt mit dem Joystick durch irgendeines der vielen Kriegsspiele, die man heutzutage tausendfach auf dem Markt anbietet.

Auf die Frage, ob er denn auch mal ein Buch lesen würde, antwortete er fast hochmütig: »Ein Buch? Nein, ich lese kein Buch. Das sollen andere machen.«

Seine Freundin, die danebensaß und ständig auf ihrem iPhone herumscrollte, antwortete auf die Frage, ob sie eine nächsthöhere Schule besuchen würde, um ein besseres Fundament für ihre Berufsplanung zu haben: »Ja, das könnte ich sicher. Aber da müsste ich mich ja anstrengen. Ich glaube, das will ich nicht.« Dann vertiefte sie sich wieder in ihre digitale Welt.

Ich war ziemlich erschrocken über das, was ich sah. Auch wenn dieses Beispiel sicher nicht allgemeingültig ist, zeigt es aber doch, was ein Wirtschaftsmarkt anrichtet, wenn er Kinder und Jugendliche mit seinen Konsumversuchungen wie Erwachsene behandelt und sie werbeaggressiv okkupiert. Und gegen dieses Geschäft hört man von der Politik keinen Einspruch. Im Gegenteil.

Gerade die Partei in Deutschland, welche »die Familie« immer als das höchste Gut in der Gesellschaft wie eine Monstranz vor sich hergetragen hat, schweigt. Der Wirtschaft muss es gut gehen, so ihre Ansage in Dauerschleife. Sie darf alles. Um die Kollateralschäden sollen sich bitte schön andere kümmern.

Während eines mehrtägigen Gastspiels in Basel nahm ich mir die Zeit, durch diese schöne Stadt zu streifen. Ich liebe Basel. Allein schon wegen der immer wieder spannenden Ausstellungen in der Fondation Beyeler lohnt sich ein Besuch dieser alten Stadt am Rhein.

In den Gassen um das imposante Münster herum entdeckte ich in einem historischen Gebäude eine Bibliothek. Durch die alten, noch gewölbten Glasscheiben konnte man schon von der Straße aus auf unzählige altertümliche Buchrücken blicken, die in langen Regalen den Raum füllten.

Ich ging hinein und fragte am Empfang, ob ich mich einmal umschauen dürfe. Man ließ mich gewähren und ich schlenderte durch die Regalreihen. Mit den vielen Büchern allein herrschte um mich eine fast erhabene Stille in den museal anmutenden Räumen. Der alte gewienerte Parkettboden knarrte leicht unter meinen Schritten, und ich dachte an die vielen Wörter, die die zahllosen Bände in sich trugen, und fragte mich, welche Geschichten sie wohl erzählten.

Der Besuch in dieser Bibliothek beflügelte mich, zumal ich mir für mein neues Programm vorgenommen hatte, etwas über Wissen, Bildung und Sprachkultur zu machen. Denn trotz vollmundiger Behauptungen unserer Eliten, dass Bildung und Wissen – neben der Herstellung von Autos – der einzige wahre Rohstoff in Deutschland seien, auf den wir primär setzen sollten, steht es im Land der Dichter, Denker und Erfinder damit wahrlich nicht zum Besten. Im Gegenteil. Schaut man sich die Statistiken an, sind wir diesbezüglich im Vergleich zu anderen Ländern weit abgeschlagen.

So kam mir bei meinem Gang durch dieses gedruckte Gedankenreich in Basel plötzlich auch der Einfall für eine Umsetzung des neuen Bühnenvorhabens: Mein Stück musste natürlich in einer Bibliothek stattfinden!

In einem solchen Fundus würde ich mich zweifellos vieler Figuren bedienen können. Ob tot oder lebendig. Sie kämen alle aus den Büchern. Was für eine Vielfalt an Spielvorlagen! Wunderbar.

Sofort rief ich Dietmar Jacobs an und erzählte ihm von dieser Idee.

»Ja, super!«, sagte er euphorisch. Und schon sprudelte es aus ihm heraus: »Aber dann nicht irgendeine Bibliothek. Nein! Das Ganze findet natürlich in einer Stadtteilbibliothek statt, die aus Kostengründen geschlossen werden soll. Du weißt schon: Rationalisierung, schlanker Staat, wie man das jetzt nennt.«

Er wurde ironisch. »Wer liest heute schon Bücher, oder? Und du spielst darin den wütenden Leiter dieser städtischen Einrichtung, der sich mit der Schließung nicht abfinden will. Und schon sind wir thematisch mittendrin im deutschen Bildungsdilemma.«

Nach diesem Telefonat wusste ich einmal mehr, dass ich ein unverschämtes Glück hatte, diesen hochbegabten Mitstreiter an meiner Seite zu wissen.

Wir machten uns an die Arbeit. Dietmar schrieb, und ich dachte darüber nach, welche Persönlichkeiten quasi aus den Büchern steigen und zu welchen Grundsatzthemen sie Stellung nehmen könnten.

So ließen wir Karl Marx als Schnäppchenjäger auftreten, der uns die negativen Folgen einer globalisierten Billiglohnproduktion erklärt. Seine Überlegungen über die Zusammenhänge von Arbeit und Kapital hatte er im 19. Jahrhundert entwickelt. Er konnte sich damals gewiss nicht vorstellen, dass 200 Jahre später Menschen in Bangladesch aus wirtschaftlicher Not heraus bereit sein würden, für einen miesen Lohn Stoffe zu färben und daraus Klamotten zu nähen, die hier als Massenprodukte exorbitante Gewinnmargen abwerfen.

Für bestimmte Modehäuser ist es billiger, allein nur die Etiketten für ihre teuren Produkte in Kinderfabriken auf den Philippinen einnähen zu lassen als in einheimischen Fabrikationsstätten. Trotz der damit verbundenen Einsätze von Riesencontainerfrachtschiffen, die dafür um die halbe Welt schippern müssen, scheint sich das dennoch zu rechnen.

Und als brave Konsumenten machen wir millionenfach bei solchen Perversionen mit. Dass die reichen Industrienationen solche Billiglohnregionen auch noch als »Entwicklungsländer« bezeichnen, ist ein Anachronismus. Entwickelt wird da nämlich nur eines: Gewinn!

In unserem Programm sollte auch Friedrich Schiller auftreten. Dazu schrieb Dietmar einen Sketch, bei dem es um die Frage ging, was passieren würde, wenn dieser Dichter seine »Räuber« heute einem Verlag anböte. Mit einem aberwitzigen Showdown wird ihm klargemacht, dass man mit gefälligeren Inhalten bessere Verkaufszahlen erreichen kann.

In Schillers Familiendrama, das sich zunehmend auch als gesellschaftlicher Konflikt entfaltet, geht es um Eifersucht, Rache, Besitzansprüche und letztlich auch – wie immer – um Macht. Der Dramatiker begreift unsere heutige Medienkultur nicht, der das oberflächliche Erscheinungsbild bestimmter gesellschaftlicher Vorgänge wichtiger zu sein scheint als der dahinterstehende tiefere Zusammenhang. Ihm geht es um die Wahrheit. Die aber will keiner hören. Und wenn schon, dann so eingepackt, dass man sie nicht merkt.

Und es muss lustig sein, Herr Schiller!

Außerdem stellt der störrische Leiter der Bibliothek fest, dass ein großer Teil der jungen Menschen nicht richtig schreiben kann, und sinniert dabei über den Umgang mit der deutschen Sprache, die aus seiner Sicht fortschreitend zu verarmen droht.

Ihr Verknappen in modische Anglizismen, in Grunzlaute bis hin zu »boah«, »eh«, »krass« und dem inflationär gehandhabten Wort »geil« ist für ihn Beweis genug, unserem reichhaltigen Sprachschatz das Wort zu reden.

Die Oberflächlichkeit von Begriffen, das Untermauern von Inhalten mit Bildern, wie es immer stärker in den elektronischen Medien gehandhabt wird, trägt für mich auch keineswegs zu einem besseren Verständnis von Zusammenhängen bei. Es verwässert die Konzentrationsfähigkeit erheblich.

Leider ist das auch bei den Tagesthemen der ARD zu beobachten. Die sündhaft teure digitale Aufrüstung ihrer Studios lässt mich am Ende auch nicht klüger werden. Und wenn wir schon dabei sind: Das Einblenden von »Pappschildern« während eines Films, um auf eine weitere Sendung hinzuweisen, ist nicht nur lästig, sondern diskreditiert die gerade laufende Sendung.

Wenn ich so etwas sehe, muss ich immer an einen Beitrag aus meiner Fernseh-Medienkunde »Freitags Abend« aus den Achtzigern denken. Ich nahm dort den Einfallsreichtum der Medienschaffenden bezüglich des Logos ihrer Kanäle aufs Korn. So wurde zum Beispiel die »1« der ARD im Laufe der Zeit immer größer am oberen rechten Bildrand eingeblendet.

Darauf reagierten wir mit einem Filmbeitrag, in dem jetzt dieses Logo den ganzen Bildschirm einnahm. Und an seiner ursprünglichen Stelle lief dann in einem winzigen Viereck ein Film. Das sah mindestens so bescheuert aus wie die heutigen penetranten »Pappschilder«.

Und weil die Spezies Mensch die Neigung hat, sich immer mehr zum Affen zu machen, wollten wir in unserer gefährdeten Bibliothek mit ihrem störrischen Leiter natürlich auch noch den Prominentesten dieser Spezies auftreten lassen: den Affen aus dem »Bericht an eine Akademie« von Franz Kafka. Er würde am Ende des Abends über die Entwicklung der Menschheit philosophieren.

Rufus wohnte seinerzeit mit seiner holländischen Frau dicht an der niederländischen Grenze im Emsland, wo er sich in einem Dorf ein altes Bauernhaus gekauft hatte. Hier habe ich ihn im Laufe der Jahre immer mal wieder aufgesucht, wenn es Berufliches zu besprechen gab.

Die Gegend fand ich äußerst günstig für ein Probendomizil, weil man in dieser doch recht dünn besiedelten Region frei von jeglicher Ablenkung gut arbeiten konnte.

Somit quartierten wir uns schon bald regelmäßig für mehrere Wochen in eines der größeren Ferienhäuser ein, die im Emsland günstiger zu mieten sind als anderswo. In ein Haus, in dem man arbeiten, wohnen und kochen konnte. Und wenn man den Kopf frei bekommen musste, ging man einfach vor die Tür und radelte durch die Felder. So war eine optimale Konzentration auf unsere Produktion möglich.

Eine große Frage schwebte aber dennoch über allem: wie denn das Kind nun heißen sollte. Agentur und Veranstalter drängten darauf, endlich einen Programmtitel zu bekommen.

Einen Namen für den tapferen Bibliothekar hatten wir inzwischen schon erfunden: Sebastian Schüttlöffel. Und dieser Herr Schüttlöffel kämpft wütend gegen den Beschluss an, dass seine Stadtteilbibliothek geschlossen werden soll. Dabei stellt er immer mehr fest, dass er gegen bürokratische Windmühlen ankämpft. Seine Wut darüber wird nicht kleiner, aber sie verändert sich.

So entstand der Titel: »Der kaltwütige Herr Schüttlöffel«.

Wutach-Ewattingen, 18.10.2014

Es ist Herbst und ich bin auf Tour.

Heute geht es in einen kleinen Ort im Südschwarzwald. Wutach-Ewattingen steht auf meinem Plan. Ich bin gespannt, denn ich kenne die Location nicht. Christian, mein Techniker, ist – wie immer – mit dem Bühnenbild schon vorgefahren. Ich werde erst ankommen, wenn meine kleine Bibliothek für den »kaltwütigen Herrn Schüttlöffel« aufgebaut ist.

Es ist Samstag, und während ich – aus Frankfurt kommend – die A81 Richtung Bodensee düse, finde ich so gar keinen rechten Gefallen an dieser anheimelnden Herbstlandschaft, dem Farbenmeer, das mich umgibt, in dem sich die Wälder goldbraun verwandeln.

Ja, ich habe im Laufe der Jahre unser Land sehr gut kennenlernen dürfen. Auch das gehört zu den erquicklichen Erfahrungen in meinem Beruf.

Wenn ich im Frühjahr in Thüringen unterwegs bin und an der hoch thronenden Wartburg zu Eisenach und den »Drei Gleichen« vorbei in Richtung Weimar fahre oder durch das Hohenloh'sche nach Würzburg in Unterfranken, ob gelegentlich durch das liebliche Allgäu oder durch die Heidelandschaften in Schleswig-Holstein, wo die Rapsfelder in topfebener Landschaft gelb zu leuchten beginnen und mir eine Vorahnung auf den zu erwartenden Sommer geben – dann labe ich mich an dieser Naturkulisse. Mein Gemüt hebt sich und erneuert mein Wissen, in einem verdammt schönen Land zu leben.

Doch heute habe ich so keinen rechten Blick dafür, quält mich doch die Frage, warum ich ausgerechnet den Tag meines 40-jährigen Bühnenjubiläums in diesem Nest da verbringen muss.

Ja, ich hab's versemmelt. Zu spät der Gedanke, so ein Datum anders – und in jedem Fall größer – zu begehen. Innezuhalten bei dem, wie es damals losging. Oder sollte ich warten bis zum 50. Jahrestag? Da wäre ich schon … oh Gott … 74! Will ich das alles überhaupt so lange machen?

»Dem Mimen flicht die Nachwelt keine Kränze«, verkündet Schiller im Prolog zu seinem »Wallenstein« der Nachwelt.

Mit diesem dichtenden Weltverbesserer verband mich stets eine gewisse Sympathie. Warum eigentlich? Weil er es schwerer hatte als sein arrivierter Kollege, der Dichtervater Goethe? Kann sein.

Die räumliche Nähe zu diesem rebellischen Schreiber war jedenfalls lange Zeit schon dadurch gegeben, da seine Geburtsstadt Marbach nur knappe 16 Kilometer von Backnang entfernt liegt. Und während meiner Banklehre fuhr ich fast täglich mit dem Auto an seinem Geburtshaus vorbei.

Ich versuche, mir noch einmal ein paar Sätze ins Gedächtnis zu holen.

»Wär's möglich. Könnt ich nicht, wie mir's beliebt. Ich müsst die Tat vollbringen, nur weil sie gedacht … Wann soll ich frei auf diesem Throne stehn, dem der Gaukler nur gefällt?«

Solche Zweifel quälten einst die stolze Elisabeth in »Maria Stuart«, und wir verwandelten und verpflanzten sie ein paar Hundert Jahre später in unserem Kabarett genüsslich in die Gedankenwelt des Franz Josef Strauß, wie er sich 1980 dann doch nicht mehr ganz sicher sein konnte, Helmut Schmidt vom Throne stürzen zu können. Hier war sie wieder: die »Macht«, um die sich alles überall zu drehen scheint. Nein, ich will über diese 40 Jahre nicht einfach hinweggehen. Wenn wir uns nicht besinnen, sind wir nicht bei uns selbst. Zu spät habe ich mich dieses Datums vergewissert, aber dann doch vorgesorgt. Im November will ich zusammen mit einigen Kollegen im »Kom(m)ödchen« ein Fest geben. Ich freue mich schon darauf. Aber jetzt muss erst mal der Sportverein Ewattingen e.V. beglückt werden. Auf in die Pampa!

Endlich – in dem kleinen Ort angekommen – halte ich Ausschau nach der Gemeindehalle. Mir schwant nichts Gutes, als ich sie erblicke.

Erinnerungen an meine Anfänge in Backnang werden wach.

Ich denke plötzlich an einen meiner ersten Auftritte als naiver Amateur mit zarten 17 Jahren beim dortigen Schützenverein, der seine Jahresabschlussfeier mit einem Auftritt von mir krönen wollte.

Jugendlich anmaßend und im festen Glauben, das müsse so sein, bestand ich frech und kühn im dortigen Vereinsheim auf einer Bühne, Scheinwerfer und einer Mikrofonanlage. Keine Stunde Schauspielunterricht gehabt und schon Staatstheaterforderungen! Die Leute im Verein gaben sich jedenfalls viel Mühe. Im Rahmen ihrer Möglichkeiten.

Die Bühne, die ich damals 1967 bei der Probe betrat, bestand aus zusammengenagelten Fichtenbrettern, die bei jedem noch so kleinen Schritt auf und nieder wippten, als wäre ich auf einem Trampolin. Das angeforderte Bühnenlicht bestand aus zwei leeren großen Heringsdosen am Bühnenrand, an deren Boden zwei Glühbirnen ihr armseliges Dasein fristeten. Mit diesem Licht hätte man eine Weihnachtskrippe bestens illuminiert. Das gewünschte Mikrofon war an einem Blockflötenständer aus Metall angebunden. Von diesem führte ein Kabel seitwärts hinter die Bühne und mündete in ein Gerät, das mich stark an einen alten Wehrmachtsempfänger erinnerte.

»So kann ich nicht arbeiten!«, rief ich aus und setzte damit sogleich akustisch die Anlage schachmatt. Dass ein Vorhang schön gewesen wäre, erwähnte ich besser nicht mehr. Der Auftritt hat trotzdem stattgefunden.

Wuttachwas? Was will ich hier?, jammere ich in mich hinein. Ausgerechnet heute!

Christian empfängt mich am Seiteneingang der kleinen Halle. Er rollt die Augen.

Der »Schüttlöffel« ist ein satirisches Kammerspiel. In der Bühnenanweisung wird ein sogenanntes »Schwarzes Kabinett« angefordert, um den Bühnenraum entsprechend ausleuchten und mit Abgängen versehen zu können.

Statt dieses Kabinetts hat man nun aber in Ermangelung eines solchen eine schwarze Plastikplane an die hintere braune Bühnenwand getackert. Diese Plane versieht ihren Dienst normalerweise auf einem Acker, wo sie einen Rübenhaufen oder ähnliches Naturgewächs zu bedecken pflegt. Entsprechend stolz klebt sie nun an der Wand.

Neben der Bühne finde ich eine Art Holzverschlag, der als Garderobe dienen soll. Durch die Holzwände höre ich alberne Mädchen kreischen. Da es nach Chlor und Schweiß riecht, befinde ich mich ganz offensichtlich gleich neben den Umkleidekabinen eines Hallenbades. Hinten im Saal hat man schon Bewirtungstheken, Stehtische und Ähnliches aufgebaut.

Wir machen den Soundcheck. Eine Menge Leute schwirren rum, wohl ihren ehrenamtlichen Tätigkeiten nachgehend, die bei so einem Anlass notwendig sind. Toneinspielungen für das Programm werden hinsichtlich der erforderlichen Lautstärke geprüft. Eigentlich will ich bei diesen Checks allein mit meinem Techniker sein. Einfach Ruhe haben im Saal.

Ich werde durch die quatschenden Ehrenhelfer etwas nervös, aber als meine Laune gerade gegen null zu sinken droht, begrüßt mich ein alerter, gut aussehender Mann, der sich als Veranstalter vorstellt. Er ist der Vorsitzende des Sport- und Fußballvereins und freut sich, dass ich heute hier spiele.

Auf meine Frage, warum er sich gerade für dieses Programm entschieden hat, erwidert er etwas irritiert: »Wir machen nur einmal im Jahr eine solche Veranstaltung. Und die soll anspruchsvoll sein.«

Donnerwetter, denke ich.

»Was ist mit dem Essen hinterher?«, frage ich. »Ich esse vor der Vorstellung nicht gerne warm, schließlich muss *ich* ja die Leute von dem Einschlafen abhalten und nicht umgekehrt«, versuche ich witzig zu sein.

»Kein Problem. In der Gaststätte Ihres Hotels weiß man Bescheid.«

»Toll!«, entgegne ich ehrlich, »da bekomme ich oft echte Probleme, wenn ich nach 22 Uhr noch etwas essen will.«

»Bei uns geht das«, meint er lakonisch und geht, nicht ohne nachzufragen, ob sonst alles in Ordnung sei.

Dann kommt der Auftritt. Die Vorstellung läuft super. Ich bin über die spontanen und wachen Reaktionen des Publikums, das von nah und fern in dieser kleinen Halle zusammengekommen ist, ziemlich überrascht. Hinterher ein angenehmer ehrlicher Schlussapplaus. Der Vorsitzende überreicht mir einen riesigen Blumenstrauß. Ungewöhnlich für einen Abend in der Provinz, denke ich.

Aber mehr noch: Er verkündet dem aufgekratzten Publikum, dass ich mit dem heutigen Tage genau 40 Jahre auf der Bühne stünde. Großer demonstrativer Applaus. Woher weiß der Veranstalter das? Da muss ihn doch jemand gebrieft haben, denke ich verwirrt.

In seiner launigen Ansprache werde ich dann sogleich zum Ehrenspielführer des Fußballvereins ernannt. Bekomme symbolisch einen Pokal überreicht, der, so wie er aussieht, schon mehrere Vorbesitzer gehabt haben muss. Na ja, ein Wanderpokal eben. Man schenkt mir zudem noch zwei kleinere Fässchen mit einheimischem Most und diverse Fähnchen des Vereins. Die Übergabe einer Urkunde rundet die Hommage ab. Dann: Standing Ovations.

Unvorbereitet ob dieser plötzlichen Lobhudelei fühle ich mich überrumpelt. Alles wirkt auf mich wie in letzter Sekunde organisiert, kommt aber herzlich und spontan rüber. Vollkommen platt, gerührt und verlegen, den großen Blumenstrauß und den Pokal im Arm, bedanke ich mich artig mit einer kleinen Rede und gehe mit Applaus von der Bühne.

Das anschließende Essen schmeckt. Ebenso das Bier. Auf meinem Hotelzimmer telefoniere ich dann noch spät mit Berlin, wo ich die Urheber dieser Jubelüberraschung vermute, und falle beseelt ins Bett.

Ich bin glücklich und zugleich beschämt.

Meine Gedanken, ja meine Übellaunigkeit bei der Hinfahrt zu diesem Ort an diesem Tag und mein gutes Gefühl anschließend wegen der liebenswürdigen Menschen dort nährt in mir die Erkenntnis, dass in der Anmaßung wohl die größte Schwäche des Menschen steckt.

Berlin

Bevor ich mit meinem Lebenspartner endgültig in eine gemeinsame Wohnung zog, lebte er mehrere Jahre in einem großen Haus in einer Seitenstraße in Berlin Mitte, die unmittelbar auf die Wilhelmstraße führt.

An dem Gebäude ist an und für sich nichts Besonderes. Wie auch der ganze Komplex nichts Besonderes ist: gehobener Plattenbau, einst auch als Heimstatt für privilegierte und linientreue Bürger der DDR gedacht, auch wenn das Haus in unmittelbarer Nähe zum ehemaligen Todesstreifen lag.

Dennoch war seine damalige Wohnung ein äußerst exponierter Ort, der in seiner Toxizität einst die Welt entzweite, befand sie sich doch direkt über dem Führerbunker der ehemaligen Reichskanzlei. So unmittelbar darüber, dass man *ihn* – wenn wir beide ganz leise waren – noch hören konnte.

Dann sagte ich immer zu Hagen: »Er ist noch da.«

Ein paar Jahre später behauptete jemand in einem Buch: »Er ist wieder da.«

Hier widerspreche ich entschieden: »Er war nie weg!«

Auch wenn die Geschichtsbewussten im Osten diesen Bunker vor der Neubebauung erst einmal gründlich geflutet und zugeschüttet haben, um seinen Fans keine Pilgerstätte zu bieten – es hat nichts genützt.

Er ist immer noch da und akkreditiert sich zunehmend in vielen deutschen Köpfen, die mit der offenen multikulturellen Gesellschaft im heutigen Deutschland nicht mehr klarkommen. Erst recht nicht in diesem kosmopolitischen Berlin, dieser offen gelebten Auslage an Sündenböcken für all jene, die ihre eigene Unzulänglichkeit mit Hass ersticken wollen. In dieser Stadt, in der alles zu funktionieren scheint, was angeblich nicht geht.

Gerade hier, wo man nicht von oben geführt werden will, soll er es noch einmal richten. In altbekannter Manier, die ihn in zwölf Jahren so ausgezeichnet hat. Hin zur kalten Verwechselbarkeit. Bis kein Stein mehr auf dem anderen bleibt. Das Ganze noch mal von vorn. Da kennen wir uns aus, denn offensichtlich haben wir aus dem »Vogelschiss« nichts dazugelernt.

Keine Kapitale in Europa ist so sehr von den Wunden menschlicher Irrtümer geprägt wie Berlin. Und versucht doch den aufrechten Gang. Das ist im besten Sinne spannend, aufregend. Nicht nur für die vielen jungen Touristen aus aller Welt, die mit Billigfliegern meist weit draußen in Schönefeld anlanden, wo die Ödnis einer armseligen Verkehrsinfrastruktur die Neuankömmlinge anspringt, als wären sie hinter der sibirischen Grenze angekommen und nicht in der Hauptstadt der viertgrößten Wirtschaftsmacht der Welt. Willkommen in Berlin!

Hier, wo der Optimismus nicht tot zu kriegen ist angesichts eines neuen großartigen Flughafens für immer wieder neue Besucher, der sehr bald eröffnet sein wird … Jedenfalls lauert er schon seit Längerem auf seine Einweihung.

Berlin. Welche Hauptstadt leistet es sich, zwar mit zäher Überwindung, aber eben dann doch, neben seinem berühmtesten Wahrzeichen, dem Brandenburger Tor, ein Mahnmal zu etablieren, das uns auf ewig mit dem Herrn aus dem tiefen Untergeschoss an der Wilhelmstraße verbindet? Das Stelenfeld von Peter Eisenman.

Der exponierte Ort ist ein Wagnis – auch in meiner Vorstellungswelt. Ich fragte mich damals, wie sich das Mahnmal für einen weitgereisten Berlinbesucher, der sich vielleicht nicht zwingend auf Augenhöhe mit unserer Geschichte befindet, anfühlt: Das offizielle Deutschland reißt sich ungefragt, im Zentrum seiner Macht für jeden hop-on-hop-off-Touristen, sein schwarz-rot-goldenes Hemd auf und ruft: »Mea culpa!«

Oder, um im Bild zu bleiben: Ich besuche das Weiße Haus in Washington DC. Davor steht Donald Trump, sieht mich kommen, öffnet weit sein blaues Präsidenten-Sakko und ruft oder – was er besser kann – schreit mir zu: »Ich entschuldige mich für alles, was wir weißen Amerikaner unseren schwarzen Mitbürgern seit der Sklavenzeit in unserem Land bis heute angetan haben!«

Mir ist klar, dass dieser Vergleich in jeder Hinsicht hinkt. Dennoch würde mich ein solcher Akt sehr beeindrucken.

Aber so beeindruckt das begehbare Holocaust-Denkmal keineswegs. Es schreit auch nicht in falsch verstandener Entrüstung, wie ich anfänglich befürchtet hatte. Im Gegenteil, es nimmt seine Besucher trotz seiner fast monströsen Größe eher behutsam auf.

Wissende und Unwissende durchstreifen es – in unmittelbarer Nachbarschaft zu Reichstag, Kanzleramt und Nobelhotel – fast wie auf einem Spaziergang.

Manche völlig Ahnungslose nehmen sogar ein Sonnenbad auf einer der Stele, essen oder trinken etwas. Von Weitem wirkt alles entspannt. Von Weitem. Ich kann in die Köpfe nicht hineinsehen. Und doch glaube ich, dass am Ende etwas bleiben wird.

Dazu kann sich – wer will – in »Aufklärungsinseln« rund um dieses Areal informieren. Das führt den Interessierten dann unter Umständen oberirdisch auch zu jenem Bunker. Und dort steht jetzt endlich auch eine Gedenkskulptur für einen der wenigen Widerstandskämpfer: für Georg Elser. Er handelte allein, ohne Mitverschwörer, denn ihm war schon vor 1939 klar, was kommen würde.

Mehr lässt die Vergangenheit zur Bewältigung eines gigantischen Verbrechens, das in diesen Zeiten schon wieder seine Jünger findet, nicht zu. Denn sie verfolgen erneut die Nachfahren der ehemaligen Opfer.

Hinter uns die Zukunft.

Als Kind bin ich Anfang der 60er Jahre einmal mit meiner Mutter im Interzonenzug nach Westberlin gefahren, um meine Großmutter zu besuchen. Die elterliche Wohnung meiner Mutter, in der sie auch ihre Kindheit verbrachte, lag in einem Haus der Charlottenburger Dernburgstraße, unweit vom Lietzensee.

Fährt man heute mit dem Auto über die Stadtautobahn am ICC und der Messe vorbei, kann man auf die rückwärtige Brandmauer dieses Hauses blicken. Lange Zeit diente sie als Werbefläche für eine

Glühbirnenmarke, später für einen Baumarkt. Und bei genauem Hinsehen sind zwischen den großen Werbebuchstaben winzige Fensterluken zu erkennen. Hinter einer dieser Luken verbarg sich der Toilettenraum in der Altbauwohnung meiner Großmutter.

Hier habe ich mich als Knirps wohl auf die Klobrille gestellt und am kleinen Fenster hochgezogen. Denn aus ebendieser Perspektive ist mir bis heute immer noch das Bild des auf und ab fahrenden Lifts des Berliner Funkturms im Gedächtnis. Dieser Lift muss mich einst äußerst fasziniert haben, sonst wäre er mir nicht so stark in Erinnerung geblieben. Genauso haben mich die goldenen Messingschilder an den jeweiligen Wohnungen im Treppenhaus beeindruckt. Auch das ist hängen geblieben.

Dass diese Häuser am Ende gar nicht so groß und hoch waren, wie ich sie als Kind empfand, und die Messingschilder eher profan wirkten, musste ich viele Jahre später als Erwachsener nicht ohne Enttäuschung zur Kenntnis nehmen.

Jetzt bin ich in einem Alter, in dem sich die Kreise zu schließen beginnen. Ich wohne inzwischen selbst in der Heimatstadt meiner Eltern. Und wenn ich an der ehemaligen Omawohnung vorbeifahre, winke ich kurz hinauf und denke über die Steppschuhe meiner Mutter nach, die mein unerbittlicher Großvater seinerzeit dort aus dem Fenster warf, weil er nicht wollte, dass seine Tochter Ursula Tänzerin werden würde.

Leider habe ich ihn nie kennengelernt. Er starb vor meiner Zeit. Ebenso mein Großvater väterlicherseits. Der Mutter meines Vaters bin ich vielleicht einmal als Kind begegnet, aber es gibt darüber nur Ahnungen, verbunden mit alten Schwarz-Weiß-Fotos.

Das Haus in Berlin, in das meine Eltern nach ihrer Heirat gezogen waren, ist im Krieg völlig zerstört worden. Ebenso die Kirche, in der sie getraut wurden. Vielleicht kaprizieren sich meine bisweilen sentimentalen Anwandlungen eben deshalb auch so stark auf diese Wohnung mit dem Funkturmblick, zumal ich ja heute gar nicht so weit davon mein eigenes und, wie ich hoffe, endgültiges Zuhause gefunden habe.

Während einer Tournee mit dem »Kom(m)ödchen« reiste ich einmal mit Lore Lorentz nach Süddeutschland ins Schwäbische. Und als wir auf der Autobahn hinter Heilbronn an dem hübschen Örtchen Beilstein, unweit von Backnang, vorbeifuhren, sagte ich begeistert zu ihr: »Schau mal, Lore! Siehst du dort Beilstein mit seiner Burg? Ist das nicht herrlich? Diese lieblich hügelige Landschaft mit ihren Weinbergen, Wäldern und den netten Örtchen dazwischen. Da wohnen übrigens auch gute Freunde meiner Eltern. Da zieh ich einmal hin, wenn ich alt bin!«

In diesem Moment sah mich Lore beinahe fassungslos von der Seite her an, und es brach aus ihr heraus: »Bist du verrückt? Wenn du alt bist, musst du zur Musike!«

Das saß. Und sitzt bis heute. Natürlich hatte sie recht, wie mich die Erfahrung gelehrt hat. Der Anspruch an das Leben darf im Alter nicht aufhören. Im Gegenteil. Und wo spielt die Musik verrückter als in Berlin?

Das Kulturangebot in dieser Stadt ist enorm und für Berlinreisende, die nur Zeit für ein paar Tage haben, fast erdrückend. Wo soll man hingehen? Soweit es unsere beruflichen Verpflichtungen erlauben, nutzen mein Partner und ich jede sich bietende Möglichkeit und nehmen pro Monat mindestens zwei bis vier künstlerische Ereignisse wahr.

Zur »Schaubühne« am Ku'damm sind es nur zehn Minuten zu Fuß. Wenn man Glück hat, erleben wir dort erstklassiges Theater mit großartigen Schauspielern. Und wir hatten oft Glück!

Oder wir fahren mit der U-Bahn in die »Neukölner Oper«. Kein Opernhaus im klassischen Stil. Dort finden in der vierte Etage im Ballsaal eines ehemaligen Gesellschaftshauses spannende Neuinszenierungen statt. Zeitkritisches Musiktheater, oft besetzt mit jungen Absolventen der Berliner Musikhochschulen. Selten haben wir dort einen Reinfall erlebt.

Neben den vielen anderen renommierten Theatern und Spielplätzen für kulturelles Entertainment gehen wir aber auch gerne in das größte Revue-Theater Europas, den »Friedrichstadtpalast«. Hier interessieren mich immer wieder aufs Neue die unglaublichen technischen Möglichkeiten, mit der dieses Theater aufwarten kann, und die herausragende Qualität der Tänzerinnen und Tänzer. Mit der berühmten »Girl-Reihe« – fester Bestandteil einer jeden Show – übertrifft sich dieses Haus immer wieder neu.

Berlin leistet sich neben drei Opernhäusern auch noch unzählige Museen. Alles ist nicht zu schaffen, und man hat immer ein schlechtes Gewissen. Schlimm aber auch die unschönen Begleiterscheinungen: die nie endenden Baustellen, Straßenabsperrungen und ewigen Provisorien einer überforderten Stadtverwaltung.

In dieser Stadt ist jeder willkommen, auch der Tagedieb, Dealer, Geldwäscher, Einbrecher, Gangster und Mafioso. Besitzer von fetten SUVs, die sich einen Dreck um Verkehrsregeln scheren.

Im Sommer geht's natürlich mit dem Boot aufs Wasser. Keine Hauptstadt in Europa vereint in sich und im Umland so viele Seen, Flüsse und Kanäle wie Berlin. Mehr als Venedig. Das wissen, Gott sei Dank, nicht mal alle Berliner. Dann fahren wir zum Baden raus in eine schöne Bucht, setzen den Anker und machen es uns achtern bequem. Und ich sage immer wieder den Satz: »Ist das nicht schön? Dafür müssen andere erst in den Urlaub fahren.«

Momente des Glücks.

Beim Schreiben dieses Buches, bemüht, aus meinen Lebenserinnerungen all das hervorzukramen, was mich bewegt, aufgeregt, vorwärtsgetrieben, erfreut und berührt hat, schlagen mir die gesellschaftspolitischen Veränderungen der letzten zehn Jahre besonders aufs Gemüt. Und ich frage mich, warum ich das so empfinde. In meiner Betrachtungsweise des Fortschritts an sich habe ich immer die Überzeugung vertreten, dass alles, was machbar ist, deshalb noch lange nicht gemacht werden sollte.

Allein schon die Unzulänglichkeit, mich selbst zu beherrschen, ist mir durchaus bewusst. Wie kann es mir da gelingen, die Errungenschaften der technologischen Entwicklung zu beherrschen, wenn ich schon daran scheitere, meinen Video-Rekorder so einzustellen, dass er die gewünschte Sendung tatsächlich auch aufnimmt? Andere können das, zum Beispiel meine Schwiegermutter. Sie ist über achtzig Jahre alt und kann Programme speichern! Vielleicht weil sie einst Mathematik unterrichtet hat.

Jeder neuen Maschine ist eine Gebrauchsanweisung beigelegt. Für jedes Medikament gibt es einen Beipackzettel, der uns sagt, wie es einzunehmen ist und mit welchen Nebenwirkungen zu rechnen ist.

Wo ist die Gebrauchsanweisung für mich? Haben meine Eltern die bei meiner Geburt verschlampt? Oder haben die allgemeingültigen Regeln schon ausgereicht, um aus mir einen halbwegs vernunftbegabten Erdenbürger zu machen?

Ich denke schon, denn die gebrannten Kinderväter aus der letzten deutschen Diktatur haben, knapp ein Jahr vor meiner Geburt, neue bahnbrechende Regeln für ein hoffnungsvolles Gemeinwesen aufgestellt.

Artikel 1: »Die Würde des Menschen ist unantastbar.« Mit diesem großen Satz begann das Regelwerk für eine neue Zukunft. Geradezu revolutionär nach dem »Im-Gleichschritt-Marsch-Massenwahn« unter einem zu kurz gekommenen Anstreicher.

An dieser Stelle muss ich meinem Lieblingsfeindbild aus alten Kabaretttagen, Franz Josef Strauß, Abbitte leisten, der damals postulierte: »Rechts von der CSU darf es keine demokratisch legitimierte Partei mehr geben!« Wusste er gar um die Unberechenbarkeit des zu kurz gekommenen labilen Kleinbürgers, vor dem schon Kurt Tucholsky gewarnt hat?

Obwohl sich dieses bayrische Schwergewicht mit seinen Verbalattacken gerne auch mal am Rande der »Political Correctness« bewegte, die ihn zu einem fragwürdigen Demokraten werden ließen, hätte er sich doch nie zu dem Credo hinreißen lassen: »Die politische Korrektheit gehört auf den Müllhaufen der Geschichte!«, wie es Alice Weidel 2017 auf dem Parteitag der AfD hämisch verkündete.

Damit entzog sie den ohnehin längst gebrochenen Spielregeln unserer Gesellschaftsordnung endgültig die Basis. Längst gebrochen durch die jahrelange Ignoranz der politischen Eliten in unserem Land. Ihr Versäumnis, zutiefst verunsicherte Bürger im entscheidenden Moment an die Hand zu nehmen, sie abzuholen und vorzubereiten auf die vielen neuen Herausforderungen des Gegenwärtigen, ist die eigentliche Katastrophe unserer Zeit. Da reicht ein lapidares »Wir schaffen das« schon lange nicht mehr.

Wenn man den Feinden der Demokratie mit demokratischen Mitteln nicht mehr beikommen kann, dann sollte man über die Spielregeln neu nachdenken, denn nur so ist zu retten, was sonst verloren ginge.

Auch gilt es über »Gefahr im Verzug« zu sprechen, wenn durch längst schon sichtbaren Missbrauch die hochgepriesene digitale Revolution sukzessive unsere Demokratie aushöhlt. Die Errungenschaften dieser Revolution, die sich wie Kraken um unser aller Leben geschnürt haben, gestatten es den Konsensbrechern zunehmend, unsere lauteren, zukunftsverheißenden Spielregeln von einst außer Kraft zu setzen und sturmreif zu schießen. Ja, die Jahrhundertrevolution des neuen Zeitalters treibt mittlerweile selbst die Gutmütigsten unter uns vor sich her.

Hinter uns die Zukunft.

Da helfen auch keine staatstragenden Plattitüden mehr, Herr Bundespräsident! Macht endlich eure Arbeit in Berlin! Streitet endlich wieder dort, wo die politische Auseinandersetzung über den Zustand des Landes geführt werden sollte, nämlich im Bundestag, und langweilt uns nicht mit Worthülsen in Talk-Show-Formaten, bei deren Besetzungen ich schon von vornherein weiß, was mich erwartet. Dieser Ausgewogenheitsquark lähmt für mich jeden erforderlichen Disput im Lande.

Unlängst hatte ich die Ehre, die Verleihung des »Erich-Fromm-Preises« an Sabine und Daniel Röder mit einem Auftritt zu begleiten. Dieses Gründerehepaar hatte 2016 in Frankfurt die überparteiliche und unabhängige Bürgerinitiative »Pulse of Europe« ins Leben gerufen und ist seitdem für seinen pro-europäischen Einsatz vielfach ausgezeichnet worden.

Als ich 2015 über ein neues Programm nachdachte, ahnte ich noch nicht, dass sich hier in Sachen Europa eine Art Seelenverwandtschaft aufgetan hatte, denn auch für mich gab es bei meinen damaligen Überlegungen kein brisanteres Thema als Europas Zukunft. Und da es um den Zusammenhalt der Europäischen Union nicht zum Besten stand, weil auch hier die Rechte mit dem Feuer spielte und weiter spielt, hatte ein Europa-Programm für mich höchste Priorität.

Bei aller Komplexität der Probleme unseres Kontinents war mir wieder einmal klar, dass es bei allzu sperrigen Themen immer auf eine gute Verpackung ankommt, um den geneigten Zuschauer bei Laune zu halten. Entsprechend locker bis albern waren dann auch die Findungsgespräche zwischen Dietmar Jakobs und mir.

»Ich möchte gerne mal einen hohen EU-Beamten spielen, weißt du, so einen Typen, den man eigentlich nie zu Gesicht bekommt. Einen Nadelstreifen auf zwei Beinen eben«, bemerkte ich launig, »der für irgendein dusseliges Resort zuständig ist.«

»Genau. Am besten für Kreisverkehre. Europaweit«, war seine Antwort.

»Super Idee!«, sagte ich, »und der gerät auf dem Weg zu einem Gespräch mit seinen griechischen Verkehrskollegen in einem Kreisverkehr in Brüssel unter die Räder.« So blödelten wir erst einmal herum. Natürlich dachten wir dabei auch schon über etliche inhaltliche Schwerpunkte nach. Mit diesem ersten, eher leichteren Brainstorming hatten wir zumindest schon mal einen Anfang gemacht.

Eine Woche später rief Dietmar mich an. »Nicht in Brüssel kommt der hohe EU-Beamte in die Bredouille, nein. Ich habe mir zu deiner Idee Folgendes überlegt:

Auf Lesbos eröffnet er einen Kreisverkehr, der am Ende der Straße liegt, auf der die Flüchtlinge ankommen. Mit allem Pomp. Die Wiener Philharmoniker spielen auf. Europahymne. Bei der Einweihung fährt der Beamte, zusammen mit Vertretern aus allen europäischen Staaten, in den neuen Kreisverkehr ein. Dabei kommt ihm ein Auto entgegen …«

»Ein Engländer …«, unterbreche ich ihn.

»Genau, Linksverkehr. Brexit! Es kommt zu einem Crash, und unser Beamter landet irgendwo im Nirwana zwischen Leben und Tod. Hier sollte das Programm spielen …«

»Jawoll, das ist spannend. Gute Idee! So ein bisschen ›Warten auf Godot‹«, begeisterte ich mich.

»Exakt. Lass uns da mal dranbleiben.«

Im Laufe der Wochen und Monate dachten wir nun über verrückte Figuren nach, die unserem Protagonisten in seinem merkwürdigen Nirwana begegnen und mit denen man die aktuellen Themen transportieren könnte.

Als wir im Oktober 2016 mit unserem »Europa, der Kreisverkehr und ein Todesfall« herauskamen, waren wir damit auf der Höhe der Zeit. Und sind es heute – nach über 250 Vorstellungen – immer noch, denn der Weg zu einem besseren Miteinander ist ganz offensichtlich ein Schneckengang.

Peter Rübenbauer, so der Name des hohen Beamten, den ich spiele, glaubt lange Zeit, dass ihn bei seiner Ankunft an diesem merkwürdigen Ort zwischen Himmel und Hölle gleich ein Dienstwagen abholen wird, wie er es gewohnt ist, denn er ist ein wichtiger Mann. Doch Fehlanzeige. Er findet sich an einer völlig abgeratzten Bushaltestelle wieder, an der aber kein Bus fährt.

Allmählich macht er sich auf die Suche nach Nirgendwo und begegnet dabei höchst ominösen Figuren: einem evangelischen Selbstmordattentäter, einem holländischen EU-Spezialisten für Entschleunigung namens Drempel, der sich als

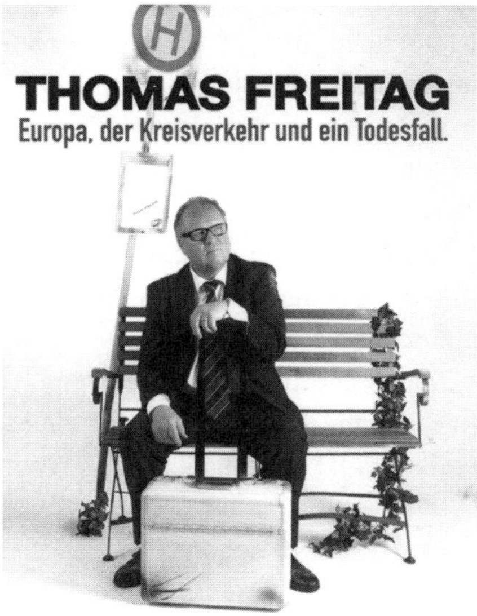

Europa, der Kreisverkehr und ein Todesfall, Foto: Pepijn Vlasman

Kommunist enttarnt, einem bärbeißigen Oberkellner, der sich als der Griechengott Zeus ausgibt – und stößt am Ende noch auf einen schleimigen Schluri, der behauptet, Gott zu sein und die Religionen erfunden zu haben.

Verzweifelt, niedergeschlagen und desillusioniert glaubt Rübenbauer am Ende, dass er nun doch tatsächlich tot ist, und zieht – vor einem unerwarteten Happy End des Abends – Bilanz:

»Europa muss wieder eine neue Idee werden«, sinniert er bescheiden. »Diese große Idee, dass man in Südfrankreich einen Bandol trinkt und aufs Meer schaut,

durch die Gärten von Cornwall läuft,

über die Gipfel der Alpen wandert,

sich an den Stränden der griechischen Inseln liebt,

in Amsterdam feiert,

in Stockholm durch die Schären tuckert,

in Prag im Brauhaus sitzt,

in Rom betet

und in Berlin jungen Leuten aus Polen, Lettland, Spanien und Italien beim Flirten zuschaut.

Diese Idee, dass gleiche und freie Menschen ohne Armut zusammenleben und die großen Werte der Menschheit verteidigen.

Das ist Europa!

Aber wir haben es geschafft, Europa nur als Business zu sehen. Und wir nennen jeden, der das ändern will, verächtlich einen Gutmenschen.

Aber was wollen wir sein, wenn nicht gute Menschen? Zyniker? Das ist einfach. Ein Zyniker ist ein Mensch, der von allem nur den Preis kennt. Und von nichts den Wert.«

Dieser Satz über den Zyniker stammt von Oscar Wilde. Rübenbauer zitierte ihn aus einem Programm von einem Kabarettisten, den er einmal zur Einweihung einer seiner vielen Kreisverkehre eingeladen hatte. Dieser Kabarettist hatte sich über den Zustand in Europa derartig zornig in Rage geredet und sein Wutpamphlet mit diesem Satz von Oscar Wilde beendet. Danach verließ er mit hochrotem

Kopf die Bühne. Und kam nicht wieder. Rübenbauer – damals hochgradig verunsichert durch diesen Auftritt – suchte ihn danach in seiner Garderobe auf: »Entschuldigen Sie«, sagte er, »wir hatten ein bisschen Sorge um Sie … weil Sie sich so aufgeregt haben…«

»Nee«, sagte der Kabarettist »ich rege mich eigentlich nie auf.«

»Wirklich?«, hakte Rübenbauer nach, »ich hatte aber eben das Gefühl, dass das Thema Europa Sie doch sehr beschäftigt. Und mich übrigens auch. Ich fand das ja toll, dass Sie sich diese Lust am Kampf und diese Wut erhalten haben … diesen Zorn, die Welt verbessern zu wollen. Aber ich frage mich: Wie bewahren Sie sich diese Wut?«

Der Kabarettist zögerte. Schließlich sagte er: « Das ist eigentlich geheim – aber ich sag´s Ihnen trotzdem. Wir Kabarettisten machen das mit einem Spray.«

»Ach, Sie wollen mich wohl veräppeln«, lachte Rübenbauer.

»Nein, nein,« sagte er, »es gibt in Dinslaken einen Fahrradladen. Wenn man da ein Codewort nennt, wird man ins Hinterzimmer geleitet, und da findet man Kabarettbedarf. Nummern zu allen möglichen Themen. Pointen. Witze. Und eben auch dieses Spray. Es wird aus altem Zellmaterial von Klaus Kinski gewonnen. Und wenn man sich damit einsprüht, regt man sich naturgemäß sofort auf. Worüber auch immer. Fast alle meine Kollegen benutzen das. Jedenfalls die, die sich noch aufregen.«

Und dann schenkte der Kabarettist dem EU-Beamten Peter Rübenbauer seine Spraydose. Als Rübenbauer am Ende des Programms darüber ins Grübeln kommt, was eigentlich die Bilanz seines Lebens sei, fragt er sich, ob er in seinem Leben nicht vielleicht doch hätte mehr brennen müssen, sich hätte mehr aufregen müssen, und erinnert sich wieder an die Spraydose des Kabarettisten, die er immer bei sich trägt. Erst zögerlich, doch dann richtig, sprüht er sich ein, und die Wut des Kabarettisten bricht aus ihm heraus – bevor er völlig erschöpft das Bild von einem Europa zeichnet, wie ich es oben zitiert habe.

Ja natürlich! Es ist meine zum Kabarettstück verarbeitete Wut, die ich allabendlich zum Besten geben darf. Dafür bin ich demütig dankbar, denn nicht jeder Zeitgenosse kann das, was ihn umtreibt, auf so wunderbare Weise loswerden, wie wir im Kabarett. Nur schade, dass das gefräßige Kabarettgeschäft so gierig nach jeder neuen Sau ist, die durchs Weltendorf getrieben wird, hat das geneigte Publikum doch die letzte noch nicht einmal richtig verdaut. Aber davon lasse ich mich nicht entmutigen. Im Gegenteil.

Wenn es um nichts ginge, hätte ich mir die letzten 50 Jahre nicht so viel Mühe gemacht, den Finger in all die Wunden zu legen, die uns das Leben schwer machen.

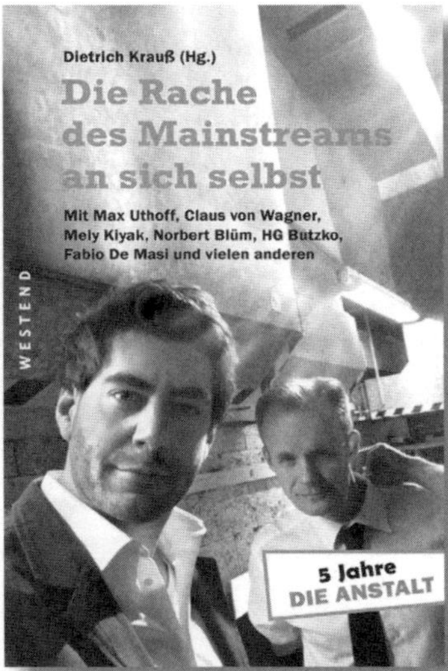

312 Seiten, mit zahlreichen Abbildungen
ISBN 978-3-86489-247-9
Auch als E-Book erhältlich

Die Anstalt ist eine Institution im deutschen Fernsehen: Anlaufstelle für Andersdenkende, Rettungsanker für Rebellen und das Medium für Mainstream-Muffel. Max Uthoff, Claus von Wagner und ihr Redakteur und Mitautor Dietrich Krauß wollen Stimme sein für Unerhörtes und Ungehörtes. Bei der Wahl ihrer Mittel kennt sie keine Tabus: Es gibt knallharte Recherchen mit angeklebten Bärten, Komik im Kollektiv und Tafelunterricht als Unterhaltungsprogramm. Die Sendung mit der Maus für Erwachsene.

Im Buch zum 5. Geburtstag schreiben Macher und Mitstreiter, Fans und Kritiker über das Phänomen Anstalt. Mit Max Uthoff, Claus von Wagner, Dietrich Krauß, Mely Kiyak, Norbert Blüm, Gabriele Krone-Schmalz, Hans Hoff, HG Butzko, Joe Bauer u.v.a.

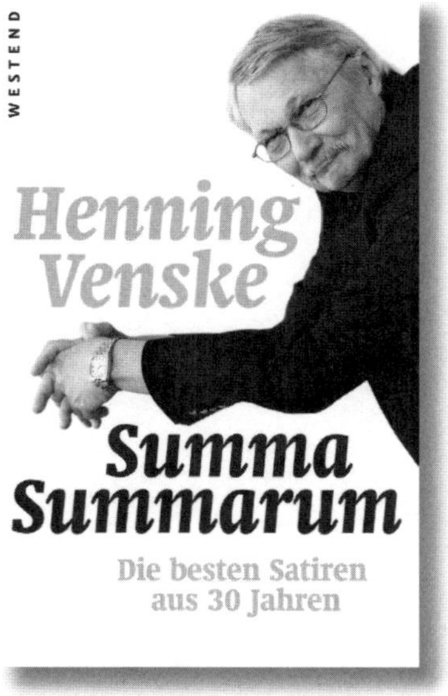

480 Seiten, mit zahlreichen Abbildungen
ISBN 978-3-86489-245-5
Auch als E-Book erhältlich

Schluss mit lustig!

Henning Venske ist einer der wichtigsten satirischen Autoren und politischen Kabarettisten in Deutschland. Doch nur weil er nun aus Anlass seines 80. Geburtsages Abschied von der Kabarettbühne nimmt, heißt das noch lange nicht, dass die satirische Lästerzunge nun plötzlich altersmilde geworden ist. Im Gegenteil: Warum, fragt Venske, fischen wir anderer Leute Küsten leer? Warum roden wir deren Regenwälder, warum zwingen wir armen Ländern Freihandelsverträge auf, warum fördern wir den Hunger in der Welt, warum rüsten wir Diktaturen und Despoten mit Waffen aus, und warum produzieren wir immer mehr Flüchtlinge? Weil unser Staat eine Organisation zur Mästung des Kapitals ist und deswegen der Verarmung von Millionen Menschen keinesfalls im Wege stehen will – darum.

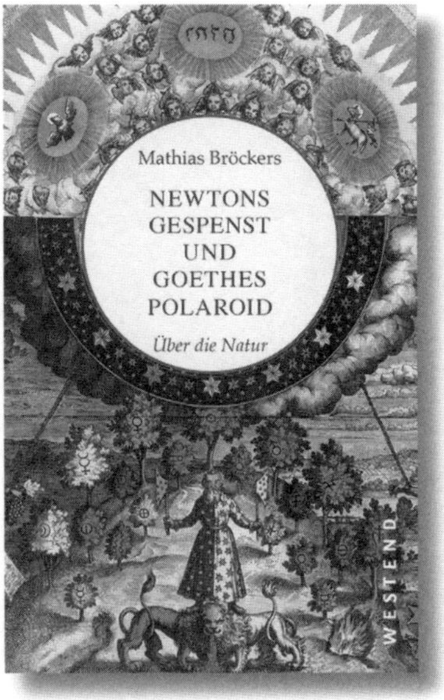

128 Seiten
ISBN 978-3-86489-238-7
Auch als E-Book erhältlich

Kein Lebendiges ist Eins, immer ist´s ein Vieles.

Das »Fragment über die Natur« gilt als der herausragende Schlüsseltext für das Denken Goethes über die Natur. Es steht am Anfang seiner lebenslangen Erforschung von Steinen und Pflanzen, Tieren und Menschen, Licht und Farben und legt den Grundstein für die Methode der »zarten Empirie«, mit der er sich als Wissenschaftler seinen Gegenständen nähert. So kam denn auch der Pionier der Farbfotografie mit Newtons »spectre« (engl. Erscheinung, Gespenst), dem von einem Prisma Farben getrennten weißen Lichtstrahl, nicht weiter, erforschte die Farbwahrnehmung mit Goethe'schen Methoden und erfand das farbige Polaroid-Sofortbild. Mathias Bröckers zeigt, dass Goethes Erkenntnisse über die Natur ihrer Zeit voraus waren und heute für die Zukunft relevanter sind als je zuvor.